孤高に生きた登山家

岡野金次郎評伝

鈴木利英子・鈴木遥

装丁　天池　聖（drnco.）
章扉装画　加藤敦子

プロローグ

日本アルプスの天空に、ひときわ鋭くそそり立つ山がある。標高三一八〇メートルの槍ヶ岳だ。かつては富士山に次ぐ日本第二位の標高を誇る山と信じられ、現在は本場ヨーロッパのアルプスに代わる「日本のマッターホルン」の異名をとる。今も昔も日本アルプスの象徴として、多くの登山者の憧れであり続けてきた。

その槍ヶ岳に一九〇二（明治三十五）年、二人の青年が日本人登山者として初めて山頂を踏んだ。彼らの名は岡野金次郎《おかのきんじろう》と小島烏水《こじまうすい》。二人の登頂によって日本の近代登山の幕が開き、のちに彼らのような活動をする人たちを登山家と呼ぶようになる。

もちろんそれまで、槍ヶ岳のような人里離れた山に足を踏み入れる人がまったくいなかったわけではない。しかしその目的は、宗教登山、狩猟、金鉱探し、測量などだった。純粋に山に登ることに喜びを見出し、山に登ること自体を目的とした登山を近代登山と定義するならば、このとき槍ヶ岳登頂を果たした二人は「山に登る」という行為そのものの先駆者だった。

このとき二人はまだ何も知らずにいたが、実はそれより十年前にイギリス人宣教師のウォルター・ウェストンがすでに槍ヶ岳の登頂を果たしていた。しかし同じ登山でもその活動には雲泥の差があった。ウェストンは日本にはまだない本場の登山装備を身に付けて、槍ヶ岳に精通した案内人の同行で、より容易なルートを辿《たど》って登頂していた。一方で若き二人の日本人登山家は、槍ヶ岳への満足な情報も得られないまま、リュックサックも登山靴も知らず、カバンを肩に掛け、手製の厚足袋《たび》に草鞋《わらじ》を履いて、非常に困難なルートを辿って苦労の末に山頂を踏んだのだった。

下山後まもなくして岡野金次郎は不思議な成り行きでウェストンと出会い、横浜の旧居留地界隈を舞台に小島烏水を交えた三人での交流がはじまった。そしてこのウェストンとの交流がイギリスのアルパイン・クラブ（山岳会）をモデルとした日本山岳会の設立へとつながっていく。

歴史に「もしも」は禁物だが、もし二人が冒険登山に繰り出すことなく登山家としての道を歩まなければ、そしてもし岡野金次郎がウェストンと出会わなければ、日本山岳会の設立も近代登山の普及や進歩ももっと遅れていただろう。日本における登山の歴史は別の展開を遂げていたかもしれない。

それにもかかわらず、近代登山の先駆者として歴史上非常に重要な役割を果たしたはずの岡野金次郎は、日本山岳会の設立メンバーにならず、日本山岳会から距離を置き、ほとんど知られることなく生涯を閉じた。一方で岡野の山の相棒だった小島烏水は、日本山岳会の創設者として、また山に関する文筆家として、山岳界でその名が広く知られて確固たる地位を築いていった。一般的には、日本山岳会を設立したのも日本人登山家として初めて槍ヶ岳に登頂したのも小島烏水の功績で、岡野金次郎はあくまで「小島烏水の山の同行者」とみなされている。

なぜ二人の評価にこれほどまでに違いが生じているのだろうか。小島は文筆家として山岳紀行文を発表し続けたのに対して、岡野は純粋に山に登ることに強くこだわるあまり、有名になることを嫌ってか山の記録を公表してこなかった。小島が亡くなった際に、日本山岳会は『山岳　小島烏水記念号』を刊行し、そこに岡野の寄稿文「小島と私」が掲載された。これは岡野が自ら小島との交流を中心に山のことを大いに語った唯一の公的な記録となっている。

岡野金次郎の生涯は謎が多い。岡野は日記こそまめに書き続けていたが、関東大震災ですべて焼失してしまった。登山家として全盛期だった明治期から大正期にかけて、岡野の山の記録は非公開のものも含めてほとんど残っていない。

しかし生前にほぼ無名だった岡野金次郎は、小島より長く生きたことで、晩年から死後へと思いがけない展開を遂げていく。純粋に山に登る岡野のような生き方にようやく時代が追いつき、次の世代の登山家たちに徐々に評価されていったのだ。

二人が山の相棒を解消し、小島が山登りを引退してからも、健脚な岡野は全国すべての山を踏破すべく誰よりも早い時期から、この時代にして誰よりも長く、誰よりも多くの山へと精力的に足を延ばしていった。登山家人生を終えたあとも死後数十年にわたって徐々に評価を高めていった一連の出来事は、先駆的なことを成した人たちがどのようなプロセスを経てのちの人々に評価され、歴史がどのようにつくられていくのかを私たちに雄弁に語ってくれる。岡野金次郎の人生を追うことは、山岳界の歴史を辿り直して、その歴史のつくられ方を再検証していくことでもある。

本書はテーマ設定から調査・検証、執筆に至るまで、複数人による細かな分業体制のもと、調査は鈴木利英子、執筆は鈴木遥が統括している。本文で私という言葉がたびたび出てくるが、平塚市民としての記述や現地調査に関する箇所の「私」は鈴木利英子であり、考察に関する箇所の「私」は制作関係者の総意であることを前提に鈴木遥を主体にしている。評伝をまとめるに至ったいきさつも含めて詳しくは、エピローグで触れることにする。

岡野は晩年に神奈川県平塚市に移り住み、そこが終の棲家となった。同じ平塚に住み、登山を趣味としている一市民として私（利英子）が岡野金次郎について純粋に知りたいと思ったのは、その登山家像はもちろん一生涯山を愛した彼の生き方や暮らし振りである。

幸いにも調査を進めるなかで遺族の方々と出会い、第三者では到底収集できない多くの貴重な証言や資料を得ることができた。

岡野金次郎とはどのような登山家なのか――。本書では、遺族が保管していた数々の資料や関東大震災以降の岡野の日記、さらには山岳関係の文献や関係者の証言などを織り交ぜながら、山岳界での岡野の位置づけを検証しつつ、山に生きた岡野の人生を辿っていく。

孤高に生きた登山家　岡野金次郎評伝　目次

凡例

一、引用文はすべて出典どおりとしたが、歴史的仮名遣いは現代仮名遣いに、旧漢字は新漢字に改めた。手書きのものに関しては、句読点を適宜追加した。

一、岡野金次郎の日記は、カタカナをひらがなに改めたり、句読点や送り仮名を補うなど、読みやすく整理した箇所がある。また、明らかな誤記は正した。

一、引用文のなかに現代では不適切とされる表現や用語があるが、執筆当時の社会背景を尊重してそのまま掲載した。

一、亡くなった人物の敬称は略した。ただし、証言していただいたときに存命だった方には敬称を付した。

一、年齢は当時の数え年表記を改め、満年齢とした。

一、岡野金次郎一家の写真および遺品類は親族所蔵のものを使用した。特記以外の写真は著者が撮影した。

第一章

小島烏水との出会い

徴兵検査が行われた時、山の神が、小島と私を、褌《ふんどし》一つの裸で引き合わせた。長身痩軀の小島は丙、ずんぐり短身の私は寸足らずで乙、不合格同士のよしみで初対面の挨拶から話しが始まった。

——岡野金次郎「小島と私」（『山岳　小島烏水記念号』より）

岡野町と岡野金次郎

神奈川県横浜市には、岡野という地名がある。一八三三（天保四）年、この土地の有力者である岡野家十代目岡野良親は、幕府の許可を得て今の保土ヶ谷あたりに接する海面の埋め立て工事に着手した。この事業は息子の十一代目岡野良哉に引き継がれ、一八五〇（嘉永三）年に工事は完成。岡野新田と命名された。

岡野新田は当初こそ入植する農民もないさびしいところだったが、まもなく数戸の農民が移住し、農業のかたわら塩を焼いて生計を立て始めた。その後岡野新田は、横浜市岡野町などの変遷を経て、現在は横浜市西区岡野一丁目・二丁目としてその名を留めている。

岡野金次郎の家は、岡野新田の開墾に着手した岡野良親の父である九代目岡野勘四郎為春の弟（次男）忠兵衛定春の家系にあたる。九代目で分家し、その岡野忠兵衛定春のひ孫が金次郎だ。

金次郎は一八七四（明治七）年四月十五日、神奈川県橘樹《たちばな》郡程ヶ谷《ほどがや》（現横浜市保土ヶ谷区）で父庄次郎、母サクの第一子として誕生した。弟二人と妹二人の五人兄弟の長男である。

その後一家は久良岐《くらき》郡戸部町字山王山《さんのうやま》（現横浜市西区西戸部町）に転居し、金次郎は少なくとも小学生の頃から、ここ西戸部で過ごしている。ところが岡野家がいつ保土ヶ谷から西戸部に引っ越したのか（金次郎が生まれる前なのか後なのか）は実は定かではない。というのも岡野家の戸

〈岡野家家系図〉

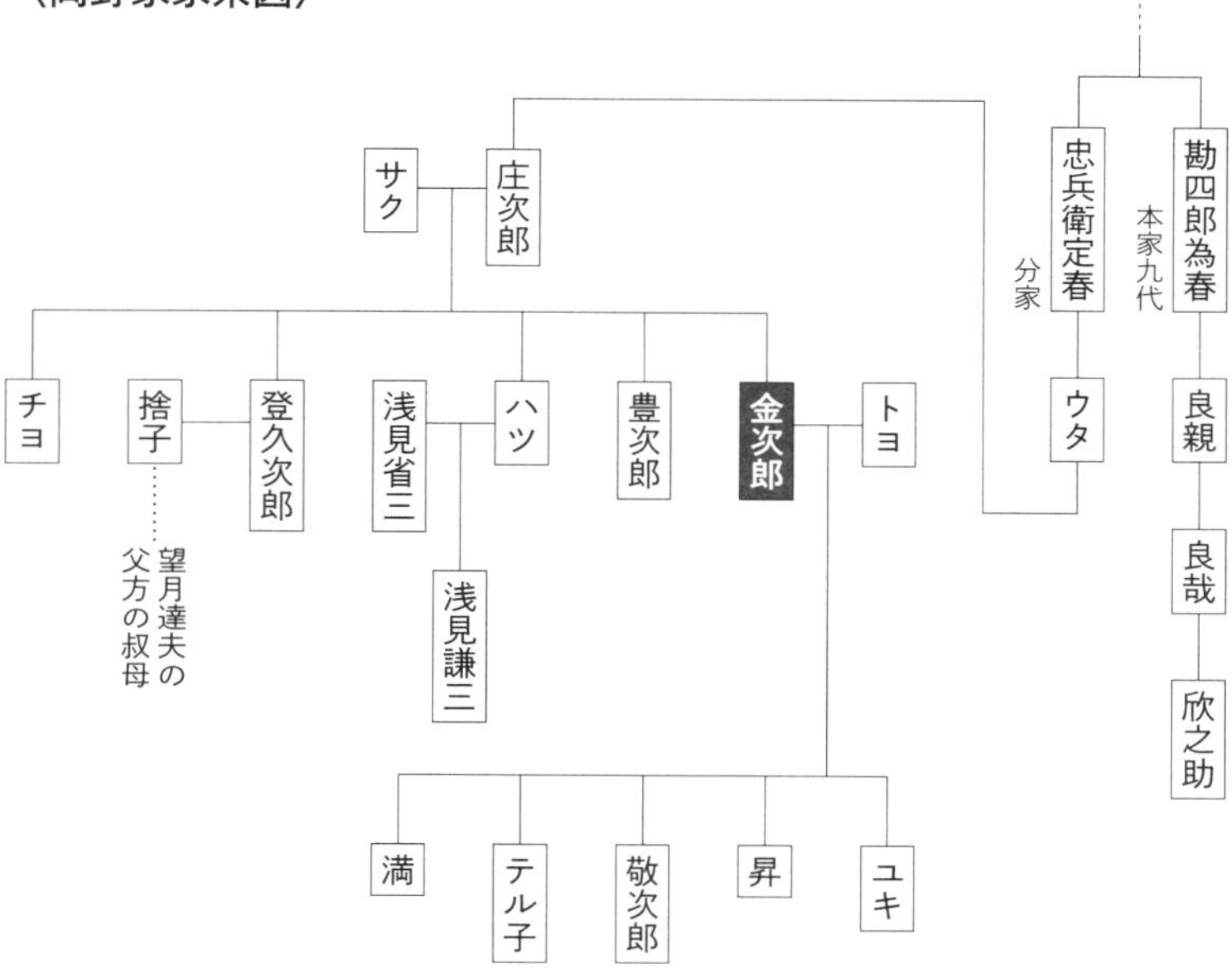

籍によれば、父庄次郎の本籍は「久良岐郡戸部町字山王山」（西戸部）であり、金次郎も父の本籍と同じく西戸部で生まれたことになっている。

しかし、岡野家のもともとの戸籍は一九二三（大正十二）年の関東大震災で焼失してしまった。現在の戸籍はその翌年に再製されたものであり、出生地が西戸部であることの信憑性は定かではない。金次郎の出生地を西戸部ではなく保土ヶ谷としたのは、彼の死後に平塚市立図書館が開催した「山岳展　岡野金次郎回顧展」のために家族が作成した年譜の情報にもとづいている。

金次郎の父庄次郎は、三井物産横浜支店に勤務していた。しかし一八八六（明治十九）年七月の在勤中に、当時横浜港を中心に流行したコレラに感染して急死した。金次郎はこのときまだ十二歳だったが、家督相続をして、母と弟二人、妹二人の生活を支えなければならなくなった。

そんな状況とほぼ時を同じくして、岡野家の本家では一八八三（明治十六）年に、十二代目岡野欣之助が十八歳で家督を継いだ。そして県財界の有力者となり、岡野新田に神奈川県の農事試験場（現岡野公園）を誘致し、さらに一九〇〇（明治三十三）年に県で最初に設立が認可された神奈川県立高等女学校（現県立横浜平沼高等学校）に三千坪の土地を寄付している。本家の岡野欣之助は、当時横浜では広く知られた人物だったと思われる。

岡野家の墓がある遍照寺（横浜市保土ケ谷区）へ金次郎の孫である岡野眞氏夫妻とともに過去帳を見に訪れた際、「本家は現在も続いており、子孫は東京に在住している」と住職から聞くことができた。このとき初めて、岡野家本家の墓とは別に山の上のほうに金次郎の先祖が眠る分家の墓があることも分かった。

私たちが遍照寺で家系を調べたように、金次郎も父の死後、自分の家が岡野家の家系図のどこに位置しているのかを聞くために、本家を訪問したことがあった。しかしお金をせびりに来たと勘違いされたので、「本家との縁を切った」とのちに孫の岡野修氏に語ったそうだ。

金次郎の子孫たちはこの岡野家本家について、鍋屋という屋号の金物を扱う豪商であったと聞かされている。しかし「お金をせびりに来たと勘違いされた」と孫にまで語る金次郎の思い出話と「県初の高等女学校に土地を寄付するなどした欣之助の人柄」とが結びつかない。金次郎には頑固なところがあったと親族一同が語っており、単純に本家に頼らず生きていこうとしたゆえの行き違いだったのかもしれない。

若くして一家の大黒柱となった金次郎は、老松小学校を卒業後、警察の給仕をして働いた。そのため学歴は低かったが、父の死後五年が経った頃から英語の個人指導を受けるために「血の出るような月謝」を払って、横浜在住の米国人のもとに通い始めた。外国人居留地のある横浜に住み、外国人を身近に見て暮らすうちに、英語の重要性や外の世界に通ずる語学の魅力を肌で感じていたのかもしれない。

昼は勤めに出て、早朝と夜は英語を学ぶ。苦学によって英語を習得し、さらに医師の資格を得るための勉強をしていたという三男満の話もある。

その英語力は、のちに船員となって海外を周遊した際やウォルター・ウェストンとの交流などで発揮され、それが日本山岳会の設立にも生かされていく。こうして忙しい日々を送っていた十代の金次郎――多くの資料が岡野金次郎について名字で記述していることや、一家の長であることをふまえて、ここからは彼のことを「岡野」と記す――は、一生涯熱中する山との出合いを果たすことになった。

「山恋い」の始まり

母サクの実家・青地家は、丹沢山塊の麓にある神奈川県大住郡堀斎藤村（現秦野市堀西）の裕福な藍染問屋だった。祖母の青地キヨは熱心な歌舞伎ファンで、岡野は青少年時代に時々芝居見物に連れて行ってもらううちに、芝居趣味を植え付けられたようである。

岡野が初めて本格的に登山らしい登山をしたのも、一八九一(明治二十四)年の十七歳(岡野は数えで十八歳と記している)の春、母の実家に遊びに行ったときのことだった。家の目の前にそびえる丹沢山塊を見て「登ってみたい」と祖母に話すと、コマドリを捕りに行く近所の人を案内人に頼んでくれて、尊仏山(塔ノ岳)に登頂することができた。そのときのことを岡野は『山岳小島烏水記念号』の「小島と私」で次のように記している。

山に登りながら相模平野が一望のもとに展望され、青いジウタンを敷きつめたような麦畑の所々に、真黄色な菜の花畑が目のさめるような模様を織りなしている大自然の壮観に打たれた。これが私の mountain fever「山恋い」の始まりであり、登山の醍醐味を教わらずして自得した(以下略)。

マウンテン・フィーバー(山恋い)の始まり——。岡野にとって初となるこの本格的な登山体験は、古くから行われている地元の人の活動(狩猟目的の登山)の延長と考えるのが妥当だろう。しかし、それまで横浜近郊の丘陵地帯をハイキングするくらいしか登山経験のなかった岡野にとって、この尊仏山登山は趣味登山の延長として、ここから冒険登山へと踏み出していく運命の第一歩となった。

さらには三年後、「山の神」の導きによって、山登りの相棒となる小島烏水との運命的な出会いが待ち受けていた。

小島烏水との出会い

一八九四（明治二十七）年は、日清戦争の火蓋が切られた年である。開戦にあたって、久良岐郡日下村関（現横浜市港南区笹下）の役場で徴兵検査が行われた。そのとき「山の神が、小島と私を、褌《ふんどし》一つの裸で引き合わせた」のだと、のちに岡野が『山岳　小島烏水記念号』で回想する、小島烏水（本名は小島久太）との運命的な出会いがあった。

当時、徴兵検査は二十歳になった国民の義務だった。身長、体重、病気の有無等が検査され、徴兵の判定が下される。即入営となる可能性の高い者の判定区分を「甲種」というが、甲種合格の目安は身長一五二センチ以上、身体頑健だった。始まった当初、甲種合格率は十人に一人か二人程度とかなり低く、続いて甲種よりも体格などは劣るが現役（軍務につくこと）には適するのが「乙種」、三番目のランクとして、身体上極めて欠陥が多くて現役には適さないが、十七歳以上四十歳未満の男子が対象の国民兵役には適するとされるのが「丙種」だった。

二十歳の岡野と小島はこの徴兵検査を受けに来ていた。小島は岡野より四ヵ月半ほど早い一八七三（明治六）年十二月二十九日生まれである。岡野と同じ老松小学校を一年早く卒業し、一八

多摩川の土手で撮影された家族の集合写真。中央のふんどし姿の男性が岡野金次郎

八七（明治二十）年に横浜商法学校（通称Y校、現横浜市立横浜商業高等学校）に入学した。卒業後、横浜の鮫島法律事務所を経て、このときはアイザック商会に勤務していた。

長身で痩せている小島は丙種、ずんぐり短身の岡野は身長が甲種合格の基準に達せず乙種だった。そのことを岡野は「不合格同士」と語っているが、それぞれ丙種合格と乙種合格であるため、正確には甲種合格ではなかったという意味であろう。

岡野の写真はあまり残っていないが、岡野の親族宅には多摩川の土手の上で写した家族の集合写真が残されている。ほかの者たちが冬服なのに岡野は一人ふんどし姿で写っていて、身長は低いが、たくましい身体の持ち主だったことがうかがえる。当時の日本人男子の平均身長は一五〇センチ台後半で今よりだいぶ低かったことをふまえても、岡野は徴兵検査で身長一五二センチ以上という甲種合格の基準に満たなかったのだから、よほど小柄だったのだろう。

岡野と小島は「不合格同士のよしみ」で、初対面の挨拶から自然と会話が始まった。当時二人は西戸部の高台の目と鼻の先に住んでいたので、この役場から自宅までの一里（約八キロ）の田舎道を山の話や芝居の話に興じながら歩いて帰った。

こうして二人の交友が始まった当時の様子を、岡野は『山岳　小島烏水記念号』で次のように述べている。

その日からというもの殆《ほと》んど毎晩のように、夕食後誘い合わせて、戸部から野毛山への暗い道を歩いて、不動さんのところにあった見晴し屋という汁粉屋に行った。小島はその頃から胃が弱かった癖に、濃いどろどろのぜんざい汁粉（当時三銭五厘）を註文し、私はもっとさっぱりした普通の汁粉（二銭）を註文して、新開地ハマの美しい夜景を一望の下に見下《みお》ろしながら、よも山の話に耽《ふけ》った。

二人は静寂な大自然に憧れる一方、賑やかな人出の伊勢佐木町通りや野毛・吉田町・元町などを散歩することも好きで、汁粉屋からこの方面に坂を下る夜も多かった。また二人とも大の芝居

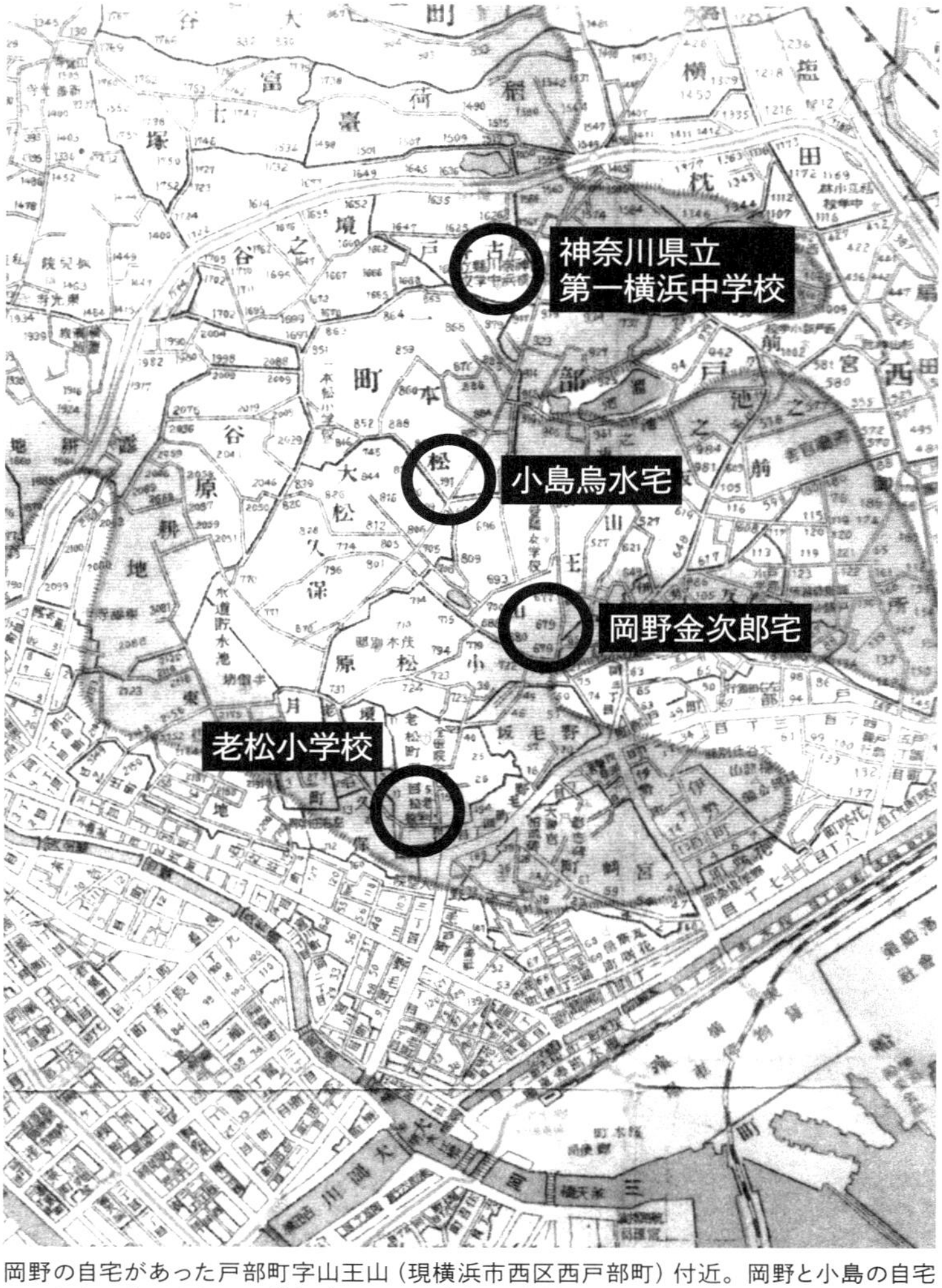

岡野の自宅があった戸部町字山王山（現横浜市西区西戸部町）付近。岡野と小島の自宅は目と鼻の先にあり、一学年違いで同じ老松小学校に通った。現在、老松小学校の跡地は横浜市立中央図書館になっている。元の地図は「大正調査番地入 横浜市全図」

好きで、芝居の立見をすることもあった。

毎週日曜になると二人は、丘陵地帯を縫う旧東海道の険しい急坂（権太坂）からまだ五十三次（宿場）の面影が残っていた保土ヶ谷宿へと「草双紙趣味豊かなロマンチックな気分」を味わいながら遠足したり、横浜南部の丘陵や三浦半島の山々などを歩き回ったりした。

よほど意気投合したのだろう。二十歳の二人は、ほぼ毎日共に過ごす気の置けない間柄になっていた。

二人の登山家デビュー

山恋いの始まりである尊仏山での登山体験を、岡野は小島とも共有したかったのだろう。小島との交友が始まって以降、よく二人の間で尊仏山のことが話題に上った。

そして二人の出会いから一年が経った一八九五（明治二十八）年の春、岡野は「菜の花が満開の二日続きの休み」を利用して、小島を誘って尊仏山に登ることにした。当時はまだ小田急線が開通していなかった。二人は平塚から歩いてまず山の麓にある岡野の母方の実家・青地家に立ち寄り、そこから尊仏山へと登って山頂を踏むことができた。これが二人にとって登山家としてのスタートだった。

晩年、小島が岡野宛に出したハガキには、このときの思い出が次のように記されている。

其後、御起居いかが、此《この》季節になると想い出す今より数十年前、二人で平塚から尊仏山下の大兄御親戚の（略）許に菜黄麦緑の田園を辿り高原から山村へと田舎道を縫い一泊して松田の方へ下ったときの無邪気にして愉快なりし逍遥游を未だに印象深くおぼえている、当時の人々は大方今は故人となられたであろうお互長生きをして来たものかな。尤《もっと》も今の老生は動脈硬化気息奄々《えんえん》で昔の俤《おもかげ》はないが、それでも生きていることだけは確かである。最近の御消息お洩らしを乞う　草々四月十二日

今から数十年前（正確には五十三年前）に二人で尊仏山に登ったときの「無邪気にして愉快なりし逍遥遊」を、いまだに菜の花が咲くこの季節になると思い出します――。この手紙を岡野に投函した一九四八（昭和二十三）年の十二月に、小島は七十四歳で亡くなっている。

尊仏山が二人にとって本格的な登山、いわば登山家としてのはじまりになっただけに、小島にとっても非常に象徴的な出来事だったのだろう。尊仏山登頂を果たした二人は、翌年の一八九六（明治二十九）年一月には続いて箱根の駒ヶ岳と神山に登って、登山実績を積み重ねていった。

ちなみに尊仏山を含む丹沢山塊で、純粋な登山（山に登ること自体を目的とした登山）を行った初の記録は、一九〇五（明治三十八）年に登頂を果たした武田久吉らによるものと長く一般的に言われていた。武田ら一行は、動植物を研究する日本博物学同志会のメンバーであり、山登りは植物採集を兼ねていた。彼らは現在の御殿場線の山北駅を夕方に徒歩でスタートし、その日は玄《くろ》

倉泊《くら》。翌日は山神峠を経て玄倉川の上流の諸戸に至り、北面から尊仏山に至っている。

しかし岡野と小島の尊仏山登頂は、記録上初とされていた武田の登頂よりも十年以上も前の話である。晩年に武田自身も「丹沢山塊に足を入れたのは、私達が最初のように世間では思っているらしいが、岡野君は私達よりも前に、菩提ノ山あたりに登っていたようである」と言及している（『山と人・山岳』）。

岡野と小島の登頂のほうが先で、どうやら記録上は初らしいとなると、今度は武田らの山行が「丹沢における初の学術的登山」だったとする解釈も出るようになった。この登山が日本博物学同志会の活動の一環だったからだ。しかし植物採集を兼ねて山に登ったとはいえ、それだけなら山頂を目指す必要はないし、武田自身もこの山行を学術目的とはしていない。

この頃から武田を中心に日本博物学同志会のメンバーのなかには、植物採集だけでなく、登山を純粋に楽しむメンバーが増え始めていた。そこに至るのに小島や岡野の存在は決して無関係ではない。すでに武田らは小島の山岳紀行文に大きな影響を受けており、小島の誘いを受けた日本博物学同志会の一部メンバーは山岳会の設立話に加わった。武田らが尊仏山に初登頂した前年のことだ。

岡野と小島による登山活動と、武田ら日本博物学同志会の博物学研究を目的とした活動が山や山岳紀行文という共通の対象を通じて結びつき、日本初の山岳会を設立しようという動きへとつながったのだ。その設立経緯は第三章以降で詳しく触れていくことにする。

土佐丸で世界周遊の旅

岡野には医師になる夢に加えて、「世界を一周したい」という夢があった。しかし一家を養わなければならない立場にあり、とても大名旅行のできる身分ではない。

この頃日本郵船は遠洋定期航路を開くべく、一八九三（明治二十六）年のボンベイ（現インド・ムンバイ）を皮切りに、欧州、北米、豪州へと航路を拡大していた。その遠洋定期航路を運航するための第一船として、日本郵船がイギリスから購入した日本初の大型船が土佐丸だった。『山岳　小島烏水記念号』の「小島と私」で、岡野は次のような話をしている。

私は日本郵船が英国から買った日本最初の一万トンの土佐丸に乗って、中国・印度・スエズを通ってヨーロッパに行った。世界を一周したいという願いを持っていた私は、大名旅行のできる身分ではなかったから、船の技術員となって乗り組んだのだ。

一八九七（明治三十）年、二十三歳の岡野は日本郵船の商船「土佐丸」に乗り組むことができた。乗船の肩書については、「小島と私」では船の技術員、三男満作成の「岡野金次郎年譜」では土佐丸の要員、孫の岡野修氏（長男昇の息子）が日本山岳会の第二十七回山岳史懇談会で語った話では「船医の助手としてヨーロッパに行った」となっている。このように土佐丸で世界周遊した話は、親族の間でもエピソードは共有されつつ、細かな認識には差異が見られる。

岡野が乗船した土佐丸（日本郵船歴史博物館所蔵）

海岸通りに面して立つ横浜郵船ビル。2022年撮影当時は1階に日本郵船歴史博物館があった

一方で二〇二〇（令和二）年に孫の岡野眞氏（三男満の息子）が日本郵船株式会社人事グループに調査依頼をしたところ、「（岡野金次郎は）海上社員として乗船記録にない」という回答を得た。しかし、当時の土佐丸の航路や寄港地が年代によって異なっていたなか、岡野が晩年に至るまで広く語っていた航路や寄港地は日本郵船の記録と完全に一致している。

日本郵船歴史博物館によると、岡野が乗船した年の土佐丸は欧州航路に就航しており、当時の欧州航路寄港地は「横浜、神戸、下関、香港、シンガポール、コロンボ、ボンベイ、ポートサイド、マルセイユ、ロンドン、アントワープ」だった。日本郵船の話と岡野の話を合わせると、岡野は日本から香港、ボンベイ、ポートサイドを経由してヨーロッパに行ったことになる。乗船期間は不明だが、当時は横浜からロンドンまでが約七十日間の航海だった。

また、岡野の三男満が作成した「岡野金次郎年譜」には「世界を一周」と記されている。しかしまだパナマ運河は開通しておらず、土佐丸で世界一周することは不可能だった。岡野は「小島と私」で「世界を一周したいという願いを持っていた」と語っているので、それをもとに満が「世界一周」と年譜に記したのだろう。

岡野はこの旅で異国の見聞を広め、さらには欧州の山水（自然の景色）や登山趣味を知ったという。「趣味として山に登る」という欧州では一般的な概念が当時の日本ではまだほとんど確立されていなかったため、こういった知識はその後本格的な登山を極めていく大きな後押しになったことだろう。

そして岡野はこの旅で、ますます英語に磨きをかけたに違いない。岡野の英語は書くより話すことに特化していたようだが、会話は申し分なく、通訳力、洋書の読解力と素晴らしい英語力を持っていたことを多くの人が語っている。

後年、孫の小永井好子夫妻と湯河原の海岸を散歩していて景色の良い岬に着いたとき、急に英語をしゃべり出したことがあった。ひと区切りついたところで、これはリンカーンが大統領に就任したときの演説だと岡野は言った。

リンカーンといえば、アメリカの奴隷制度に言及した大統領就任演説も有名であるが、それ以上にその八ヵ月後に行われたゲティスバーグ演説での〝government of the people, by the people, for the people〟（人民の人民による人民のための政治）という台詞が有名だ。

リンカーンの演説は岡野の心に何か響くものがあったのだろう。岡野の〝演説〟を聴いた小永井暹《あきら》氏は、「記憶力の素晴らしさに驚いた」と私に語った。

その後、湯河原から平塚に引っ越した翌年の日記（昭和二十九四月十八日）には、「市内所々に漫歩。『リンカーン』を買った」という記述が見られる。当時はすでに八十歳だったが、岡野は何歳になっても知識を得ることに貪欲で、勉強熱心だった。

第二章

槍ヶ岳登頂と近代登山の幕開け

その時、突然霧が薄くなって、槍のように尖った高山の尖端が現われ出た。案内者に聞くと槍ケ岳だという。二人は暫し呆然として、槍の尖端部を見詰めた。それは私の人生における最初のそして最大の感激のクライマックスであった……

——岡野金次郎「小島と私」(『山岳　小島烏水記念号』より)

スタンダード石油会社に入社

岡野は一八九八（明治三十一）年に世界周遊の旅を終えて帰国すると、十月にスタンダード石油会社（英語で Standard Oil Company of New York、通称ソコニー）の日本支店に経理職として入社した。

スタンダード石油会社はアメリカの石油王ロックフェラーの流れを汲む会社で、一八九三（明治二十六）年に日本支店が横浜に開設されたばかりだった。当初は日本国内の灯油市場で大きなシェアを占めており、現在の横浜駅西口の広大な土地はスタンダード石油貯油所だった。その後事業はガソリン主体となり、何度かの企業再編を経て、やがてモービルやエッソのブランドを持つ東燃ゼネラルになった。現在はＥＮＥＯＳホールディングスになっている。

社名は岡野の在籍時にもスタンダード石油会社（ニューヨークスタンダード石油会社やスタンダード・オイルなどともいう）からもともとは通称だったソコニーへ、さらにはソコニー・バキュームへと変遷し、退職した翌年からはスタンヴァック（スタンダード・ヴァキューム・オイル・カンパニー）になっている。しかし岡野は社名が変わってからも終始スタンダード石油会社と呼んでおり、岡野関連の資料は基本的にスタンダード石油会社と表記されている。そのため本書でも、いつの話かにかかわらずスタンダード石油会社と表記することにする。

Socony's former office on the Bund, Yokohama. Built 1904, destroyed in the 1923 earthquake 震災前の本社

山下町８番地のスタンダード石油会社（社内誌『スタンヴァック日本』第４巻第３号より）。
1904年の竣工から1923年の関東大震災による倒壊まで岡野はこの社屋に通った

スタンダード石油会社の日本支店（以降横浜支店）は、創業当初こそ外国人七名、日本人九名の社員数で社屋も小さかったが、その後岡野らが入社し、次第に人数が増えていった。一九〇四（明治三十七）年には下田菊太郎の設計により、外国商館が連なる山下町の８番地に立派な洋風社屋を建設している。

そこは岡野が乗船した土佐丸の運航会社である日本郵船横浜支店（横浜郵船ビル）や横浜税関などが立ち並ぶ海岸通りの延長（現山下公園通り）に位置しており、スタンダード石油会社の向かい側は現在、山下公園のバラ園になっている。

山下町はもともと外国人居留地で、なかでも海岸通りは一等地だった。岡野の入社後まもなく居留地が廃止されると、そこに外資系企業などが進出して洋風の社屋を建て始めた。スタンダード石油会社の新社屋もそのタイミングで建設されており、関東大震災による倒壊で建て替えられるまで、岡野は毎日この社屋に通っていた。

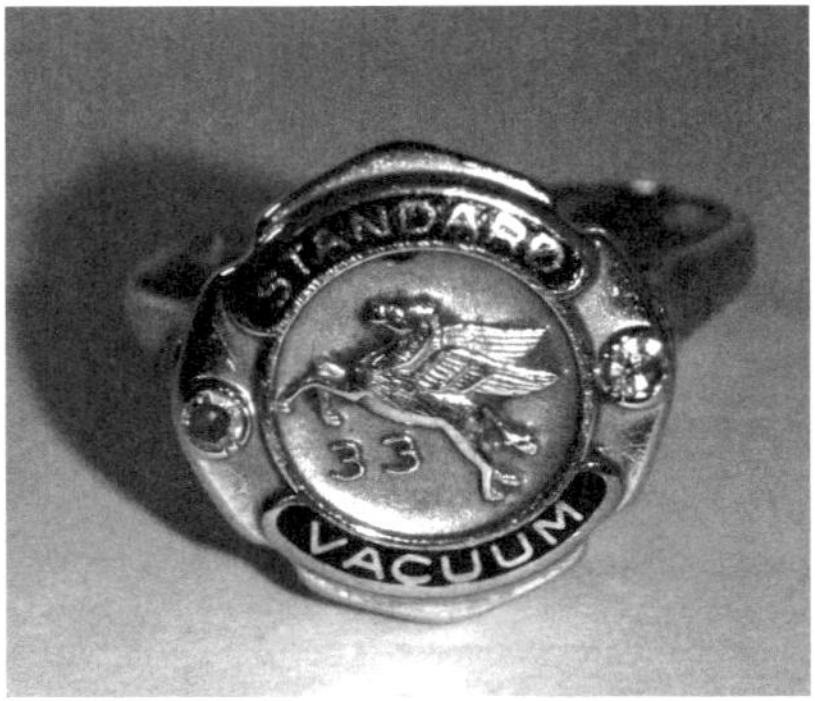

岡野が使用していた社章。「STANDARD VACUUM」と記されている。家族が指輪にして保管していた

岡野は毎朝起きると散歩に出かけ、その後朝湯に行き、汗を流してから朝食をとって、背広に着替えて出勤するのが日課だった。次男の敬次郎は父の朝食後の様子について、「出勤する時はスカッとした背広を着、バラの咲いているころは、高貴な匂いのする白バラを胸に差して、家を出て行くのであった。そういう父の姿が、今でも私の瞼にうかぶ」と、日本山岳会発行の『近代登山の先駆者たち』のなかで述べている。

スカッとした背広と白バラは、ぼろぼろの登山服姿の目撃証言が多く残る岡野のイメージと対照的だが、この時代に横浜の外資系企業で働くとなると、気合いの入れ方が違うのだろう。

さらに三男の満によると、岡野は自宅で香りを楽しむために庭でバラを大切に育てていた。育てるだけでなくバラを背広の胸に差すというのは、岡野が嗅覚に非常に敏感なこととも大きく関係しているようだ。経理職の仕事のかたわら、少しでも自然を楽しむ意識もあったのかもしれない。

バラは横浜市のシンボルである。横浜開港とともに上陸し、居留地で暮らす外国人の家の庭に植えられたことから周辺の日本人の間にも広まった。

スタンダード石油会社の界隈には今もバラの名所が集まっている。岡野もそんな西洋の庭園を目にして、自宅の庭にバラを植えるようになったのかもしれない。

バラ以上に岡野が強く影響を受けたのがアロエだった。岡野はあるとき福井県敦賀に立ち寄って、土地の者がロシアからヤケドや万病の薬としてアロエ・ベラを仕入れているのを見て興味を持ち、アロエ栽培が趣味になった。その趣味は長く続き、晩年には庭が「アロエの小園」になるほどだった。

高野鷹蔵が見た岡野金次郎

日本山岳会の設立メンバーの一人である高野鷹蔵は、日本山岳会の『会報』１７２に寄稿した「老友・岡野さんのこと」のなかで、岡野の出勤時の様子について「自分の家は小島君の勤めていた正金銀行のすぐそばで、当時の居留地や県庁への往還に当っている。岡野さんはその頃どこに住っていたのか知らないが、毎朝通勤の定刻になると岡野君が短軀に胸をそらして颯爽と、私の家の前を通るのが、未だつい近年の如き思いがする」と回想している。

岡野がスタンダード石油会社で働きだした頃には、小島はアイザック商会から貿易決済を主業務とする横浜正金銀行へと転職していた。横浜正金銀行本店は、スタンダード石油会社の新社屋が完成したのと同じ一九〇四（明治三十七）年に、旧居留地に接する日本人街の一画、南仲通五丁目に新社屋を建設している。

　そこは馬車道に面しており、正面にドームを設けた豪壮な洋風建築のここ本店が、小島の勤務地だった。現在その建物は神奈川県立歴史博物館として活用されている。一方横浜正金銀行は戦後解体されたが、その業務は新たに設立された東京銀行（現三菱ＵＦＪ銀行）に引き継がれることになった。

　高野の家は、小島の勤務先である横浜正金銀行本店の「筋向かいの隣り」（本町四丁目67番地）にあった。外国人らの通行路である馬車道と、居留地や県庁への通行路である本町通りが交わる十字路にほど近い、本町通りに面した立地である。当時の主要輸出品だった生糸、羽二重の船積みを引き受ける回漕業を営んでおり、さらに荷主である商人向けの宿屋もしていた。多額納税者であったと『日本山岳会百年史』には記載されている。

　高野は小島や岡野より十歳ほど若く、東京で武田久吉らが活動する日本博物学同志会の当初唯一の横浜在住メンバーだった。岡野と小島の槍ヶ岳登頂後のあるときから武田の周囲では、総合雑誌『太陽』に掲載された山岳紀行文「甲斐の白峯」の筆者である小島烏水がいかなる人物か話題になっていた。

　武田は小島が横浜在住であることを小耳に挟むと、同じ横浜在住で日本博物学同志会横浜支部の代表を務める高野に調査を依頼した。すると小島は高野の家のすぐそばにある横浜正金銀行に

小島烏水の勤務地だった横浜正金銀行本店（現神奈川県立歴史博物館）

勤める銀行員で、文芸雑誌『文庫』の同人であることが判明した。

武田と高野はともに小島を訪問して意気投合し、その数ヵ月後には山岳会の設立に向けて一緒に動き出すことになった。一方で岡野もそれより先に、この街で働く山好きの外国人ウォルター・ウェストンやジョン・スチュワート・ハッパーとつながって、自分たちのまだ知らない近代登山の知見を得ることになった。

身近な場所で西洋の登山文化やそこに携わる人たちと直に触れ合うことができたのは、ここが外国の文化が集まる文明開化の街だったからだ。当時馬車や人力車が往来し、洋風の街並みが広がるなか、毎朝通勤時になると、高野の家の前をスカッとした背広姿の岡野が短身ながら胸をそらして颯爽と通過していった。高野が特に印象に残っているのは、県庁通いの役人や商館通いの人たちに交じって、岡野がいつも英字の本を片手に読みながら歩いていたことだ。

最も忘れられない事は、岡野さんは必ず英字の本を片手で持って、それを読みながら歩いてる。今だったら自動車にブッつけられるのだが、五十年も前で横浜でも馬車と人力車の時代であったからであろうか。兎に角私の家の前は県庁通いの役人や商館通いの人達が水の流れる如くに一定時刻に通う中に忘れられない印象である。（日本山岳会『会報』１７２）。

横浜が国際貿易港になるに伴い外国人居留地が開設されて、そこから様々な近代文化が花開いた異国情緒漂うこの街は、日本の近代登山の幕開けを語る上で欠かすことのできない重要な舞台になっていた。それは単に岡野や小島や高野の職場があっただけに留まらない。この場所で岡野と小島と高野、それにウェストンやハッパーという山好きが出会って交流が生まれたことで、日本における近代登山の文化が大きく花開いていくことになったのだ。

ウェストンやハッパーとの出会いは次の章で詳しく触れるが、ここまでは前置きにすぎない。ウェストンのすすめもあって小島を中心に山岳会が設立されると、本町通りに面した高野の家は山岳会横浜支部の事務所となり、その翌年からは山岳会の本部事務所になっている。

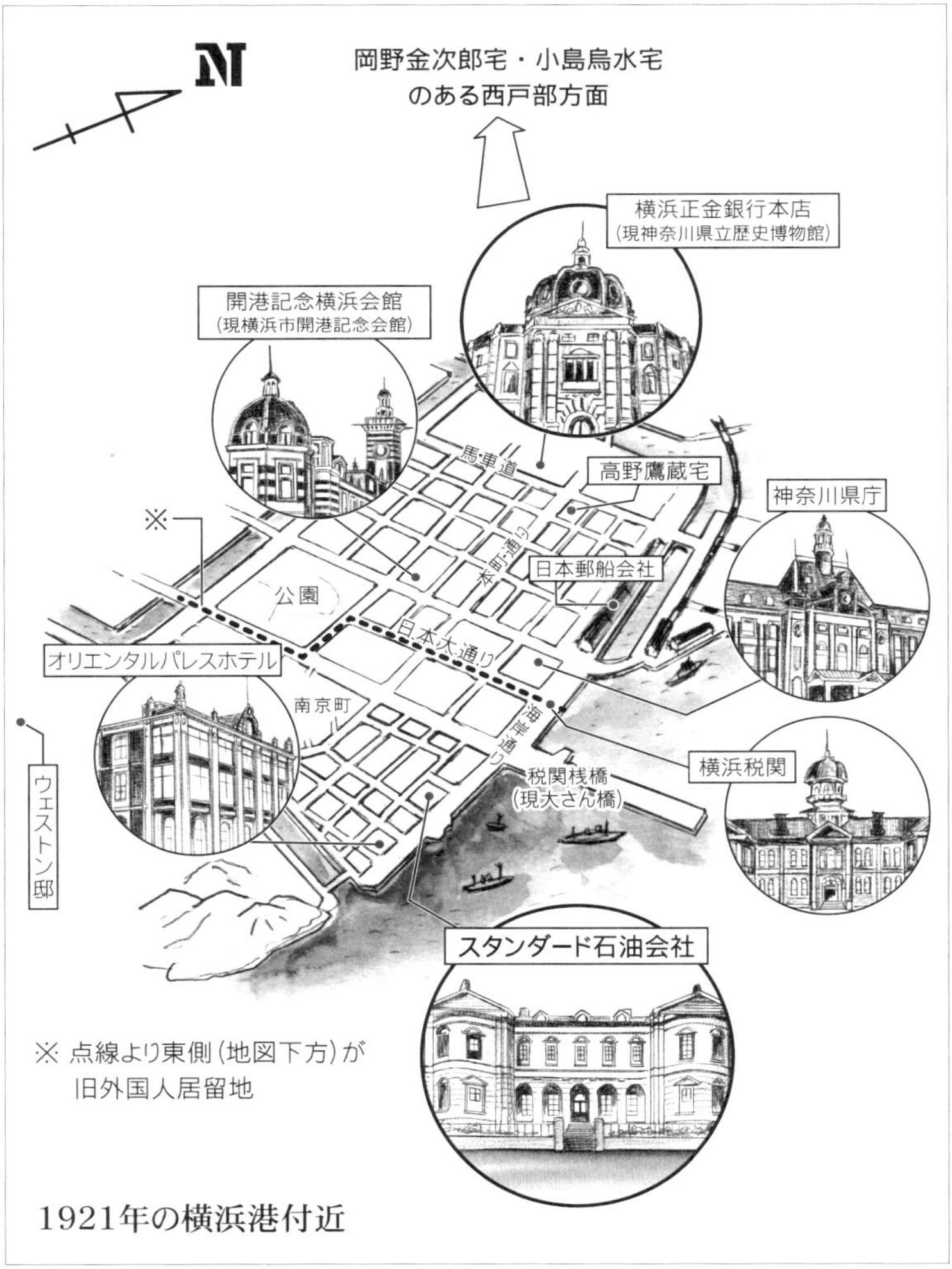

横浜港付近は日本近代登山の文化が花開く舞台となった。山岳会設立に向けた最初の会合場所（オリエンタルパレスホテル）や山岳会事務所（高野鷹蔵宅）など、徒歩圏内にゆかりの地が集まっている（作図・加藤敦子）

新婚旅行の休暇で乗鞍岳へ

スタンダード石油会社への入社二年後の一九〇〇（明治三十三）年八月、岡野は神奈川県足柄下郡小田原町幸町（現小田原市）に住む関トヨと二十六歳で結婚した。トヨは父関貞山と母小川スヾの第三子として誕生し、兄二人の三人兄弟の長女である。

関家は小田原藩士の家系であり、八代目の関小左ヱ門美章（トヨの祖父）は三人の男子をもうけた。しかし次男と三男が若くして相次いで亡くなり、そこから明治維新を迎えることになった。長男重麿は熱心な佐幕派であり新政府のなかでどう生き抜くか、さらには高齢の美章は跡継ぎにも不安があったのかもしれない。

一八七四（明治七）年、足柄上郡松田に住む渋谷太左エ門の七男貞山と小川左十郎の長女スヾは結婚後まもなくして関小左ヱ門美章の家に夫婦で養子になった。これがトヨの両親である。

トヨの父貞山については、「母方の祖父（貞山）は、関東にある曹洞宗の名刹につとめる別当のような地位の僧であったが、還俗した」という三男満の手記や、「母（トヨ）はしばしば道了さん（大雄山最乗寺の別名）を訪ねた」という長女ユキの証言がある。満の長男岡野眞氏はそれらの限られた情報をもとに曹洞宗大本山の總持寺（横浜市鶴見区）や大雄山最乗寺（南足柄市）へ問い合わせ、大雄山最乗寺の山主を尋ねて調査を行った。しかし寺の記録に貞山の名前は無く、真相は分からなかった。

ちなみに関家の本家筋である美章の長男重麿（九代）の息子三人はいずれも海軍少将になり、

長男重忠の息子（重磨の孫）関重広は「日本の照明の父」として知られる蛍光灯照明の発明者である。

トヨとの結婚のタイミングで岡野は山王山六五〇番地から近くの六七九番地に転居しており、実家から独立したものと思われる。

そのわずか二ヵ月後に岡野は小島と二人で乗鞍岳に登っているが、当時はまだ会社に長期の休暇制度がなく、「新婚旅行の名義で休暇を貰い乗鞍岳に出掛けた」とトヨは『山岳』の追悼文「想い出」のなかで述べている（寄稿はトヨではなく「岡野とよ」名義）。

岡野は新婚旅行のための休暇さえ、妻との旅行に費やさずに山のために使ってしまったというのだ。トヨはこのことを晩年までたびたび家族に語っていた。新婚旅行に行けなかったことよりも、新婚早々の休暇を夫が友人との山行に費やして、家で一人留守番していたことに対する不満が大きかったのだろう。

なぜなら当時、まだ日本では新婚旅行が一般に普及しておらず、外国人や一部の上流階級の風習にすぎなかった。おそらく外資系企業ならではの先進的な休暇だったのだろう。

孫娘の夫である小永井暹氏は、岡野が山に行くことに関して「岡野は妻に何も話していなかったのではないか。妻は何も知らずに行李にただ荷物を詰めていたのだと思う」と語っていた。それでも引きちぎれたみじめな服で帰って来るのを目の当たりにして、夫の山行がどのようなものなのかは当初から感じていたに違いない。それは『山岳』の追悼文「想い出」でトヨが語った次の内容からもうかがい知ることができる。

乗鞍は五合以上は這松《はいまつ》が一杯繁茂して登る道がなかったので、這松の上を這って登ったそうで、ズボン等はわかめの様にずたずたにさけて帰って来ました。

その翌年から、会社でも山好きの総支配人ハッパーさんの理解ある計いにより、休暇制度が出来て社員一同大喜びだったそうです。それから水を得た魚のように毎年毎年何処へ登りましたか、夏二週間ずつの休暇は休みいっぱい出掛け、時には勤める朝戻ってきてすぐ勤めに出た事もありました。十日間位野宿の続いたこともあったようです。

岡野は乗鞍岳に登った翌年（結婚一年目、入社三年目の年）以降、毎年夏に二週間の長期休暇をもらって、小島と一緒に本格的な山に挑むようになった。トヨは「山好きの総支配人ハッパーさんの理解ある計らいにより、休暇制度が出来」たと語っているが、岡野はその経緯を『山岳　小島烏水記念号』で次のように述べている。

私の勤めていたスタンダード石油会社には日本人従業員の数も次第に多くなったが、正規の休暇制というものがなかった。しかし私の登山熱とその「実績」とは、アメリカ人のマネジャー以下全員に知れ渡っていたし、私が毎年七月から八月にかけて相当長い期間の休暇をマネジャーから正式に承認して貰って、公然と山に行くことが、他の日本人従業員の羨望の的であったが、やがてそれが問題になって、日本人全従業員に休暇制が承認されるというよき結果を齎《もたら》した。

山のために公然と長期休暇を取る岡野の態度がきっかけで、社内で正式に休暇制度が実現したというのである。そんな岡野の態度は社内で様々な亀裂をもたらすこともあったのだろう。孫の岡野修氏は「祖父は会社でも人の言うことを聞かなかったために、出世しなかったのではないか」と語っている。また岡野の三男満は、父が一度首になりかけたことを手記「父・岡野金次郎」のなかで明かしている。

詳述することを避けるが、米人総支配人が個人的利益をはかって会社に損害を与えるので、父が抗議したことがあった。そのため首になりかかったのである。父はニューヨークの本社に手紙でその事柄を訴えた。本社から調査に来て、その結果、父の首はつながり、総支配人はやめさせられたという。

ここでも得意の英語力が生かされたわけだ。ちなみに個人的利益をはかっていた「米人総支配人」と、トヨの話に出てくる岡野に休暇を与えた「山好きの総支配人ハッパーさん」はどちらもスタンダード石油会社日本支店の米国人総支配人であるが、別人である。岡野はハッパーのことを横浜のマネジャーという言い方をしており、ハッパーの理解ある計らいによって槍ヶ岳に挑戦することができたばかりか、次章で述べるように日本アルプスを世界に広めたウェストンを知ることさえできたのである。

その後、岡野は会社から役職を依頼されており、「自分は山登りをしたいので辞退した」と孫の大野紀代氏は母テル子から聞かされている。山のために毎年長期の休暇を取りながら、山と仕事を両立させていくことは難しいと家族は感じていたようだ。

岡野は山のことを一番に考える性格ゆえに出世しなかったが、それでもスタンダード石油会社の社員として立派に貢献し、登山をつづけるにあたって恩恵を受けてきた。さらに岡野家は、彼自身だけでなく弟二人（次男豊次郎、三男登久次郎）と妹の配偶者（浅見省三）とその長男（浅見謙三）までもがスタンダード石油会社の社員になった。

社内誌『スタンヴァック日本』一九五七（昭和三十二）年版の「恩給者便り」では退職し恩給者になった岡野金次郎を取材しており、まず男兄弟三人と妹家族までもが社員（その後全員恩給者）だったことを挙げて「岡野氏一家は挙げてスタンダード一家の観を呈しているほど会社に貢献している」と紹介している。ほかの兄弟も社員だったというのは岡野の実力だけでなく、名門岡野家が背後にあるためではないかと孫たちは語っている。

飛騨街道紀行

乗鞍登山のことに話を戻そう。新婚旅行を犠牲にしての小島との乗鞍登山だったが、この体験が岡野と小島の二人に大きな収穫をもたらした。乗鞍岳の山頂で二人は槍ヶ岳を目撃し、それがきっかけで槍ヶ岳の登山計画に乗り出すことになったのである。

岡野は乗鞍岳に登った直接の動機を『山岳　小島烏水記念号』で、「明治三二年の新聞（『毎日』だったか）に、一高生数人の『飛騨街道紀行』が連載され、岐阜から高山までの三日の上り、高山から越中富山までの二日の下りが面白く書いてあったのを二人で読んで、游志を動かされたのだ。かくて高山から乗鞍岳へ登る計画が進められた」と述べている。

こうして乗鞍岳へと向かった岡野の回想は、次のように続いていく（ここから先、本章での岡野の回想はすべて『山岳　小島烏水記念号』からの引用なので、出典は省略する）。

明治三三年十月、高山で平湯峠への道を教って、平湯峠に辿りついた時、今迄想像もできなかった中部大山脈の紅葉美の壮観に讃歎すること暫しであった。その晩泊ったのは、峠の附近の一軒の貧しい百姓屋で、一年中常食しているというヒエばかりの飯を出された。運搬用の牛が一匹土間の方にいて、その悪臭が甚だしく一晩中眠れないほどであった。たゞ外に自然に湧出する湯を桶で引いた野天風呂は実によかった。

平湯峠の名のとおり、ここは古くから人々に利用されてきた平湯温泉の地である。翌朝、平湯の農夫に案内を頼み、乗鞍岳登山が決行された。

ところが峠から登山道もなく、ハイマツ（高山地帯に生息し幹が地を這うように生える松）の上を歩きながら進まなければならず、予想外に時間がかかった。ハイマツの上を歩くのは初めてで、滑ったりぶらんこをしたり、泳ぐようにして登って、ようやく頂上に到着した。

しかし、あいにく霧が濃くて展望がきかない。猛烈な寒さである。「十月の頂上の風は寒くてぶるぶるふるえるので、坐ることも休むこともできないで、頂上を歩きながらヒエ飯のおむすびを食べた」という有様だった。

ところがそのうち霧が薄くなって、視界が開けてきたところで、二人は運命的なものを目にする。

その時、突然霧が薄くなって、槍のように尖った高山の尖端が現われ出た。案内者に聞くと槍ケ岳だという。二人は暫し呆然として、槍の尖端部を見詰めた。それは私の人生における最初のそして最大の感激のクライマックスであったが、それは小島にとっても同様であったようだ。

苦労して辿り着いた乗鞍岳の山頂で、岡野と小島は槍のように尖った山を目撃し、それが槍ヶ岳だと知ったのである。その晩は再び平湯の農家に泊まり、翌日からは今回の旅の動機となった「飛騨街道紀行」と同じく、岐阜の高山から富山まで飛騨街道を富山へ下った。

途中で立山に登り、続いて船津（現飛騨市神岡町船津）から船で大蓮華（白馬岳《しろうま》）の雄姿を仰ぎながら、新潟の直江津に向かった。小島は船に酔ったが、岡野は船員として世界周遊を体験している身であり、船には強い。それればかりか疲れ知らずで短身ずんぐりの岡野は、いつも小島から不死身だと言われていた。岡野は小島とともに山に登ることについて、「小島から見れば、用心棒のように頼もしかったろう」と述べている。

新たな目標となった槍ヶ岳に挑むまでにはここから二年の年月を要するのだが、翌年も二人は夏の休暇を取って、新潟の妙高山などに登っている。

槍ヶ岳の登山計画

乗鞍岳の山頂で槍ヶ岳を目の当たりにしたことがきっかけで、二人は槍ヶ岳に登る計画を進めることになった。しかし、これといった情報があるわけではない。

小島は調査のために、長野県松本の役場宛に問合せの手紙を出した。その返信には「登山路などなく、古来登山するものはないから見合わせた方がよい」とあり、中には「猛獣毒蛇の住家で生還は期せられない」という振るった一節まであったことを岡野は晩年まで鮮明に記憶していた。

この役場からの返事を最初に手に取り目を通したのは、運の悪いことに小島の母だった。小島は勤め先から帰ると母から「岡野はお前を誘惑する山の悪友であるから、今後交際してはいけない」とひどく叱られたという。

小島のお袋さんが私を山の悪友として絶交を命じたのは、山気違いが次第に昂じて、遂に『生還を期せられない』冒険登山を計画しつつあることを知った以上、当時の母堂の立場として当然であったろう。本人は山恋いで夢中であっても、母親の立場から見れば、当時二人とも一書記の安月給取りで、しかも一家の長男で柱であったから、生活費の多くの部分を登山に使うことは感心できない山気違いと思われたのだ。

小島の母から「山の悪友」だと言われて槍ヶ岳登山に反対されていると聞かされた岡野は、「敵は本能寺だ。お袋には槍へは行かないことにして、行こう」と答えている。

それからというもの岡野は小島の家へは行かないようにして、小島も親に気を使いながら、かくして秘密裏に〝槍登山計画〟は進められていった。

上高地までの登山ルート

一九〇二（明治三十五）年の夏に二週間の休暇を取得して、ついに二人は槍ヶ岳へ向けて出発した。「烏水」の名付け親である詩人・滝沢秋暁《しゅうぎょう》が長野県上田市に住んでいたため同行を予定していたが、養蚕に忙殺されて同行がかなわず、二人で槍ヶ岳を目指すことになった。篠ノ井から篠ノ井線で松本に向かったものの、豪雨による土砂崩れで汽車が松本駅に進めず、一つ手前の駅で降りることになった。篠ノ井線の西条駅から松本駅までの区間は、この年の六月に開通したばかりだった。

汽車さえ通行できない大雨のなかを苦労して山辺温泉（現美ヶ原温泉）まで歩いたが、養蚕で多忙のためすべて門戸を閉ざして断られ、また大雨のなかを泊まる場所を捜し求めることになった。

しばらく歩くと、灯火のついた家を見つけた。普通の宿屋とは違うようなので躊躇したが、眠くて我慢できないので「泊めて貰いたい」と頼むと、すんなり部屋に通された。特殊な商売女が部屋に入って来たが、二人はそれどころではなく、横になるが早いかすぐに眠ってしまい、翌朝早くに宿を出発した。「このことは品行方正を疑われる誤解の種になり易いから、流石《さすが》の小島も人に話しもしなければ書きもしなかったようだ」と岡野は述べている。

松本から島々（上高地の登山口の一つ）へ行く途中、人に会うごとに槍ヶ岳の登山道を尋ねた。ところが皆「知りましねェ」と返事をする。土地の人が「白骨に行けば道を知っている猟師がいるかも知れない」と言ったので、白骨の大石屋に泊まることにした。しかし宿の主人は槍ヶ岳の登山道を知らず、呼んでくれた猟師も槍ヶ岳など登ったことがなく、道も知らないという。

実は島々から白骨へというのはまったくの方向違いで、これが苦難の始まりだった。小島いわく「槍などへ登ったことのないにわか仕立ての素人案内」（『アルピニストの手記』）だった大石屋の主人と若い猟師筒木市太郎を案内人として雇って、とにかく行けば大体の見当がつくかもしれないと、槍ヶ岳へ向けて出発した。

後から考えると今の沢渡《さわんど》の奥の霞沢の分水嶺を登って峠の頂上に出た。当時、地理上の名称は明かでなかったが、カミコーチの全貌が一望のもとに展開された。花崗岩の白い砂の上を澄み切った渓流（梓川）が流れ、今と違って、白樺が一面に茂っていた森林美の壮観に暫し忘我の境に恍惚とし、勇気百倍して一気にカミグチに下り、犬の小屋のような建物（後で嘉門次小屋と分る）に泊めて貰った。

この岡野の記述は小島烏水の追悼を目的とした『山岳　小島烏水記念号』での回想ゆえ、白骨から上高地まで、岡野はこのようなさらりとした説明に留めている。しかし実際、このときの上高地までの行程は、島々から徳本《とくごう》峠を経て上高地に至る一般的な徳本峠越えとは異なり、遠回りな上にはなはだ困難なものだった。小島自身もこのときの体験を「鎗ケ岳探険記」に書いているが、実は本人たちでさえどこをどう歩いたのか、その詳細が分からないのである。

小島は雑誌『山小屋』の座談会で次のように語っている。

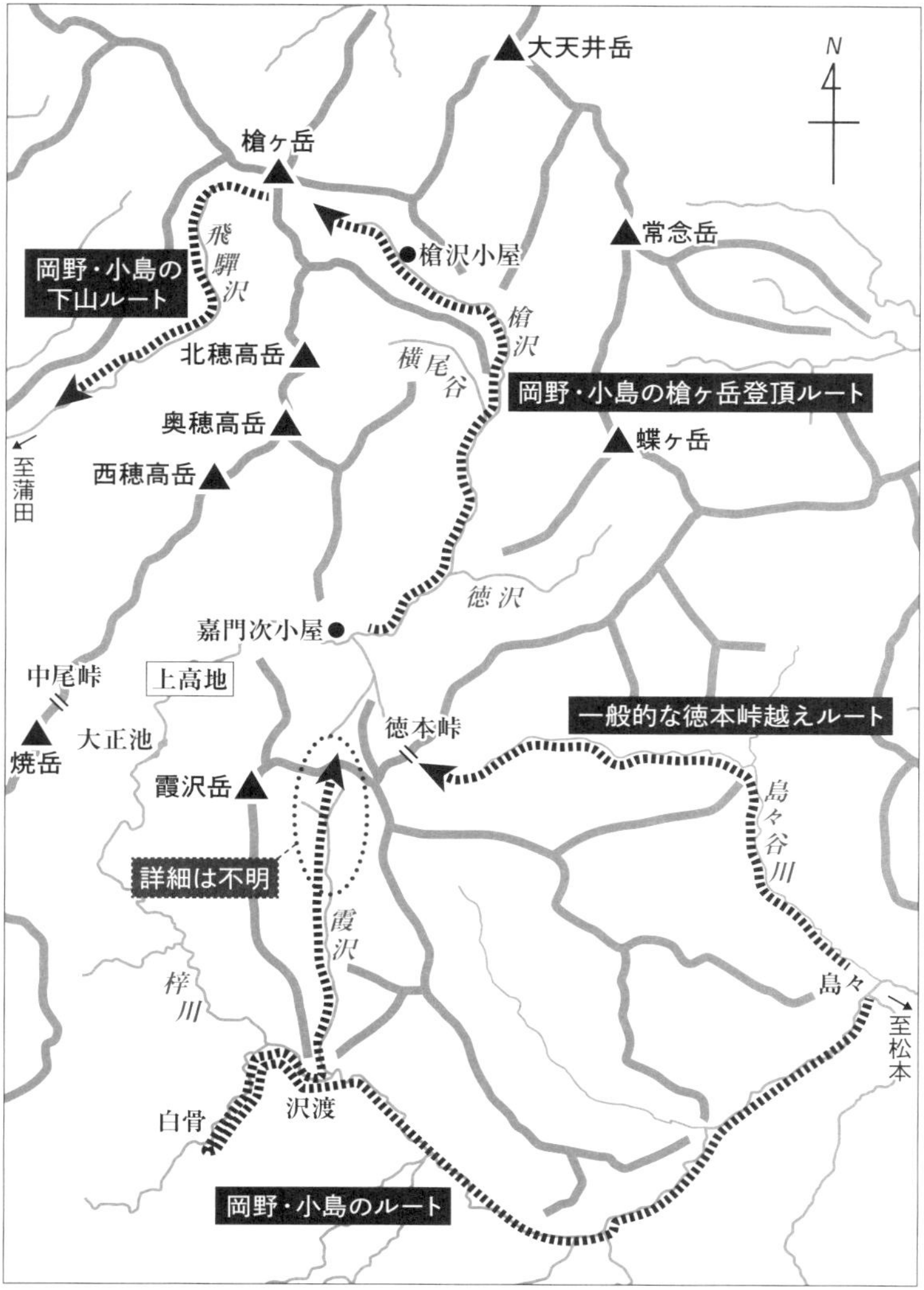

岡野と小島の槍ヶ岳登山ルート概要

白骨を出発して、どこをどう通ったのか今では分らないんだが、……（一同哄笑）……滝や藪《やぶ》の中を目茶苦茶に登って行った。とても苦しかった。（略）霞沢と言っても岳の頂上へは出なかった。ズット徳本寄りの尾根（沢渡の辺だろう）へ最後に辿りついた訳ですが、そこから神河内の盆地を好い気分で味わったのです。

作家で登山評論家の近藤信行（『小島烏水　山の風流使者伝』で大佛次郎賞を受賞）は、小島が書いた「鎗ケ岳探険記」をもとにこのときのルートを特定するために、登山家の山崎安治とともに探検登山に出かけている。近藤と山崎はどちらも、小島だけでなくのちに岡野の実績を継承していく上でも欠かすことのできないキーパーソンである。

しかし二人は、岡野と小島が辿った登山ルートを解明することはできなかった。そのときのことは「霞沢岳の東面　小島烏水追跡紀行」にまとめられているが、今でもどのようなルートを辿ったのかはミステリーとなっている。

とにかく小島と岡野は岩登りや沢登りの経験もなければ、登山靴のような装備もなかった。山の情報も乏しく、山に詳しい案内人も不在の状況で、難解なルートを辿って一日で上高地まで越えたというのは、並大抵な苦労ではなかったと思われる。

嘉門次小屋の上條嘉門次

さて、峠の上から上高地の全貌を眺め、「勇気百倍して一気にカミグチに下り、犬の小屋のような建物（後で嘉門次小屋と分る）に泊めて貰った」と岡野が述べているように、二人は苦労して上高地の嘉門次小屋に辿り着いた。「鎗ケ岳探険記」によれば、その小屋には古く煤《すす》びた板札に「一人一泊五銭」と記されていた。

嘉門次こと上條嘉門次は、この地で猟師をしながら山の案内をしていた人物である。とりわけウォルター・ウェストンの山案内を務めた人物として知られ、明治二十五（一八九二）年にウェストンと槍ヶ岳や前穂高岳へ、さらに明治四十二（一九〇九）年には鵜殿正雄との穂高・槍縦走など、日本の近代登山の幕開けと総括される登山に、案内人として同行している。

イギリスのアルパイン・クラブ（山岳会）の会員でもあったウェストンは、まだ日本にはない本場の登山装備を身に付けて、さらには槍ヶ岳に精通した案内人嘉門次の同行で、岡野らより容易なルートを辿って登頂を果たしていた。

もし槍ヶ岳の登山道を尋ねる際に初めから、嘉門次のことを知っている人に出会えれば、わずかな苦労で登ることができただろう。さらに嘉門次に直接出会うことができれば、すでに十年前にウェストンという名の英国人が嘉門次の案内で、槍ヶ岳登頂を果たしていたことを知ることもできたはずだ。

この年槍ヶ岳では、農商務省の測量事業が開始されており、三角測量櫓設置のために島々の猟

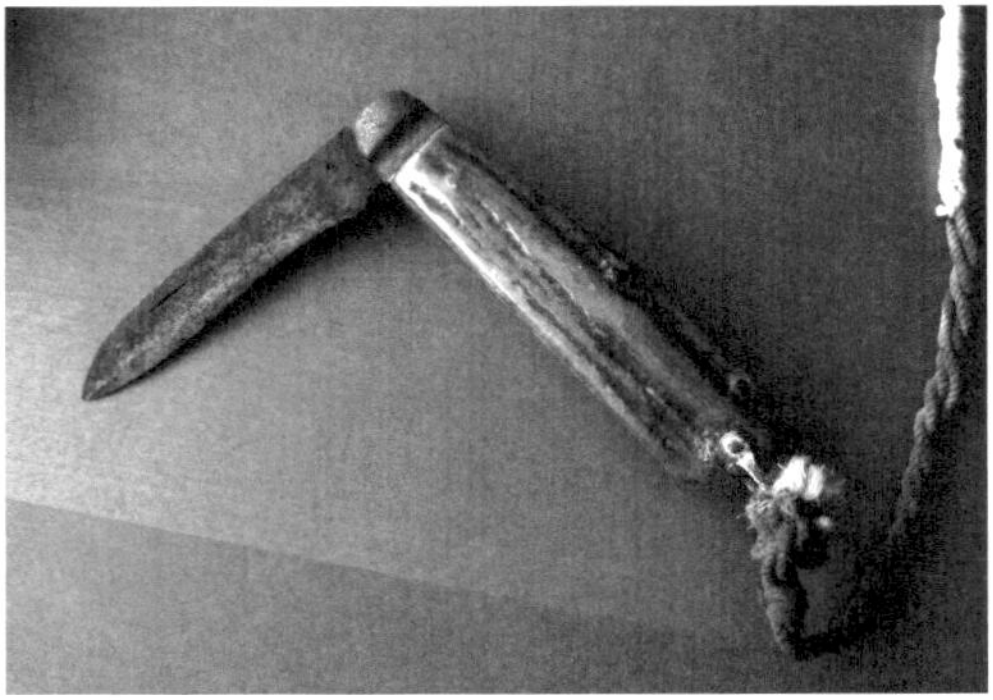

岡野愛用の登山ナイフ

師たちが動員されていた。この測量のため、槍ヶ岳や上高地のことを知る島々の人が出払い、情報が得られなかった可能性もある。二人はここまでの道中、槍ヶ岳の情報を知る人物に行き当たることができなかった。そればかりか、ようやく辿り着いたこの「犬の小屋のような建物」が嘉門次小屋だということさえ、このときには分からなかった。このとき嘉門次は小屋に不在で、対面することができなかったのだ（小島と岡野はのちに嘉門次小屋だと断言しているが、確かな証拠が残っているわけではなく違う可能性も否めない）。

　ともあれこの状況は、まだ純粋な登山目的で槍ヶ岳に挑む日本人がこの二人を除いて誰もいなかったことを如実に物語っている。未知なる冒険登山で、的確な情報を探し当てることさえこの当時は難しかった。すでに登頂を果たしていたウェストン自身、趣味登山で槍ヶ岳登頂を果たした日本人がいることを知ったときには非常に驚き、「それは遠回りなコースで大変な苦労であったろう」と岡野をねぎらっているほどである。

　岡野はその後、ウェストンの自宅でリュックサック、アルパイン・ストック（ピッケル）、ロープ（ザイル）、登山靴といったまだ日本にない登山用具を初めて目にすることになった。岡野と小島が槍ヶ岳に挑んだとき、二人はリュックサックも登山靴も知らず、カバンを肩に掛け、手製の厚足袋（ゴムの足袋さえまだ無かった）に草鞋を履いていたのである。

とはいえ、本格的な登山で草鞋一足ではとてももたない。岡野の妻トヨは、夫が山に行くたびに、二、三十足分の草鞋を作って、岡野はそれを腰に付けて山に出かけた。のちにトヨは「大変な作業だった」と親族に苦労話をしている。

この時代の登山は、装備からして手作りだった。岡野によれば、山岳会の設立後に開催した展示会で、ウェストン愛用のリュックサックや登山用品を披露したのが、広く日本人にリュックサックが紹介された最初だという。

槍ヶ岳登頂

岡野と小島が嘉門次小屋に辿り着いたときに話を戻そう。小屋には二人の猟師がいた。一人は梓川を渡るとき、足をすくわれて流され、岩に当たって全身に重傷を負ったが、相棒の猟師に助けられて介抱されていた。

岡野と小島もその二人とともに小屋に泊まったが、怪我を負った猟師が一晩中もの凄い唸り声をあげていたので、気の毒で眠れなかった。無傷のほうの猟師が槍ヶ岳登山の大体の地図を鼻紙に書いて渡してくれた。このとき、槍の天辺《てっぺん》から蒲田の谷へ降りられることも確言してくれた。

翌朝出発し、今のような林道のなかった当時のことであるから、一日中所々臍《へそ》ぐらいまで深い梓川の渓流を渡渉して槍沢の小屋に着いた。小屋の中では松の枝のような腕をした身長五尺七八寸位の、後で考えると喜作か玉え門らしい猟師が悠然とあぐらをかいて鍋で熊の手を煮ていた。

喜作か玉え門らしい猟師——というのは、のちに北アルプス屈指の人気コースとなる「喜作新道」を開拓した小林喜作と、為右衛門吊岩の名でも知られ喜作を初めて槍ヶ岳に案内した先輩猟師の為右衛門のことである。

この二人の猟師の話によれば、イワナを釣りに来たら、崖の下に熊が二匹落ちて死んでいたという。岡野と小島は鍋で煮ていた熊の肉を食べさせてもらったが、口中が脂肪でぬらぬらして気持ち悪かったという。猟師の名前は聞かなかったものの、その頃この場所に入った猟師ならば喜作と為右衛門だろうと、二人は後になって聞かされた。

もし彼らが喜作と為右衛門だったとすれば、槍登山で右に出る者がいないエキスパートである。この猟師にこの先の道を教えてもらって二人は登頂を果たすことになる。ところがその登頂は日本の近代登山の幕開けとなる画期的な出来事となったにもかかわらず、岡野の回想はあっけない。

「彼が槍の頂上までの道を教えてくれた。生憎《あいにく》一日中濃霧で展望がきかず、穂高も見えなかった。

今のような登山靴なしに、雪渓を下って一旦槍沢の小屋に戻った」と、展望がきかなかったことにさらりと触れただけで、話はすぐに小屋へと引き返したことに移ってしまう。

小島の「鎗ヶ岳探険記」をもとにした二次資料であるが、安川茂雄の『近代日本登山史』には二人の槍登山の様子が詳しく記されているので、七合目からの様子を簡単に補足しておこう。ここに記された槍山頂を踏んだ四人というのは、岡野と小島に加えて白骨から同行した〝槍登山の知識がない〟二人の案内人が含まれている。

杖で雪渓に足場をきざみ登るのだが、八月だというのにさすがに風は冷たかった。ときにはガスが湧きあがり、槍の山頂にみえる三角測量標の尖端がまるで難破船の帆柱のようにみえる。八合目ほどまで登ると四囲には巨岩が散乱して、その下に這松がひろがり、石楠花《しゃくなげ》の白い花が美しい。（略）

午後三時半、ガスにつつみこまれたまま四人は山頂に立った。さすがに町を出てから十日目――ついに宿望の槍山頂を踏んだのかと思うと烏水も岡野もその感動は大きかった。しばらく山頂にいたが眺望もきかないので四人はすぐ往路を下りはじめた。

槍山頂を踏んだ感動こそ大きかったが、霧で展望がきかなかったことが心残りだったのだろう。山頂から槍沢の小屋に戻った一行は、そこで一泊したのち上高地へ下山するつもりでいたが翌日晴れたので、若くて強いほうの案内人である筒木市三郎のみを連れて、再び槍まで登った。今度は見晴らしのよい景色を眺めることができた。

この安川茂雄の文面によれば、岡野と小島は〝霧で眺望がきかない一回目〟と翌日の〝見晴らしの良い二回目〟とで二度槍の山頂を踏んだことになる。しかし岡野の晩年の日記帳（昭和二十四年の冒頭部分だが、書いた時期はそれより早い可能性がある）には、第一回目の槍ヶ岳は「槍の肩に達した（尖頭に登れず）」と記されており、山頂に立つことはできなかったという。

確かに『山岳　小島烏水記念号』での岡野の回想にも、どこにも登頂を示す言葉はない。登頂できなかったのであれば「彼が槍の頂上までの道を教えてくれた。生憎一日中濃霧で展望がきかず、穂高も見えなかった。今のような登山靴なしに、雪渓を下って一旦槍沢の小屋に戻った」と、あまりにあっさりしているのもうなずける。

では小島はこの出来事をどのように記しているのだろうか。小島は登頂に挑む部分を「鎗ヶ岳探険記」のなかで「第一回の登山」と「第二回の登山」のタイトルを付けて記している。小島の人生においてもこの槍ヶ岳登頂が代表的な肩書になっているにもかかわらず、「登頂」であることは明記せずに「登山」である。

「第一回の登山」（先ほど安川茂雄の『近代日本登山史』の記述で「四人は山頂に立った」とする部分）を読んでいくと、固定概念で登頂したように思い込んだまま読み進めてしまうが、実際には小島自身、登頂したかどうかは書いていない。重要な部分なので八合目から先、頂上へ向かう箇所の記述をすべて抜き出してみる。

絶巓《ぜってん》に達したるときは、午後三時半、上下左右たゞ濛々《もうもう》として白霧のみ、山高きか、谿《たに》深きか、我たゞ卵の白味の如きもの混沌として大虚を涵《かん》せるを知るのみ、時に余は頻《しきり》に歯痛をおぼえ、加うるに空気稀薄にして且《かつ》気圧の力低きを以て、心臓は促鼓し、呼吸は逼迫す、顧れば家郷を出でゝよりこゝに十日、身は天漢に入りて雲を吮《す》い霧を吸い、木魅石鬼に囲繞《いじょう》せられたる仙となり、火食の人なるをおぼえず、しかも只《た》だ泫然《げんぜん》として涙下る。齎《そな》うるところの蠟燭《ろうそく》に火を点じ、幾度か消えなんとするを、壊敗したる石祠のさゝやかなる断片に囲うて立て、瞑目《めいもく》天を仰いでしばらくは黙禱す、ヴォルテール猶且《なおかつ》崇拝す、我今に迨《およ》びて初めて人間の弱きを知んぬ。

かくの如くして下山に決し、後向きになりて雪道を辷《す》べりつゝ下る、石、偃松《はいまつ》、石楠花、倏《たちま》ち尽きて前の急流、乱石の間を渉り、巖屋に帰りぬ。

最初の「絶巓に達したる」というのは、前後の文脈から山頂ではなく槍の肩を指している。「上下左右ただ濛々として白霧のみ」と書いた以降は小島の心情が続いて、そのまま話はいつの間にか下山へと移っている。

読む人によって解釈の分かれる文章であり、評論家らによるその後の解説によっては小島と岡野は二度槍の山頂を踏んだことになっている。しかし翌朝二回目の槍ヶ岳登頂を試みたのは、天候の問題で景色が望めなかったからでなく、登頂を成功させたかったからだろう。

槍ヶ岳登山直後に書かれた小説仕立ての「鎗ケ岳探険記」に対して、晩年の一九三六（昭和十一）年に小島は改めて『アルピニストの手記』のなかで当時の槍ヶ岳登山を振り返っている。そこでは小島自身、「一回の登山は霧で失敗したが、絶頂から霧の絶え間に、蒲田の谷を、チラと見おろして、見当もついたので、翌日の登山は、幸いにして天気もいくらかよく、絶頂をきわめて、蒲田下りをやった」と一回目が失敗に終わったことをはっきりと示している。

濃霧で展望がきかず、登頂もかなわず槍沢の小屋に戻った一行は、そこで一泊したのち、翌朝再び槍ヶ岳へと挑むことになった。「鎗ケ岳探険記」の「第二回の登山」では、前日の曖昧な記述と違って、絶巓より高く突き抜けたところをようやくよじ登って、槍ヶ岳の最高点に達したことを記した上で、山頂の様子を詳細に記している。

おののく足を踏みしめつ、三角測量標を建てたる一皴峰《しゅんぽう》に蝸附《かふ》して上る、絶巓より突兀《とっこつ》たること約二百尺、胆沮《きもはば》みて幾回か落ちんとしてはしがみつき、瞑目して漸《ようや》く攀じ了《おわ》りたるところ、我が鎗ケ嶽の最高点にして、海抜実に一万一千六百五十二尺、山は遠く遠く塵圏《じんけん》を隔て、高く高く秋旻《しゅうびん》に入り八月炎帝の威、今果して幾何《いくばく》ぞとばかり……。

さらにここから東西南北の眺めを順に事細かに説明し、澄み渡った秋空のもと、山頂からの眺めを堪能したようだ。

こうして二回目は、登頂を果たすことができた。しかし先ほどの岡野の晩年の日記帳には、そのときの様子を「二回目に登ったが日本海を一部しか展望したるのみ」と記している。一回目と比べて二回目は天候が良く、槍の尖端まで登って念願の登頂を果たすことができたが、東西南北三百六十度の展望が期待できるほどではなかったようだ。

登頂直後の「鎗ケ岳探険記」でいかに山頂からの眺めが素晴らしかったかを詳細に描いた小島自身も、晩年の『アルピニストの手記』では「幸いにして天気もいくらかよく」と、前日よりは幾分か天気がよかったという表現に改めている。

蒲田への下山

午前九時頃山頂を踏むと、二人はそこから上高地に引き返すのではなく、案内人の筒木市三郎とともに、別ルートの蒲田に下山することにした。もう一人の案内人である大石屋の主人は、小屋に残した荷物とともに上高地に戻り、中尾峠経由で蒲田温泉に向かい合流することになった。

行きと別ルートを選んだ理由を小島は「嘉門次小屋から、梓川の渡渉をたびたびやって、深いところへははまるし、腰から下が、切れるように冷たいので、二度と渡渉をやる気に、なれなかったのだ」(『アルピニストの手記』)と記している。加えて、嘉門次小屋で出会った猟師が梓川を渡るときに足をすくわれて流され、岩に当たって全身に重傷を負った姿を見たのも影響したのだろう。

蒲田への下山は、槍の肩から蒲田川の右俣と思われる。前日に猟師から「槍の天辺から蒲田の谷へ降りられる」と教わった上での行動だったが、これもまた苦しい道のりだった。「道のない当時のことであるから、荊《いばら》にさいなまれ、針の山を歩くようで服もぼろぼろに破けた」と岡野は回想し、小島も『アルピニストの手記』のなかで次のように振り返っている。

蒲田下りの槍の裏山の、ゴロタ石の痛いのには、閉口した。私の洋服（登山服などはないは、かぎ裂きになって、胴が口をあき、岡野の半ズボンは、かんぴょうのごとくに、幾筋の白条となって叩頭《こうとう》している。（略）

蒲田の温泉宿が見えたときは、実にうれしかった、助かったと思った。

助かったと思った——と当時の状況を述べた小島だったが、ここでも小島の口からは語られていない次のような話がある。それによると、このとき途中から小島は岡野におぶわれて下山したという。「槍ヶ岳のときなどは途中から殆どおぶい続けだった。荷物は全部強力《ごうりき》に持たして、二人とも空身だし、小島は十貫に満たない痩体だったから、おぶい続けても、それほどはこたえなかった。小島はいつも僕の体を不死身だといって感心した」と岡野は生前、何度かこの話を妻にしていたという。

しかし、小島が岡野におぶってもらいながら山を下りたというこのエピソードは『山岳　小島烏水記念号』でも語られず、三男の満が個人的にまとめた原稿「父・岡野金次郎」にのみ書かれている。この原稿はその後、山の文芸誌『アルプ』に転載された。

こうして蒲田に辿り着いた日の二人の様子もまた対照的だ。嗅覚がとくに鋭敏だった岡野は「蒲田の百姓屋に泊り、ここでも飼牛の悪臭に悩まされながら夜を明かして、翌日神通川に沿って富山に下った」（『山岳　小島烏水記念号』）と悪臭で安眠できなかったことを振り返っているのに対し、小島は「宿が牛小屋の隣で、牛のふんの臭《くさ》いのに、岡野は閉口したと言ったが、私は疲れがひどかったゆえか、なんだか煎薬の匂いでもかぐ気で、ウトウトといい気持ちで、夢遊するように寝てしまった」（『アルピニストの手記』）と悪臭より眠気が勝ったことを記している。

岡野と小島は苦労して槍ヶ岳登山を終えたその帰りに富士山にも登っている。これが岡野にとっておそらく初の富士登山となるわけだが、富士山については満が作成した年譜に「（明治三十五年）夏、二週間休暇をとり、小島氏と共に槍ヶ岳を極め、富士に登る」とさらりと記されているのみである。

富士山は標高こそ日本一だが、古くから宗教登山が続いており、登山の難度はさほど高くはない。一方で槍ヶ岳は、江戸時代に宗教登山として登られていたものの、すぐに廃れて、岡野が登ったときは未開同然の山だった。それだけに、まだ趣味登山の概念さえ広まっていない時代において、狩猟でも測量でもなく槍ヶ岳に登るというのは、非常に画期的なことだったのだ。

二人の槍ヶ岳登山は登山史に名を留める日本人初の出来事であり、これが結果として日本の近代登山の幕開けとなったのである。

第三章

ウェストンとの出会いと日本山岳会の設立

もしこのとき、岡野がスタンダード石油に勤めておらず、ほかのところにいたなら、あるいはたとえスタンダード石油に勤めていたとしても、ハッパーという支配人がボーイに手渡していた一冊の洋書を岡野が手に取らなかったら、ウェストン師との交流はずっと後になっていたかも知れない。日本山岳会の創立もかなり遅れただろう……

――山崎安治「登山史における三岳人の位置」(『近代登山の先駆者たち』より)

マネージャーの広重ハッパー

日本近代登山のパイオニアである岡野が歴史上果たした役割を一言で表すならば、それは「日本アルプスを世界に広めたウェストンの発見者」ということになるだろう。数々の冒険登山は小島と二人で成し遂げたものだったが、ウォルター・ウェストンの存在を突き止め、日本山岳会設立への橋渡しをしたという点は、岡野一人の、そして彼の最大の功績である。

では岡野はいかにして、ウェストンと知り合ったのだろうか。その背景にはスタンダード石油会社を含む横浜の外国人コミュニティとのつながりがある。『山岳　小島烏水記念号』での岡野の回想を中心に振り返っていく。

スタンダード石油会社の横浜のマネジャーにジェームス・ハッパー（James Happer）という人がいた。その人は、中国の大学教授であった父君の影響もあって、東洋趣味豊かで、〝Hiroshige, The Great〟という世界に広重を紹介した名著を出し、その墓は遺言により浅草の広重の墓の隣りに建てられた。

そう岡野が述べているように、東岳寺には「東海道五十三次」などで知られる浮世絵師・歌川広重の墓と記念碑があり、その記念碑のそばにハッパーの墓はある。

ハッパーが一九三六（昭和十一）年十二月十九日に七十三歳で死去した際、遺骨は横浜外国人墓地に預けられた。しかし翌年には東岳寺の広重墓所と隣り合わせにハッパーを埋葬することが決定し、誕生日の四月九日までに記念碑を建てたいと、生前親交があった藤懸静也、三原繁吉、松木喜八郎ら「浮世絵同好の士」が中心になって、寄付を募り始めた（岡野の昭和十二年二月十二日の日記）。

そこで岡野は東京上野の松坂屋で二月に開催されていた「ハッパー氏の浮世絵展覧会」へと足を運び、会場にいた松木喜八郎に「ハッパー氏が四十余年前スタンダード石油会社の支配人だった時に入社して、ハッパー氏の親切な指導を受けた」とその思いを語り、記念碑の寄付として松本氏に五円を託した。

十一月には東岳寺のハッパーの墓前に線香を供えて、「ス社（著者注＝スタンダード石油会社）の支配人ハッパー氏が広重と隣り合せで永眠するとは」と感慨にふけっている（十一月二十六日の日記）。このとき東岳寺は浅草区北松山町（現台東区松が谷）にあったが、その後戦災によって足立区伊興本町に寺が移転した。両者の墓は現在地に再建されている。

岡野の語るハッパーの経歴がどこまで真実かは定かでないが、スタンダード石油会社支配人として来日し、長年日本に住みながら米国人として広重についての本を外国で出版していたことは確かである（岡野はその書名を〝Hiroshige, The Great〟としているが、おそらくこれは〝The

Heritage of Hiroshige〟のことである)。また、岡野はジェームス・ハッパーと書いているが、少なくとも筆名はジョン・スチュワート・ハッパーであり、広重ハッパーの異名を取った。

岡野はハッパーについて、「ハ氏は我が国に滞在すること約四十年、浮世絵の研究、殊に風景画家たる広重の芸術に造詣深く、検印の研究、初代広重と二代との区別及びその間の誤りを正す等、斯界に大きな功績を残した許《ばか》りか広重の名と芸術を世界的にひろめたのは殆ど氏の努力による所であって、氏のことを『ヒロシゲハッパー』或いは『広重発波』等と自他共によんでいたものである」と、日記でその功績をたたえている。

実は約三十五年分の二十冊に及ぶ日記のなかで、岡野がこれほど特定の人物について詳細に記しているのはハッパーのみである。なぜならこの浮世絵研究家にしてスタンダード石油会社の支配人であるハッパーこそ、岡野の登山熱を理解し、同じ山好きとして時に登山のアドバイスを行い、上司として登山家岡野金次郎を応援していた〟影の支援者〟だったからである。「ハ氏は実に立派な紳士で親切な人であった」とも岡野は述べている。

ハッパーによる大きな貢献の一つは、岡野が山に行くための長期休暇を与えたことだった。先述したように、岡野の妻トヨは『山岳』の追悼文「想い出」のなかで、「(乗鞍岳登山の)翌年から、会社でも山好きの総支配人ハッパーさんの理解ある計らいにより、休暇制度が出来て社員一同大喜びだったそうです」と述べている。その長期休暇を使って、岡野は槍ヶ岳の登頂を果たすことができたのだ。

広重ハッパーが借りた本

槍ヶ岳から帰ってまもなくのこと、岡野が「山の神の引き合わせ」だったと語る出来事があった。ハッパーが在留外国人で組織する「読書クラブ」で借りていた本をボーイに返却するよう言いつけて、本を梱包しようとしているまさにそのとき、その横を偶然岡野が通りがかった。どんな本を読んでいるのか興味があってちょっと見せてもらうと、槍ヶ岳や乗鞍などの飛驒の山々の写真が載っている。

タイトルは『Mountaineering and Exploration in the Japanese Alps』（『日本アルプスの登山と探検』）。ウォルター・ウェストンという英国人が、自らの登山活動と日本研究をまとめて、一八九六（明治二十九）年にロンドンで刊行した本だった。

「我々より一足先に外人が槍ヶ岳へ登っていたとは！」

岡野はこのとき初めて、自分たちより十年も前にこの本の著者ウェストンなる人物が槍ヶ岳登山を成功させていたことを知って驚いた。

ちなみに、ウェストンが日本アルプスの名付け親であるとする誤解が根強くあるが、それは事実ではない。ウェストンが〝Japanese Alps〟の表記を用いたこの本を出版する前から、すでに〝Japanese Alps〟の名で一連の山脈を紹介した洋書が複数出版されていた。その〝Japanese Alps〟の名を海外に広めたのがウェストンであり、さらに小島がウェストンの使用していた

〝Japanese Alps〟を「日本アルプス」と訳して日本人に広めたことで、日本でも日本アルプスの名称がすっかり定着したのである。

新事実を知った岡野は心臓も止まるような思いでその本について手帳に記して早速小島に知らせると、小島はそれを本気にしないほどに驚いた。小島も『アルピニストの手記』にて、次のように記している。

岡野のけんまくに驚いたが、その本の話を聞いたときの驚きは、一倍であった。「ほんとうかい君」と、念を押した、その態度は、半信半疑であったが、岡野がタイトル・ページの写しまで見せたので、一も二もなく参った。

本は英国で出版されているから、著者のウェストンも当然英国住まいだろう。小島はそのように考えていたが、岡野はそこからさらなる行動を起こしていた。念のために、会社に備え付けてあった日本在住の外国人名簿〝The Japan Directory〟（ジャパン・ガゼット社発行）を開いて、試しにウォルター・ウェストンの名が出ているかどうかを調べてみたのだ。

すると驚いたことに、ウェストンは横浜在住の宣教師で、山手（旧外国人居留地）にある教会の牧師をしていることが分かった。住まいは共立学校（共立女学校、現横浜共立学園）前の山手二一九番B館のようである。岡野の勤務先から堀川を渡った先が山手エリアだ。ウェストンは、宣

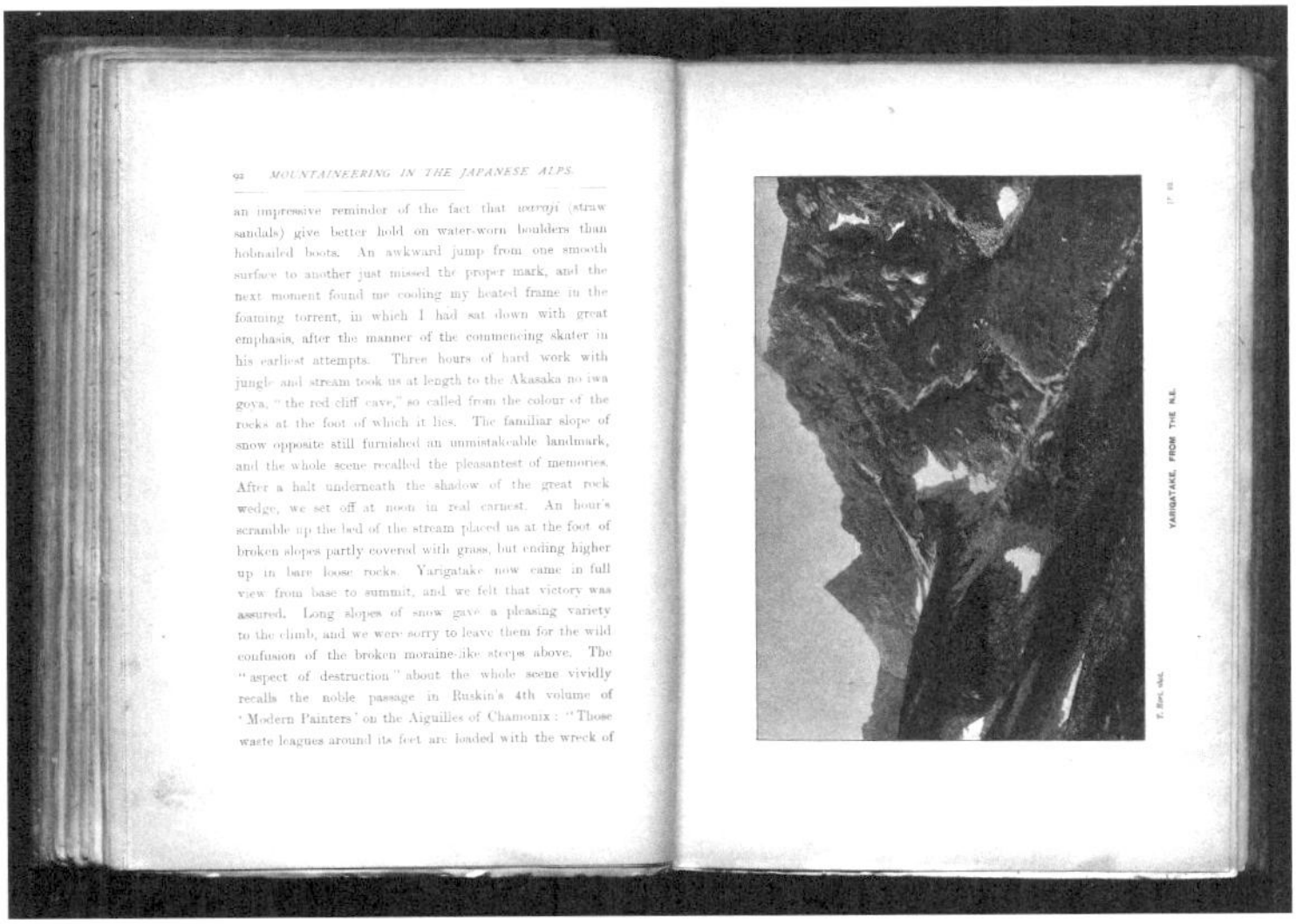

92　*MOUNTAINEERING IN THE JAPANESE ALPS.*

an impressive reminder of the fact that *waraji* (straw sandals) give better hold on water-worn boulders than hobnailed boots. An awkward jump from one smooth surface to another just missed the proper mark, and the next moment found me cooling my heated frame in the foaming torrent, in which I had sat down with great emphasis, after the manner of the commencing skater in his earliest attempts. Three hours of hard work with jungle and stream took us at length to the Akasaka no iwa goya, "the red cliff cave," so called from the colour of the rocks at the foot of which it lies. The familiar slope of snow opposite still furnished an unmistakeable landmark, and the whole scene recalled the pleasantest of memories. After a halt underneath the shadow of the great rock wedge, we set off at noon in real earnest. An hour's scramble up the bed of the stream placed us at the foot of broken slopes partly covered with grass, but ending higher up in bare loose rocks. Yarigatake now came in full view from base to summit, and we felt that victory was assured. Long slopes of snow gave a pleasing variety to the climb, and we were sorry to leave them for the wild confusion of the broken moraine-like steeps above. The "aspect of destruction" about the whole scene vividly recalls the noble passage in Ruskin's 4th volume of 'Modern Painters' on the Aiguilles of Chamonix: "Those waste leagues around its feet are loaded with the wreck of

YARIGATAKE, FROM THE N.E.

ハッパーが借りていたウェストン著『Mountaineering and Exploration in the Japanese Alps』。槍ヶ岳の写真が掲載されている（「京都府立図書館貴重書コレクション」より）

教師として日本に三回派遣されており、このときは二回目の派遣で横浜にいたのだ。

ウェストンとの対面

岡野はさっそくウェストンに英文の手紙を書き、彼の自宅を訪問することになった。ウェストンは日本語が話せないため、英語ができる岡野だからこそ取れた行動でもある。

私は下手な英文で、早速手紙を出した。『私は友人小島と一緒に非常な困難を冒して槍ケ岳の登山に成功したものであるが、英人の貴君が既に登られたことを貴著で知って驚いた。一度面会してお話しを聞きたい』と申送ったら、直ぐ返事が来て、訪問の約束の日時に、私一人で訪ねて行くと、日本人と同じ位の小男が足をひきずるようにして、のそりのそりと出て来たから、私は召使でもあろうかと思ったら、それがウェストンであった。

ウェストンが足をひきずるようにして出て来たのには理由があった。彼は強い近視眼で、眼鏡を外したまま薄暗い玄関に出て来たため、足元がおぼつかなかったのである。通された応接間には、山の写真が飾られ、登山用具が置かれていた。

ウェストンはまず、岡野らがどういう経路で槍ヶ岳へ登ったのかを尋ね、そこから山の話が繰り広げられた。まだ日本にない登山用具についても説明し、今度槍ヶ岳登山の幻灯写真の会を山手外人教会で催すから小島君と一緒に見に来るように、小島君を紹介してほしいと言った。岡野はこのときのことを晩年に、「初めてリュックを見た」「すごい近眼だった」などと孫に興奮して語り、自慢していたそうだ。かなり衝撃的な出会いだったことがうかがえる。

ウェストンはこのとき、槍ヶ岳の冒険登山を成し遂げた岡野に、アルパイン・クラブ（山岳会）の設立を勧めたという。岡野はそのことまで書き残していないのだが、岡野や小島の回想を一次資料とした安川茂雄の『近代日本登山史』には、このときウェストンは岡野に「イギリスはじめ欧州の国々には、必ずアルパイン・クラブがあって山好きの人びとが集まってサークルをつくっているのだから、ぜひ日本でも設立したほうがよいだろう」と忠告したこと、そして英国山岳会の会報やパンフレット、さらには会の案内状なども見せてくれたことが書かれている。

本場のアルパイン・クラブを日本に

岡野は小島にウェストンとの面会について報告し、今度は二人でウェストン宅を訪問することになった。岡野は晩年になってもこのときの会話の内容を事細かに覚えていた。

最初にウェストンは我々に、君たちはどういう動機・気持から槍ヶ岳登山のような冒険を企てたのかと質問した。それに対して、我々は日本的直訳英語で Mountain fever からだと答えたら、Mountain fever はよかったと大笑いであった。

「Mountain Fever（マウンテン・フィーバー）」（岡野の日本語訳で「山恋い」）は、岡野が長く好んで使っていた言葉であるが、このときウェストンにその情熱を伝えるために用いたのが始まりなのだろうか。ウェストンの質問は続いた。

次に君たちは山の危険な箇所に来た時、こわくないかと質問した。私が〝We don't fear any danger at all〟とやったら、ウェストンは〝I am with God〟と宣教師の本領を発揮して、これまた大笑だった。

ウェストン「君たちは山の危険な箇所に来た時、こわくないか」
岡野「We don't fear any danger at all（どんな危険だってまったく恐れない）」
ウェストン「I am with God（神がついてる）」
三人はユーモアを交えながら会話をし、ウェストンは「全く独自な努力と熱意」で槍ヶ岳登山に成功した若き日本人が現れたことを素直に喜んだ。岡野と小島も冒険登山を立派に成し遂げた自信から、ウェストンを前にしても卑屈な気分になることはまったくなかった。
このときもウェストンは、日本にアルパイン・クラブを作ることを二人に熱心に勧めている。そのことにとりわけやる気を見せたのが小島だった。

さらにウェストンは、二人のことを英国のアルパイン・クラブ会長に手紙で報告した。すると日本にアルパイン・クラブを作ることを激励する返書が、会長及び役員連署の自筆の手紙で届いた。これが日本山岳会の最初の設立要因となったのである。

日本博物学同志会と小島烏水

こうしたウェストンとの交流と並行してもう一つ、日本山岳会設立につながる大きな動きが起きていた。それは小島烏水の執筆活動においてである。

小島は槍ヶ岳登頂後、山岳紀行家として活動の場を広げていった。まず自らが刊行に携わる同人誌『文庫』にて、槍ヶ岳登山についての紀行文「鎗ケ岳探険記」を登頂の翌一九〇三（明治三十六）年に、一年にわたって断続的に掲載した。しかし『文庫』は文芸同人誌だったこともあり、小島が期待するような反響はなかった。

さらに一九〇四（明治三十七）年には前年の北岳山行を「甲斐の白峯」というタイトルで雑誌『太陽』に発表した。文芸同人誌の『文庫』と違って、一般誌の『太陽』に掲載された「甲斐の白峯」は反響が大きかった。小島は「甲斐の白峯」の発表をきっかけに、日本山岳会設立に重要な役割を果たす人たちと知り合うようになっていった。

「甲斐の白峯」を読んで小島に興味を持った一人が、日本博物学同志会に所属する武田久吉だった。日本博物学同志会とは、東京府立第一中学校（現東京都立日比谷高等学校）の学生たちによる動植物の研究グループで、武田はその中心メンバーの一人だった。

武田は、「甲斐の白峯」が地学や動植物から山の測量に言及したかと思うと、『平家物語』や荻生徂徠の『峡中紀行』などの考証、さらには地理・気象・植物の科学的な観察などへと多岐にわたるその著者の幅広い知識に驚嘆した。そのうち著者の小島が横浜に住んでいることを知り、同じ横浜在住で同会所属の高野鷹蔵に調査を依頼したという話は、第二章の「高野鷹蔵が見た岡野金次郎」で触れたとおりである。

日本博物学同志会のメンバーである高野鷹蔵は、会の発足時には武田より一歳若い十六歳で、蝶の採集や研究に夢中になっていた。そこから山への興味も芽生えていく。

小島に強い興味を持ったのは高野も同様だった。あるとき、『文庫』の有力同人である山崎紫紅に横浜で偶然出会ってなんとなく小島について尋ねてみると、なんと小島と一緒に『文庫』を発行する文学仲間であり、北岳へ共に登った山仲間でもあるという。高野は小島の紀行文の印象から学校の地学の先生か何かかと勝手に思い込んでいたが、実際には横浜正金銀行に勤める銀行員で、『文庫』の記者であることが分かった。

こうして武田と高野は山崎の紹介で、小島に会うことになった。三人は意気投合し、小島はその後、武田が紹介者となって日本博物学同志会にも入会している。一九〇八年（明治四十一）年、『博物之友』三月号の会報覧に小島の入会が掲載された。この日本博物学同志会が日本山岳会の核として重要な役割を果たすことになる。

山岳会設立へのメンバー招集

一九〇四（明治三十七）年三月、ウェストンは横浜のオリエンタルパレスホテル（39ページの図参照）のグリルに小島、岡野、武田、高野の四人を招待した。日本でのアルパイン・クラブの設立を促し、四人を励まそうと昼食会を催したのである。

ウェストンはこの二年後に再び英国に戻ることになるのだが、来日中に日本の山々を踏破し、それを本にまとめて英国で紹介するほど日本の山々に強い関心を抱いていた。それだけに、何とか日本でもアルパイン・クラブを設立したいという強い思いがあったのだ。

ここに集まった日本人四人のなかで、とりわけ日本のアルパイン・クラブの設立に熱心だったのが小島だった。設立の促進をはかろうと、ウェストンの期待に応えて、日本博物学同志会の若いメンバー二人をウェストンに引き合わせたのも小島だった。このときおそらく、ウェストンと日本博物学同志会の二人が、そして岡野と唯一横浜在住ではない武田が、初めて顔を合わせることになったのではないかと思われる。

ウェストンが世界に日本アルプスを広めたのに対し、ウェストンを「日本アルプスの紹介者」として日本で積極的に紹介していたのが小島だった。雑誌『中学世界』に「日本の高山深谷を跋渉したる外国人及び其紀行」を寄稿したのもその一例である。

『中学世界』への寄稿のきっかけは、槍ヶ岳からの帰宅後に『文庫』で発表した「鎗ガ嶽探険記」にあった。文芸同人誌での紀行文ゆえその反響の無さに焦った小島は、あちこちの知名の士に掲載雑誌を寄贈していた。そのうち「有力紀行文家」の一人である大町桂月から批評を兼ねた礼状が届き、交流が始まった。これが大町桂月が主催している『中学世界』への寄稿につながったのだ。

ちなみに、ウェストンより早くに槍ヶ岳と前穂高岳に登って、一連の山々を〝Japanese Alps〟（日本アルプス）と命名したのは、英国人のウィリアム・ゴーランドである。一八七四（明治七）年、ゴーランドはアーネスト・サトウ、ロバート・ウィリアム・アトキンソンとともにピッケルやナーゲルを使用した西洋式の登山を六甲山で行った。ナーゲルとは靴底に鋲を打った登山靴のことで、ゴム底登山靴が普及した今となってはほとんど使用されていない。

この西洋人三人による六甲山の登山が〝日本で最初の近代式登山〟となるのだが、この〝日本初〟を樹立したアーネスト・サトウの息子こそ、ウェストン主催の昼食会でこのとき岡野らと席を共にした、日本博物学同志会の中心メンバー武田久吉なのである。

英国の日本学者として有名なアーネスト・サトウの本職は外交官だったが、駐日公使などでたびたび来日し、日本人に先駆け日本の山々に親しんでいた。サトウはそればかりか〝富士山に最初に登った外国人〟でもあり、それらの登山体験を文章で発表してきた。彼の登山家としての実績は、これまでの著作を抜粋・編集した『アーネスト・サトウの明治日本山岳記』（講談社学術文庫）が刊行されている。

小島の山岳紀行文に関心を寄せ自ら小島に会いに行った武田は、単に日本博物学同志会の中心メンバーだっただけでなく、まさに日本の近代登山の幕を開けた人物を父に持つ、日本にはまだいない「登山家二世」だったのである。

その後、サトウは息子をロンドンに呼び寄せ、武田は登山を趣味とする傍ら、植物学者として歩み出す。

機関誌『博物之友』の発行

武田はのちに講演で、日本博物学同志会の機関誌を発行しようと思った経緯について次のように語っている。

博物学同志会というのは中学を出たか出ないかの小僧ばかりがやっておった会なんです。それである中学校の教師が、子供の会だといってばかにした。それで皆な憤慨して、あんな奴おどかしてやるような論文を書いてやろうというので、『博物之友』に相当のものを発表した、その雑誌には、今見てもよくこれほど観察したと思うような記事がある。（略）その頃の中学生はなか〳〵勇気あたるべからざるものがあって、今のおとなしい中学生諸君とはだいぶ径庭があった。（日本山岳会『会報』30）

日本博物学同志会では一九〇〇（明治三十三）年の発足時から回覧誌を出すようになったが、翌年から『博物之友』を発行するようになり、高野が最初に「横浜の蝶」を投稿した。東京府立第一中学校の生徒を中心としたメンバーのなかで学外から参加していた高野は、横浜支部を作って支部代表になった。

蝶の研究にいそしむ高野に対して、武田はもっぱら植物の研究を行っていた。武田は会員が展示や講演などを行う日本博物学同志会の談話会で、上州妙義や日光の山などから採集してきた植物の標本を大量に出品した。また、牧野富太郎などの指導を受け、専門的な研究を行っていた。この談話会で武田と高野は知り会い、文通するようになった。

昆虫や植物の採集では、ほかの採集者があまり踏み入っていない山や高原に出かけて行くほうが新種の発見などにつながりやすい。そこで自ずと採集登山が頻繁になり、山好きな会員も多くなってきた。『博物之友』にも採集紀行文が目立ち始めるようになり、さらには一種の登山紀行文が幅をきかせてきたので、武田ら山好きのメンバーから、山を中心とした別冊号を発行しようという気運も出てきた。

日本博物学同志会の若者たちのなかでとりわけ山好きなメンバーに、武田と高野、そして梅澤親光と河田黙《しずか》がいた。ともに会の発足時からのメンバーであるが、彼らにとって山岳会の設立は、博物学の論文とは切り離した純粋な登山紀行文を発表するための場として、非常に魅力的に映った。山岳会を設立して、その機関誌として山岳専門誌を発行する。これは小島の思惑とも完全に一致するものだった。

ここから日本山岳会の設立は、とりわけ四つの要素が重要な役割を果たすことになる。一つ目がウェストンから受け継いだ小島の熱意、二つ目が山岳会設立の核となる日本博物学同志会の存在、そして三つ目が仲間に加わった弁護士城数馬の社会的信用、四つ目が新潟在住の山岳研究家高頭仁兵衛の財力である。

日本初の山岳会設立

城数馬と高頭仁兵衛という山岳会設立に欠かせない二人の主要人物の登場は、小島の精力的な執筆活動と広報力がうまく作用した好例といえる。

城数馬は法曹界で早くから名を成した人物で、弁護士であると同時に、東京市の市会議員であり、のちに朝鮮控訴院長として京城（現ソウル）に赴任した「名士」の一人だった。その一方で、城は高山植物の採集家としても知られ、植物採集のために八ヶ岳や白馬岳等、多くの山に早くから登っていた。一九〇二（明治三十五）年、自ら山草会を結成する。そうした活動のなかで、彼は小島の雑誌寄稿文を読んでウェストンの存在を知るに至った。

城はウェストンを訪問し、ウェストンは小島に宛てて「きわめて熱心な日本の登山家、東京の城さんから訪問を受けた」と手紙で報告している。その後、城も武田の紹介で、日本博物学同志会に入会することになった。

小島は、志賀重昂の『日本風景論』に多大な影響を受けた一人である。一八九四（明治二十七）年の刊行以降、多くの人に読まれてベストセラーとなった『日本風景論』は、山岳美を西洋的な美意識でとらえ、初期の登山者に大きな影響を与えることになった。小島はこの本で日本の山々への知識を深め、さらには槍ヶ岳を「富士山に次ぐ高山」と認識していたようだ。

そのような影響力のある本を出した志賀は『太陽』に掲載された小島の山岳紀行文「甲斐の白峯」を読んで、小島烏水という山岳探検家の存在を知ったようだ。その数ヵ月後、志賀の家を新潟在住の高頭仁兵衛（ペンネームは高頭式《しょく》）が訪問した。高頭はかねてから執筆中の『日本名山鈔』を出版するため、尊敬していた志賀の意見を聞こうと上京したのだ。

ここで高頭は志賀から、「甲斐の白峯」を書いた小島の存在を知らされたようだ。さっそく小島のもとを訪ねて、互いに深い感銘を受けた。こうして小島と高頭がつながり、日本山岳会の設立にたずさわる人員が出揃った。

ウェストンは英国に帰国後も奔走したらしく、英国のアルパイン・クラブの会長らのメッセージを同封した手紙を小島宛に送ってきた。山岳会設立準備の進行とともに、有志の山行もきわめて活発になりつつあった。

一九〇五（明治三十八）年十月になると、東京飯田橋の富士見楼という三階建ての料亭に発起人となる七名が参集して、具体的に山岳会の設立について討議した。登山報告だけでも膨大な量になっていたため、山岳会の機関誌を作って発表したらどうかという小島の案にほかのメンバーも賛成した。この案によって山岳会設立に向けた話は急速に進展して、三日にあげず会合が開かれた。手紙も数百通とも知れず行き交ったようだ。

機関誌を作るためには当然資金が必要になるが、高頭が出資してくれることになった。彼は新潟の旧深沢村（現長岡市）の豪農の出身で、資産家だった。そして弁護士の城は、高頭と面会した上で資産を調査し、信頼するに足る人物であると鑑定して報告した。

こうして準備は整ったが、山岳会を設立しても果たして入会する物好きがどれだけいるか予測がつかない。日本博物学同志会の支会として結成したほうが得策だろうという話になった。こうしてウェストンとの出会いから三年後の一九〇五（明治三十八）年十月十四日、日本博物学同志会の支会として、日本初の山岳会が設立された。

機関誌『山岳』の発行

翌一九〇六（明治三十九）年四月には、山岳会の機関誌『山岳』創刊号が刊行された。雑誌の名称が『山岳』に決定するまでには、いくつかの候補が挙がっていた。武田はのちに「『山岳』の定まる迄」という演題で講演を行い、日本山岳会の『会報』30にその内容を掲載している。

それによると、会則に雑誌の名称を挿入しようという段階で、日本博物学同志会のメンバーと小島とで意見が対立した。日本博物学同志会のメンバーは『博物之友』に科学的なものは書いていたけれど、文学的なものを書いた経験もなければ読んだ経験もない。雑誌の名前が『博物之友』をもじった『山岳之友』では面白くないということで、その名称に困った。

一方で、小島は文学的な立場でいろいろなものを書いていながら、科学的な見方、考え方をしており、その方面の書物を多く読んでいる。そんな小島が提案したのは『山岳雑誌』だった。

ここからは私の推測も含んでいるが、小島は山岳会の機関誌を自分の執筆した紀行文の発表先にしたいと考えており、そのため名称にも強いこだわりがあった。そこで文学的な名前では世間に認知されにくいことを理解していた節がある。

機関誌『山岳』の創刊号

一方の日本博物学同志会の面々は、『山岳雑誌』なんて名前では平凡でつまらないと、武田は『雲表』という名前を提案した。ところがその案は小島によってすぐに否決され、武田らの提案する名称は小島によってすべて抹殺されてしまった。

お互いに雑誌名には正反対の考えを持っていて、武田たちはなるべく文学的な面白い名前をつけようと言い、小島はもっと堅苦しい、山岳誌らしいきわめて平々凡々な名前をつけようと言う。結局、小島の意見が優遇されたのだが、『山岳雑誌』では響きが悪いからと「雑誌」の文字を排除して『山岳』とすることにした。

『山岳』の名は、日本の山岳界を代表する機関誌として非常にふさわしいものだ。短くて分かりやすく、山の専門誌だと誰にでも判別できる。その上、現在ではこれが日本山岳会の機関誌だと広く認知されている。もしこの名前を採用しなかったら他人に使われていたかもしれないし、これほど雑誌の認知度が上がらなかったのではないだろうか。

こうして『山岳』は日本山岳会の機関誌として有名になり、創刊から昭和初期までは年三回ペースでの刊行、そして創刊から百十数年が経った現在も会員誌として年に一回のペースで刊行され続けている。

ちなみに武田が考案した『雲表』の名は、それ自体は小島も気に入り、武田の許可を得て紀行文集の小さな単行本のタイトルに拝借した。名前が良かったのでよく売れたという。武田もこのまま埋もれさせるのはあまりに残念だと、のちに高山植物の小著に『雲表花彙』のタイトルを付けている。

七名の山岳会発起人

最終的に山岳会の発起人として名を連ねたのは以下の七名である。

〈青年層〉

小島烏水（本名小島久太）　三十一歳　『山岳』編集人、のちに初代会長

高頭仁兵衛（別名高頭式）　二十八歳　『山岳』発行人、のちに二代目会長
城数馬　　　　　　　　　四十一歳　事務所提供

〈若手層〉※いずれも日本博物学同志会の初期メンバー
武田久吉　　　　　　　　二十二歳　のちに六代目会長
高野鷹蔵　　　　　　　　二十一歳　横浜支部の事務所提供
梅澤親光　　　　　　　　二十歳
河田黙（その後山川黙に）　十九歳

小島、高頭、城の三名が青年層の代表に、日本博物学同志会の発足時からのメンバーでもある武田、高野、梅澤、河田のうち、武田と高野が若手層の代表となった。事務所は東京市日本橋区（現東京都中央区）の城数馬方に置かれ、『山岳』発行人は資金提供者の高頭仁兵衛、雑誌編集は経験者の小島が担当することになった。

発足時の年齢は、弁護士の城が四十代であるほかは、三十一歳の小島が最も年長で、博物学同志会の中心メンバーである若手四名に至っては、十九歳から二十二歳と非常に若い。しかし「青年層」三名はむろん、「若手層」四名も学歴が高く、その後も確固たる社会的地位についた人ばかりだ。武田は植物学者に、高野は多額納税者だったという家業を継いで回漕業主に、梅澤は陸

軍砲兵学校教官に、河田は旧制武蔵高等学校（現武蔵中学・高校・大学の母体）教授、同校長などを歴任した。

それぞれ本業の傍ら登山活動も精力的に行い、小島は山岳会初代会長に、高頭は二代目会長に、アーネスト・サトウを父に持つ武田は六代目会長に就任している。

山岳会は発起人の不安も杞憂にすんで、入会者も多かった。当初は「山岳会」の名称でスタートしたが、一九〇九（明治四十二）年から新たに「日本」を冠して、現在の名称である「日本山岳会」へと変更した。日本博物学同志会の支会としての性格はいつの間にか消滅し、山岳会改め日本山岳会として、独立した組織になった。

ここまで記してきたのは、公表されている記録にもとづく山岳会設立時の歴史的事柄である。しかし気になるのはここに名前の出てこない岡野の存在だ。岡野はウェストンを発見して小島らに仲介した山岳会設立の立役者であるにもかかわらず、蓋を開けてみれば山岳会の発起人として名を連ねなかった。

そこにどのような背景があったのだろう。岡野の視点に立った山岳会設立をめぐる背景について、次章で考察してみたい。

第四章

日本登山史のなかの岡野金次郎

岡野氏については、（略）特に目立った山行――むしろ記録の発表と言った方がよいかも知れない――を行なわず、岳界に対する主張も発表しないまゝ、戦後まで、山の世界では忘れられた存在であった。しかし、烏水との結びつき、ウエストンと烏水の橋わたしなど、山岳会創立の頃の行動がドラマチックであっただけに、登山界としても埋没し切れない存在であった。

――『山と人・山岳』より

山岳会の設立方針と岡野の立場

山岳会が設立される前年の一九〇四（明治三十七）年三月に、ウェストンは岡野、小島、武田、高野の四人を横浜オリエンタルパレスホテルに招待して、日本にまだない山岳会の設立を勧めた。とりわけ山岳会設立への思い入れが強かったのは小島だったが、この頃までは岡野もウェストンの熱い思いを受け継いで、山岳会を設立する意志を持ってこの場に参加していたのだろう。ウェストンを最初に発見して自ら会いに行き、ここにいるメンバーとの交流につなげたのは岡野自身の功績である。そこから山岳会の設立話は進んでいった。

しかしその後、山岳会設立に向けた新たなメンバーとして日本博物学同志会の梅澤と河田、さらに資金面などで重要な役割を果たすことになる高頭と城が加わって、より具体的な話へと会合が続けられるうちに、岡野はいつの間にか一人仲間から抜けている。理由として明らかなのは、山岳会を設立するにあたっての、岡野とその他メンバーとの方向性の違いである。

その最大の要因となるのが、山岳会の設立方針だ。ここから山岳会の設立話は、山岳紀行文の発表の場となる機関誌づくりを重視する方向へと進んでいくからだ。

山岳会の設立に向けて誰よりも積極的に行動し、リーダー的役割を果たしたのが小島だった。これまで日本にも富士山や木曽御嶽《おんたけ》の「講中」はあったが、小島はそれとは指向が異なるインテリ層が集まり山岳研究を発展させていくような会員制の山岳倶楽部を作りたかった。

さらに文筆家としての顔を持つ小島は、山岳会の機関誌を自分の執筆した紀行文の発表先にと考えていた。山岳会の設立に向けて集まった日本博物学同志会の若者たちもまた、採集が目的で平原から高山へ登るようになり、その記録を残したいという思いがあった。その目指す先は、岡野を除く全員が登山活動や山岳研究の成果を出版物にして発表するという方向性で一致していた。

実際に設立当初の「山岳会規則」を見ていくと、第一條で「本会ヲ山岳会ト名ヅク」と会の名称を定めた上で、第二條では、本会の目的を山岳やそれに関する研究と定めて、「且つ全国ニ登山ノ気風ヲ奨励」して「一般登山者ニ便宜ヲ与」えること、さらに第三條では、第二條の主旨にもとづき年三回の機関誌『山岳』やその他の出版物を発行することと定めている。つまり会の目的は広く山岳に関する研究であり、機関誌『山岳』などの発行というわけだ。

これは当初山岳会の母体になっていた日本博物学同志会の特色でもあった。「日本博物学同志会規則」では、会の目的を博物学の研究と知識の交換とし、その手段として機関雑誌『博物之友』の発行やその他出版物を発行することを方針としている。その博物学の研究を山岳の研究とし、機関雑誌『山岳』を発行することを定めたのが山岳会というわけだ。

このような会の方向性は、当時の日本で登山に興味を示す人たちをとりまく価値観でもあった。

そもそも日本の近代登山のはじまりが、お雇い外国人として来日した欧米人が日本で趣味登山をするようになったことに由来するため、この時代に山に登るのは上流社会のハイカラなエリート趣味という風潮が日本人の間に根強くあった。

さらに志賀重昂の『日本風景論』などに影響を受けた文学志向性の高い山岳趣味人が増え始め、山岳会が設立される頃には山水紀行が流行を見せていた。そこから日本人が純粋な登山活動として冒険登山に挑み、登山家という肩書や生き方が認知されるようになるのは、山岳会が設立された以降のことだ。

この学術性や文学性が合わさった登山趣味の価値観から一線を引いていた稀有な存在が岡野だった。岡野は当時から純粋に山に登ること自体を登山の目的とし、あえて記録を公表せずに山に登ることを優先させてきた。「筆というのは僕の一番の苦手で、旅行や登山の感興が削減されてしまう」と、のちに三男満に語ったという（「父・岡野金次郎」）。

かたや小島らの取り決めた山岳会の基本方針は、山岳の研究とそれに関する出版物の発行を通して、山岳研究の礎を築き山岳界を発展させるというものである。当時のメンバーのなかで本格的な登山実績があるのは岡野を除けば小島のみだった。

岡野とほかのメンバーとでは山に対する考え方が異なっており、岡野が登山家としての実績のみで山岳の発展に必要な人物だと評価されるような文化的基盤ができるまでには、まだ時間が必要だった。そのようななかで記録を残すことに関心の無い岡野が機関誌づくりを目指すメンバーとしてここに居続けるのは無理があったのだろう。

青年層と若手層の衝突

岡野は山岳会の設立メンバーから一人抜けることになったが、最終的に発起人となった七名全員と価値観が合わなかったわけではない。「小島、高頭、高野」とは良好な関係を築いており、「武田、梅澤、河田、城」とはあまり親しい間柄ではなく交流もしていなかった。山岳会の設立を目指す過程で岡野と後者四人との間で意見が対立し、岡野は距離を置くことになったと考えられる。

小島烏水の死後、烏水の弟である小島栄は当時の山岳会の内部事情に精通している立場から、「兄・小島久太の思い出」（久太は烏水の本名）であえて次のことに言及している。

彼は友人にはよき仲裁者、調停者で困難な紛争を無事円満におさめていた。（略）山岳会創立後の若手層と青年層の感情の衝突の仲裁など、その他数々あるが、プライバシーにわたるので詳記しない。みなうまく間に入り纏《まと》めて事なきを得たのである。

山岳会設立のリーダー的存在だった小島は、「山岳会創立後の若手層と青年層の感情の衝突」をうまくおさめるために苦心していたというのだ。この文章は小島や岡野の生誕百年を記念して制作された日本山岳会発行の『近代登山の先駆者たち』に掲載されたのち、三笠書房刊『新編日本山岳名著全集1』の月報に転載されたため、長く一部の山岳愛好家の間で読み継がれることになった。

小島栄の言う若手層と青年層というのは、年齢的な区分でいえば、若手層の「武田久吉、高野鷹蔵、梅澤親光、河田黙」対青年層の「小島烏水、高頭仁兵衛、城数馬」ということになる。しかしこれは世代間の対立というより、正確には若手層が多数派を占める日本博物学同志会をルーツに持つ「学者肌のメンバー」と、青年層に多く当初から本格的な登山活動や紀行文学を書くことに価値を置いていた「山や文学への志向性が高いメンバー」との対立だったと考えるのが妥当だろう。

山岳会の発起人となった七名のなかでもともと日本博物学同志会の中心メンバーだったのは、若手層にあたる武田、高野、梅澤、河田の四名である。そのうち高野を除いて、東京在住の武田、梅澤、河田の三名は典型的な「学者肌のメンバー」に位置づけられる。

日本博物学同志会を活動のベースにしているメンバーたちは、山を楽しみつつも、おのおの研究を兼ねて山に登っていた。彼らが山に登る第一の目的は、植物や蝶などの採集だった。そうするうちに山に登ること自体にも興味が芽生えた一部メンバーが山岳紀行文を書くようになり、そこから小島と意気投合し、武田・高野・梅澤・河田が山岳会の発起人に加わった。

そんななかで横浜在住の高野は、日本博物学同志会の初期からのメンバーでありながら、東京の学生を中心としたほかのメンバーとは物理的距離があり、直接会っての交流は少なかったようだ。彼は自ら日本博物学同志会の横浜支部を立ち上げている。

　一方で高野は同じ横浜在住の小島や岡野とは互いに家も職場も近く、山岳会の設立以降は小島や高頭と山行をともにするなど、山岳会の「青年層」と親しくしていた。高野は小島や高頭のように文学や出版への意欲が特別高いわけではなかったが、家業を継いで横浜で回漕業などを営んでおり、その後留学して学者になった武田や、陸軍砲兵学校教官になった梅澤や、旧制武蔵高等学校教授になった河田らよりも、新潟の資産家の跡継ぎ息子である高頭や、同じ横浜在住で銀行員の小島らと馬が合ったのかもしれない。

　もう一人「青年層」でありながら「若手層」と親和性の高かった城は、弁護士として働くかたわら、自ら山草会を結成し、高山植物の採集家としても知られていた。武田らと知り合ったことにより、日本博物学同志会にも入会することになった。当時四十一歳と発起人の中で一人年齢が大きく離れており、経歴からも「学者肌のメンバー」寄りだった。

〈日本博物学同志会を中心とする学者肌のメンバー〉
武田久吉、梅澤親光、河田黙、城数馬（いずれも東京在住）
〈登山仲間であり文学への志向性が高いメンバー〉
小島烏水、高頭仁兵衛、高野鷹蔵（いずれも横浜や地方在住）

この構図は、設立メンバーと岡野とを巡る関係性にもそのまま当てはめることができる。のちの山岳会で『山岳』編集の中心的役割を果たした望月達夫は、小島栄の「兄・小島久太の思い出」と同じ掲載先の『近代登山の先駆者たち』で、次のように書いている。

岡野はもともと烏水の山友であり、武田らの日本博物学同志会の面々とは、同じ横浜在住の高野を除いては、あまり親しくなく、したがって山岳会との関係も烏水を通してと言ったものので、烏水が渡米してからは、会との関係も次第に薄らぐようになった。

岡野は小島の山友であり、日本博物学同志会のメンバーとは高野を除いてあまり親しくなかった――。望月が証言しているように、実際に岡野が書き残した日記などから交友関係を見ても、岡野は小島、高頭、高野とは同じ山好きとして、晩年に至るまで長く精神的な結びつきがあった。また高野は晩年に日本山岳会の会合で岡野と再会した際（第八章参照）に編集者から寄稿を頼まれて、「今日の日本の山岳界のほんとうの起動点をなしたのは此岡野老と云ってよいのである」、「岡野さんの生い立ちや御仕事などは、日本山岳界史のため御親族の望月理事に此一文に追記して置いて頂きたいものと御希いします」と、非常に早い時期（それでも岡野が八十歳になる直前の昭和二十九年）から日本山岳会が岡野のことを記録する重要性を訴えている（日本山岳会の『会報』１７２）。

その関係性は、岡野が武田ら〈日本博物学同志会を中心とする学者肌のメンバー〉とは山岳会設立のための初期の集まりで顔を合わせた以外に交流がなかったのとは対照的だ。「岡野はもともと烏水の山友であり、武田らの日本博物学同志会の面々とは、同じ横浜在住の高野を除いては、あまり親しくなく、したがって山岳会との関係も烏水を通してと言ったもの」であったと望月が証言している背景には、山岳会のなかで山への志向性を異にするこのような構図があったのである。

陰の功労者、高頭式

小島が山岳会内部の「感情の衝突」をうまくおさめるために苦心するなか、岡野との関係も良好で、メンバー間の対立とは無縁だったのが新潟在住の高頭だった。なぜなら山岳会の設立とその運営は、高頭の財力に支えられていたからだ。

当初の山岳会規則には、「高頭氏は山岳会の会計に損失ある場合、向う十年間、毎年千円（会費千人分）を提供する」の文面があった。その規則のとおり高頭は、山岳会の年会費千人分（当時としては莫大な金額だった）と、当時の雑誌としては際立って豪華なつくりの『山岳』の刊行費用全額を負担していた（『小島烏水　山の風流使者伝』の「日本山岳会の創立」より）。

「山岳会は発起人の不安も杞憂にすんで、入会者も多かった」と第三章で述べたが、理想の山岳会を立ち上げ稼働させることができたのは、事務・運営費の一切を長い間、高頭が負担してくれていたからだ。山岳会の設立は小島の活躍ばかりが注目されるが、山岳会の設立と成功、そして『山岳』の発行に高頭は無くてはならない存在だった。

しかし、その事実はごく少数の主要メンバー以外に山岳会の間でさえ知られていなかった。小島が死去した際の追悼で、武田がそのことを漏らしたことで、初めて公になっている。当時のことは岡野の存在はもちろん、当事者によって公にされていることと実際との間にはだいぶ大きな隔たりがあったようである。

二〇〇三（平成十五）年に刊行された池内紀著『二列目の人生　隠れた異才たち』に、歴史に埋もれた人物の一人として、日本山岳会の設立に貢献した高頭式（家名は高頭仁兵衛）が取り上げられている。

高頭式の名前で紹介されているが本名は式太郎であり、「二十歳のとき父が亡くなって家督を継ぎ、家名仁兵衛を名のった。自分では式、あるいは義明を使った」という。山岳会の活動では高頭仁兵衛の名を用いていたためここまでも高頭仁兵衛と記載してきたが、著作では高頭式のペンネームを用いていたので、外向けには高頭式が一般的なのだろう。

ちなみに小島も本名（小島久太）を気に入っていなかったため、若い頃から小島烏水を名乗っている。文筆活動をはじめとしたプライベートな活動はペンネームの小島烏水を用いており、こんなところにも彼らの文筆への志向性が表れている。

高頭は自ら財を作ったのではなく、資産家の跡継ぎ息子だった。山岳会の発起人のなかで唯一日本博物学同志会に所属せず、山が好きで、山の本を書いて世に出すことに強いこだわりを持っていた。小島と知り合ったのは、高頭が執筆中だった『日本名山鈔』を出版しようと『日本風景論』を書いた志賀重昂の意見を聞きに上京したことが縁だった。

その『日本名山鈔』は小島の助言で『日本山岳志』へと改題されて、山岳会設立の数ヵ月後に、山岳会の誕生と重なり合うようにして出版された。この本は日本の山々について一つ一つ網羅し解説した山岳辞典のような内容で、このような山の本はまだ世に出ていなかった。そこには小島による序文「日本山岳志の撰修に就きて」のほか、「登山に就きて」(『太陽』所載の一文を転載)も収録されている。

山岳会発起人の七名は、皆が純粋な登山仲間としてつながっていたわけではない。当初の山岳会は山岳紀行文を発表する活動に共通の志があり、それが〈登山仲間であり文学への志向性が高いメンバー〉と〈日本博物学同志会を中心とする学者肌のメンバー〉という二つのグループを一つに束ねた。

山岳会設立のリーダー的存在が〈登山仲間であり文学への志向性が高いメンバー〉に属する小島であり、山岳会の設立時に会の母体になった日本博物学同志会のリーダー的存在が〈日本博物学同志会を中心とする学者肌のメンバー〉に属する武田だった。

登山仲間でもあった小島、高頭、高野の三名は、山岳会が設立されて以降何度も山行をともにするようになったが、〈日本博物学同志会を中心とする学者肌のメンバー〉はどちらかといえば本格的な登山活動より博物学の研究に熱心で、小島は山岳会設立以降も武田、梅澤、河田、城の四名とは山行をともにしていない。
そして初期の山岳会に集まったのは、性格こそ異なれど、総じて志賀重昂の『日本風景論』に感銘を受けるような価値観を持ち、小島らの積極的な勧誘を受けて入会を決めた、インテリ層の色合いが強い面々だった。山岳会の初期の頃の会合の雰囲気を示すものとして、『二列目の人生隠れた異才たち』の高頭の項目にはこんな一文がある。

役員の一人が回想している。「……いつも高頭さんは役員会に出席しておられた。他の会合でもそうであったように、いつも黙々として語られるところは極めて寡く、談論風発する若い者の言葉を専らに聴き入って、会が終わると音もなく静かに帰って行かれるのであった」。大半が名士の息子たちで、その都会っ子の自慢話を、高頭式がどんな思いで聞いていたのかはわからない。

岡野は出版意欲の高い高頭と違って、研究や記録を発表することにさえ興味がなかった。インテリ層が集まり会員制で山の機関誌を発行するという、ほかの面々が理想とする山岳会の方向性から一人大きく外れており、そのことでの亀裂もあったのだろう。
岡野は山岳会の発起人に名を連ねなかったばかりか、発足時の百十六人中六十二番目の会員に留まっている。

登山史年表のなかの岡野金次郎

岡野が山岳会から距離を置いてきた影響は、岡野を除いた七名の名前で山岳会の設立話が長く公的に語られ続けていったことに留まらない。それは岡野の登山人生のあらゆるところに影響を及ぼすことになった。

何より最大の影響は、山の記録の一次資料として頻繁に用いられてきた『山岳』に岡野の登山記録がほとんどないことだ。山の記録を公表せず、純粋に山に登ることにこだわり続けた岡野の登山家としての実績は、記録がないことで、その全貌は謎に包まれている。

例えばその影響は、次のようなかたちで表れている。山岳会の設立から六十五年以上が経過した一九七一（昭和四十六）年に山と溪谷社から刊行された『世界山岳百科事典』は、五十音順に山や人名、山岳用語が網羅された百科事典だ。そこには山崎安治が編集した詳細な日本登山史年表や世界登山史年表も掲載されている。

その日本登山史年表に記載された、山岳会設立前後の小島の登山実績（岡野も含む）をすべて抜き出してみる。岡野の名がある箇所には線を引いている。

1900（明治33）10月　小島烏水は乗鞍岳に登る

1902（明治35）8月　小島烏水、岡野金次郎らは霞沢岳を越え上高地に至り、槍ガ岳をきわめ蒲田に下る

1905（明治38）7月　小島烏水は赤石岳に登る

10月　小島、高頭、武田、城、梅沢、河田、高野の7人は山岳会を設立

1906（明治39）8月　高頭仁兵衛、小島烏水らはそれぞれ燕《つばくろ》岳から大天井《おてんしょう》岳を縦走

1908（明治41）7月　小島烏水、高頭仁兵衛らは農鳥から北岳を縦走、地蔵岳、鳳凰山に登る

1909（明治42）7月　小島烏水、高頭仁兵衛、高野鷹蔵、中村清太郎、三枝威之助一行は西山温泉から悪沢岳、荒川岳、赤石岳を縦走

1910（明治43）8月　小島烏水らは槍ガ岳から三俣蓮華岳、薬師岳を縦走

1911（明治44）7月　小島烏水は穂高岳、槍ガ岳縦走、明神池から明神岳に登山

1912（明治45）7月　小島烏水は鋸《のこぎり》岳の最高点に登る

1914（大正3）8月　小島烏水は双六谷を遡行、笠ガ岳に登る

小島は日本登山史に名を残す山行として、〈一九〇〇（明治三十三）年の乗鞍岳登山〉から〈一九一四（大正三）年の笠ヶ岳登山〉までの十四年の間に、計十回登場している。特に明治期後半の十年ほどはほぼ毎年の頻度で小島のその年の山行が記載されており、この期間は日本登山史に

おいて「日本アルプスの探検登山時代」と位置づけられている。小島はまさにその時代を作った人物だった。

一九〇五（明治三十八）年の山岳会設立までは、小島の登山仲間は岡野のほかに『文庫』同人の山崎紫紅、加えて旅をともにする文学仲間たちだったが、山岳会を立ち上げたことで高頭や高野ら多くの登山仲間が加わることになった。

同時に山岳会会員である小島やほかの登山仲間たちは山岳会の機関誌『山岳』に山岳紀行文を発表するようになり、山岳に関する活動やその記録が一気に豊かになった。日本近代登山の幕が開き、まさに山岳会の設立によって、日本の登山活動は大きく前進しつつあった。

ここで着目すべきは岡野の存在だ。この時代に日本近代登山をリードしたのは岡野も同様であろうにもかかわらず、この年表で岡野の名前があるのは、二人の登山実績を代表する「一九〇二（明治三十五）年の槍ヶ岳登山」のみである。ほかは「小島烏水は乗鞍岳に登る」「小島烏水は鋸岳の最高点に登る」のように、岡野と二人での山行であることが明らかになっているものでも小島の単独行のように書かれてしまっている。

もちろんこの年表は登山者全員の名前が記されているわけではない。しかし複数人で登っている場合は「小島烏水らは」と複数形になっている。ところが岡野との山行の箇所はほとんど「小島烏水は」と小島のみの単数形だ。岡野がその登山活動の重要人物であっても、小島の名前を記して岡野の名前を省くのは、ほかの年表でも同様の傾向がある。

山崎安治による岡野の登山実績

一方でこの年表を掲載している『世界山岳百科事典』の「お」の項目から「岡野金次郎」の項目を開くと、日本登山史年表で岡野の実績として記載されていないものが岡野の実績として掘り起こされ、次のように紹介されている。

神奈川県出身。明治二十七年小島烏水と徴兵検査場で知りあい、翌年四月二人で丹沢塔ノ岳に登る。明治三十一年スタンダード石油会社横浜総支店に入社。明治三十五年八月烏水と槍ガ岳登山。その後会社で『日本アルプス・登山と探検』を見つけウェストンに面会、交友を重ね、日本山岳会創立の気運を作る。明治三十六年北岳、三十八年赤石岳、三十九年燕岳、大天井岳、蝶ガ岳縦走。四十二年白峰山脈横断、四十五年鋸岳第一高点初登頂など烏水とともにエネルギッシュな登山を行なったが、まもなく山岳会を退会した。昭和三十六年十一月平塚湘南山に記念碑が建てられた。

この紹介文のなかで「明治三十五年八月烏水と槍ガ岳登山」に加えて「三十八年赤石岳」、「三十九年燕岳、大天井岳、蝶ガ岳縦走」、「四十二年白峰山脈横断」（年表の記載「西山温泉から悪沢岳、荒川岳、赤石岳を縦走」と同じ山行）、「四十五年鋸岳第一高点初登頂」と、岡野の山の実績として記されているのはいずれも、同じ文献の日本登山史年表には岡野の名前はなく小島の実績として記載されている山行である。そして紹介文は「（略）など烏水とともにエネルギッシュな登山を行なった」と、ほかの山にも二人一緒に登っていることを匂わす文面になっている。
日本登山史年表のなかの小島の十の登山実績と岡野の項目での岡野の登山実績を照らし合わせてみると、年表上では小島の実績となっているもののうち、岡野の項目では岡野が一緒に登っていることになっているものは五つ、岡野の項目では触れられていないものが残り五つある。

〈岡野の登山実績とみなしているもの〉
１９０２（明治35）８月　小島烏水、岡野金次郎らは霞沢岳を越え上高地に至り、槍ガ岳をきわめ蒲田に下る
１９０５（明治38）７月　小島烏水は赤石岳に登る
１９０６（明治39）８月　高頭仁兵衛、小島烏水らはそれぞれ燕岳から大天井岳を縦走
１９０９（明治42）７月　小島烏水、高頭仁兵衛、高野鷹蔵、中村清太郎、三枝威之助一行は西山温泉から悪沢岳、荒川岳、赤石岳を縦走
１９１２（明治45）７月　小島烏水は鋸岳の最高点に登る

〈岡野の登山実績として触れていないもの〉
１９００（明治33）10月　小島烏水は乗鞍岳に登る

1908（明治41）7月　小島烏水、高頭仁兵衛らは農鳥から北岳を縦走、地蔵岳、鳳凰山に登る
1910（明治43）8月　小島烏水らは槍ガ岳から三俣蓮華岳、薬師岳を縦走
1911（明治44）7月　小島烏水は穂高岳、槍ガ岳縦走、明神池から明神岳に登山
1914（大正3）8月　小島烏水は双六谷を遡行、笠ガ岳に登る

まず岡野と小島二人による最後の山行は、一九一二（明治四十五）年の鋸岳登山である。よってこの年表のなかで最後の「1914（大正3）8月　小島烏水は双六谷を遡行、笠ガ岳に登る」に関しては、岡野が同行していないことは確実である。

残りの〈岡野の登山実績として触れていないもの〉のなかで、一つ目の「1900（明治33）10月　小島烏水は乗鞍岳に登る」は、岡野が新婚旅行のための休暇を利用して、妻を家に残したまま小島と二人で出かけたことから、岡野家で長く語り継がれることになった山である。年表では小島の単独行のように記されているが、この山行が岡野と小島の二人によるものであることは、様々な記録からも、家族や本人の証言からも疑いの余地がない。

二つ目の「1908（明治41）7月　小島烏水、高頭仁兵衛らは農鳥から北岳を縦走、地蔵岳、鳳凰山に登る」は、『世界山岳百科事典』の十二年後に刊行された『岳人事典』を見ると、その「日本登山史年表抄」にはやはり岡野の名前はないものの、そのなかの岡野金次郎の項目を見る

と、先述の「１９００年、烏水と乗鞍岳、立山登山」に加えて「１９０８年、烏水と白峰三山縦走。地蔵、鳳凰登山」が岡野の山の実績として記載されている。

残りの二つ「１９１０（明治43）８月　小島烏水らは槍ガ岳から三俣蓮華岳、薬師岳を縦走」と「１９１１（明治44）７月　小島烏水は穂高岳、槍ガ岳縦走、明神池から明神岳に登山」は、岡野の三男満が作成した「岡野金次郎年譜」ではどちらも岡野の実績として記されている。

これらを総合すると、関係者が一人でも岡野の登山実績とみなしたものを集めれば、日本登山史年表に記載されるような明治期の小島の代表的な登山活動はいずれも、岡野が同行していたことになる。

『世界山岳百科事典』での日本登山史年表も岡野の項目も、そして『岳人事典』の岡野の項目も、いずれも執筆者は登山家の山崎安治である。山崎はこれまでに岡野と小島の槍ヶ岳登山ルートを特定するために調査を行ったり（第二章参照）、日本山岳会での活動を通じて岡野を知る人たちが身近にいたりと、岡野を知らずに執筆を担当したわけではない。

もちろん書かれていることすべてが完璧というわけではなく、山崎はたびたび年表の記載ミスをすることが登山者の間でわりとよく知られていた。しかし山崎に限らず、長く支持されている歴史年表であっても検証目的でつぶさに見ていけば、たいてい矛盾点や表記上のミスがいくつも見つかるものである。山崎が作成した年表の小島の箇所を見ていく限り、漢字間違いなど誤表記はあるものの、事実関係に関しては、かなり丁寧な検証や掘り起こしをしている印象を受ける。

そして山崎は年表の各登山記録に関して、すべてきちんと参考文献を示しており、岡野の項目で記した岡野の登山歴もきちんと何らかの根拠にもとづき記したものであることは確かだろう。

「鎗ケ岳探険記」と岡野金次郎

ではなぜ日本登山史年表に岡野の名前が槍ヶ岳登山の一つしかないのかといえば、この年表の各山行の参考文献になっている『山岳』をはじめとする当時の出版物に同行者として岡野の名前が無いからだ。

岡野の登山実績として広く認められているものは、山岳会設立前の山行はいずれも同行者である小島の山岳紀行文がもとになっている。しかし小島の山岳紀行文はもともと小説風で、事実を正確に書くことよりも文学性を重視していた節がある。

例えば武田久吉は、小島と出会った際の次のようなエピソードを明かしている。武田は小島の書いた山岳紀行文「甲斐の白峯」を読んで小島の存在を知り、交流するようになった。その「甲斐の白峯」には、経緯儀など登山に直接関係ないような器具を小島が持参したことが書かれている。武田は当時まだ登山経験が浅かったこともあり、小島に会った際に「登山にこのような器具が必要なんですか」と尋ねた。すると小島は、「君、あれは小説だよ」と答えたという。

登山家としての代表的な実績である槍ヶ岳登頂を発表した「鎗ケ岳探険記」でさえ、小島の記述は肝心なところが曖昧だ。第二章で触れたように、最も強調すべき山頂へ至る場面では、「絶巓に達したる」と山頂ではなく槍の肩まで行ったところで、そこから先は小島の心情が長々とつづられて、話はいつの間にか下山へと移っている。それを読んだ評論家らはこの「第一回の登山」を登頂と解釈したが、のちに登山ルートを含む様々な検証が行われ、このときは登頂できなかったことが明らかになった。のちに小島自身も「一回の登山は霧で失敗した」と明かしている。

その翌日に「第二回の登山」を行い、今度は本当に登頂することができた。小島は山頂からの眺めがいかに素晴らしかったか、東西南北の眺めを順に事細かにつづっている。しかしこの日の山頂は、実際には日本海の一部しか展望できず、「鎗ケ岳探険記」の山頂での話はかなりフィクションが含まれている。これについても小島は晩年に『アルピニストの手記』で「幸いにして天気もいくらかよく」と、前日よりは幾分か天気がよかったという表現に改めている。

小島の著作物から小島自身の登山実績は詳細に辿れるが、小島がそう書いている（もしくはそのことを書いていない）からといって、その記録の正確性が全面的に信頼できるわけではない。とりわけ同行者の存在は軽んじられており、小島の著作物での同行者の曖昧さが、のちに記録の継承にあたって、登山家岡野の評価を難しくしてしまった。

作家で登山家の瓜生卓造は、小島烏水の「鎗ケ岳探険記」を次のように評価している。

彼の紀行文は、起承転結がはっきりしており、骨太に構成されている。単なる紀行文ではなく、私小説といった方がいいかもしれない。槍ケ岳紀行は山の文章にありがちなセンチメンタリズムとは無縁で、華奢な肉体に宿る烏水の強靭で男性的な資質に支えられて、日本山岳紀行文中の白眉となっている。ただ一つ奇異なのは、生死苦楽をともにしたパートナーの岡野の顔がほとんど出ないことである。ただ一つ奇異なのは、岡野を出すことが、作品にプラスになるか、マイナスになるかは一概にはいえないであろう。しかし彼との触合いがあれば、一作はさらに奥行を深めたのではないか、と思われる。（『岳人』の連載「日本山岳文学史」）

「ただ一つ奇異なのは、生死苦楽をともにしたパートナーの岡野の顔がほとんど出ないことである」――。瓜生が評しているように、岡野の存在は小島の筆にかかると霧がかかったようにその姿が曖昧だ。

しかもその状況は、小島の著作物だけに留まらない。むしろその傾向は、『山岳』に顕著に表れている。

『山岳』から読み取れること

山岳会の機関誌『山岳』は、先述のとおり山岳会設立の翌一九〇六（明治三十九）年に創刊された。そこから国内の主要な登山活動は『山岳』で発表されるようになった。登山史の検証に『山岳』は欠かすことのできない存在であり、その創刊以降は『山岳』の記録が第一の登山情報として、広く様々な出版物で参照されるようになる。『世界山岳百科事典』の日本登山史年表も、

『山岳』の創刊以降明治期の山行のほとんどが当時の『山岳』をもとに情報を掘り起こして掲載している。

年表に参考文献として示された当時の『山岳』を順に見ていくと、小島が登った山は複数人で登っていても、ほとんどが小島が登山報告をしている。登山記録に統一的な書式があるわけではなく、その号によって発表の仕方は様々だ。小島が発表したものだけを見ても山岳紀行文だけでなく、「白峰山脈の記」という山域の説明文（第三年第三号）もあれば、「日本北アルプスの境域及び飛驒山脈なる名称」という論文（第五年第三号）もある。

それらは発表者がいつどこの山に登ったのか（何を達成したのか）に関しては正確な記録になっているものの、同行者に関しては曖昧だ。きちんと記されたものもあれば、実際には同行者がいても記されていなかったり、記されていたとしても本文のなかでさらりと触れられているのみだったりする。そして同行者に焦点を当てて見ていくと、どうも日本登山史年表の記述と出典先の『山岳』の記述が一致しない。

では年表を作成した山崎は、そこに記されていない同行者の情報をどこから得て名前を記したのだろうか。実は当時の『山岳』は、年三回発行されていたうち毎年第三号目の最後のほうに、その年の会員の山行を会員名や日程とともにひととおり紹介する「会員登山報」というコーナーがあった。一つの山行につき「会員○○（氏名）は」（複数名含む）の書き出しではじまり、登山者名、日程、行程へと続く共通の形式で各山行が報告されている。

『山岳』の号数は創刊号が「第一年第一号」、その年の三号目であれば「第一年第三号」、創刊二年目の一号目であれば「第二年第一号」と続いていく。そして年表に記載された小島の山行で参考文献になっているのは、同じ『山岳』でも会員登山報の掲載号である「第三号」が圧倒的に多い。年表のそれぞれの内容を照らし合わせると、山崎は「会員登山報」をもとに小島の山行や同行者を抜き出していることが分かる。

例えば日本登山史年表の「１９０８（明治41）７月　小島烏水、高頭仁兵衛らは農鳥から北岳を縦走、地蔵岳、鳳凰山に登る」は、『山岳』第三年第三号を出典としている。それと同じ山行を会員登山報では「会員小島久太、高頭仁兵衛、田村政七三氏は、倉橋藤次郎氏と倶に」からはじまる文面で報告しており、山崎はそこから「小島烏水、高頭仁兵衛らは」と二人の名前を代表して年表に記している。

いずれにせよ、『山岳』で小島の山行を辿っていっても岡野の名前は出てこない。例外として小島が『山岳』で唯一岡野の名前を出して山行報告をしているのが、一九一二（明治四十五）年の鋸岳登山だ。

その表題にあるのは執筆者の小島の名前だけだが、本文を読んでいくと「会員岡野金次郎氏と共に」の記述が見られる。一方でこの年の「会員登山報」は大きくリニューアルされて、初めて小島の山行も報告されていない。よってこの年の年表は登山報ではなく小島の寄稿を参考にしているのだが、日本登山史年表の記述は「小島烏水は鋸岳の最高点に登る」であり、ここでも岡野の名前は記されていない。やはり岡野が登山報告をしていないことが、岡野の山歴を検証し継承する上での大きな障害になっている。

とはいえ二人の槍ヶ岳登山が日本の近代登山の幕開けとなる象徴的な登山ならば、この鋸岳登山は一つの時代の終焉を告げる象徴的な登山だった。この鋸岳登山が岡野と小島二人での最後の山行となったのだ。

「鋸岳第一高点に初登頂」を成し遂げた二人の下山とともに時代は明治から大正へと移行する。新しい時代の始まりとともに、近代登山の前線で活躍する日本の登山家たちも世代交代していった。そしてこれを最後に岡野の山の足取りは本格的に途絶えてしまう。

鋸岳第一高点に初登頂

小島の死後、『山岳　小島烏水記念号』に寄稿を依頼された岡野は、小島とのエピソードを息子の満に語って代筆してもらった。その寄稿文「小島と私」なかに次のような記述がある。

明治四十五年の南アルプスの登山で、その前年山岳会で試みて失敗した前人未踏の鋸岳登山に成功した。その時鋸岳から仙丈岳へ向ったが、奥仙丈で遭難した。その後小島は大正四年から昭和までアメリカに行って不在であったから自然行を共にすることはできなかった。

鋸岳第一高点。岡野と小島が登頂した前年に星忠芳が第二高点から撮影した（『山岳』第6年第3号より）

一九一二（明治四十五）年七月、三十八歳の岡野と小島は案内人の水石春吉と強力を伴って、南アルプスの鋸岳に挑み第一高点の初登頂に成功した。

ルートは黒戸尾根から甲斐駒ヶ岳に登って、信州側に下り、黒川（戸台川）の谷の大岩の無人小舎（赤河原の岩小舎）に一泊。翌朝に赤河原の岩小舎から釜無川との峠まで登り、三角点ピークまで稜線沿いに進み、そこから第一高点を目指すというものだった。

前年七月に日本山岳会の辻本満丸と星忠芳が同じ案内人の水石春吉と強力二名を伴って第二高点に挑んでいたが（星と水石と強力の三名が登頂に成功）、最高峰の第一高点に成功した登山家は岡野と小島が初めてだった。「小島と私」では第一高点に挑み成功したことを岡野自らが「前人未踏」と述べている。

しかし実際には一九〇四（明治三十七）年に測量部員の三宅勝次郎らによって埋石が行われており、正確には登山家としての初登頂である。

この登頂は小島にとっても岡野にとっても代表的な登山実績の一つになっている。登頂を果たすと、二人は山頂から少し戻った角兵衛沢のコルから角兵衛沢右俣を下り、赤河原の岩小舎に戻った。

しかし寄稿文で触れなかった鋸岳登頂の翌日の出来事こそ、岡野の人生に大きな影響を及ぼすことになったのだと、「小島と私」を代筆した三男の満は主張する。

その出来事について満は「父・岡野金次郎」のタイトルで個人的な記録として次のようにまとめている。

二人の山の男がそれ以来死にいたるまでの数十年間、繰り返し繰り返し想い起こしては思いめぐらしたであろう一つの歴史的出来事をここに語っておきたい。私をしてこのことを語らしめた人は、烏水氏の御令弟小島栄氏である。「一般世間の人が知らず御家族だけ知っている一切の事柄」を書くように求められたからである。

それによると、岡野と小島の二人は鋸岳登頂の翌日に仙丈岳へ向かい、その先で喧嘩別れして別々の方向に下山することになった。そして、二人で企てた冒険登山はこれが最後になった。山の記録もこれを最後に岡野の名前は途絶えており、小島の山の実績を見てもこれ以降は登山史に名を残すような際立った活躍はしていない。その背景を「父・岡野金次郎」で追っていく。

「前人未踏の鋸岳登山に成功した。その時鋸岳から仙丈岳へ向かったが」と「奥仙丈で遭難した」という二つの句（著者注＝「小島と私」より）の間に、父が早口で語りつづけた事柄があった。私は筆をおいて父の顔を見た。父はそれに気がついて私の方を見ながら「ここではこのことは書かない方がよいかな」とひとりごとのように言った。私はそのとき、もう速記の手も疲れ、早く終わってほしいと思っていたので、ただそれだけの単純な気持で「書かない方がよいでしょう」と言った。「そうか、それならそこは飛ばして行こう」ということになった。

「書かない方がよいでしょう」と一旦封印された小島とのエピソードは、公表を前提にしていなかったためさらりと聞き流したにすぎなかったが、焦点としては次のようなものだった。

仙丈岳をきわめて尾根道を下りながら、二人とも疲れていた。休暇はいつものように二週間とってあるのでまだ残りがあった。山はきわめて深く前途に遭難の危険があった。そこでそれからの進路について二人の間に意見が対立した。進路といっても、今のような地図や登山

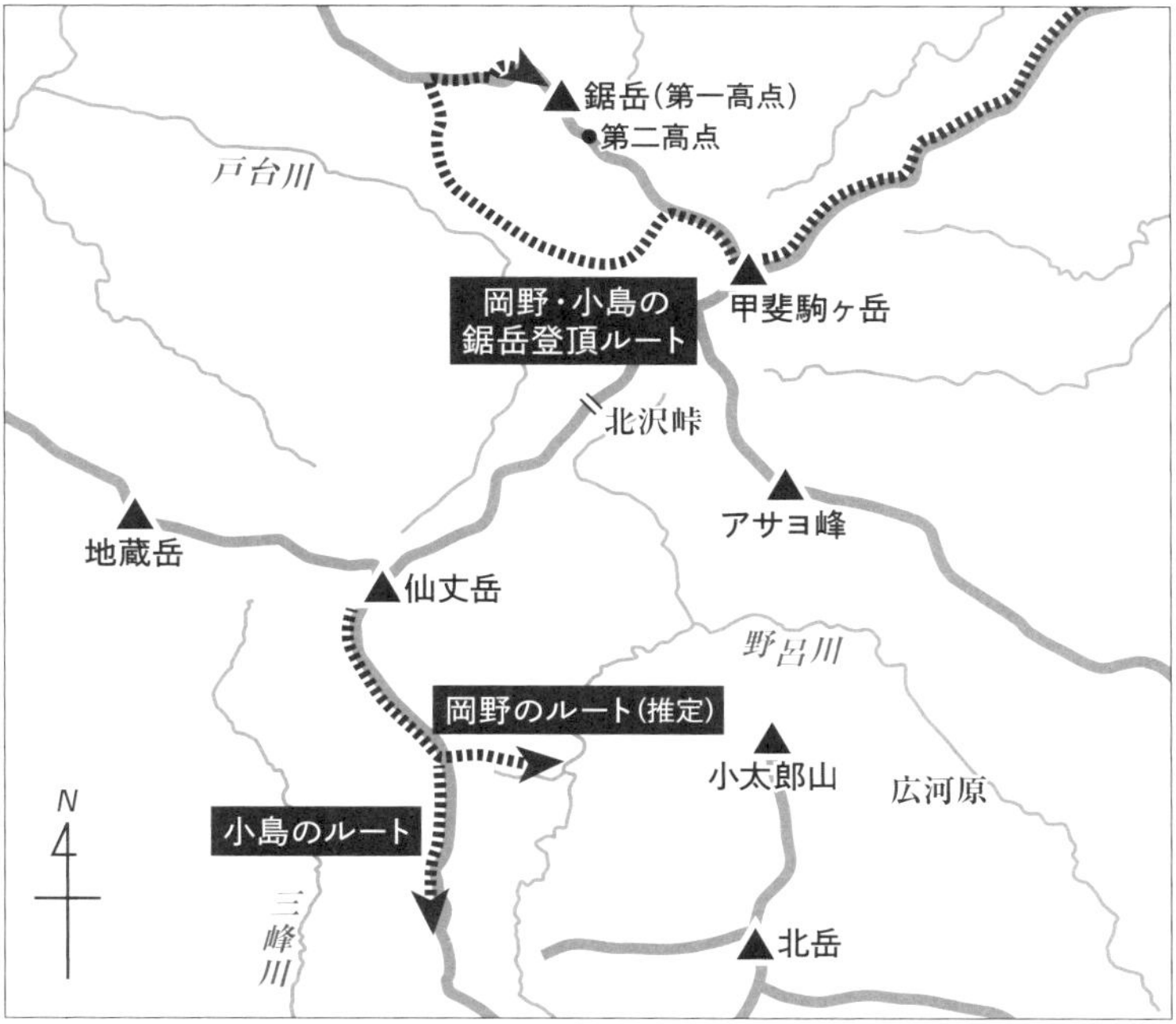

岡野と小島の鋸岳登山ルート概要

道のなかったころのことだから、この沢を下りるか、なお尾根を行くかということである。意見の対立から口論となり、激論となってしまった。そこで二人は喧嘩別れして、別々の方向に進んだ。

岡野は怒り出すと必ず激しかったが、夏の夕立のようにさーっと引いて、後はさっぱりする性格だった。岡野と同様に、小島もきわめて短気で怒りっぽいところがあった。お互いに短気な二人が、二十歳の頃にふんどし姿で邂逅《かいこう》してから十八年間、散歩に登山に、芝居に浮世絵の収集にと、変わることない親交を続けていた。とりわけ山の相棒として、互いに生死の危険を担い合っているという意識がより二人の絆を強くしていたのだろう。

鋸岳の第一高点に挑んだとき、二人はともに満三十八歳の壮年になっていた。しかし、鋸岳登頂を果たした翌日に仙丈岳に登り、その下山中に二人は喧嘩になり、荷物を分け、強力を分けて、別々の方向に進んだ。小島は塩見岳のほうへ進み、岡野は奥仙丈のほうへと向かった。岡野が奥仙丈で遭難したと語っているのは小島と別れたあとの出来事である。

これが二人が山行をともにする最後となった。別れてからそれぞれ山を降りたところで、明治天皇の死を知ったという。

この三年後の一九一五（大正四）年七月から一九二七（昭和二）年三月までの十一年半、銀行員の小島はアメリカに赴任することになり、横浜正金銀行のサンフランシスコ支店ロスアンゼルス分店長を務めた。

二人の山行がこれで最後になったことに加えて、鋸岳登頂の翌日に二人が喧嘩別れした話が一人歩きして、このまま二人はずっと不仲で長く交流していなかったのではないかという論調が存在している。しかし岡野は「小島と私」で「その後小島は大正四年から昭和までアメリカに行って不在であったから自然行を共にすることはできなかった」と理由を述べている。

さらに二人が大正から昭和にかけて小島の渡米時も帰国時も引っ越しのたびに互いの新居を把握していることや、日記の記述など様々な観点から（第六章、第七章参照）、二人の喧嘩は下山の際の一時的なもので、小島の渡米という物理的な理由を除いて、交友関係はずっと続いていたと考えるのが妥当だろう。

小島が渡米してからまもなくして、岡野は日本山岳会を退会している。正確な退会時期は身近な人たちでさえ把握しておらず、のちの『日本山岳会百年史』には「素朴で質実な岡野は、山岳会の表面に現れることを好まず、発起人にならなかったばかりか、十年ほどで退会してしまう。烏水が渡米した翌年の大正五年の会員名簿にはすでに岡野の名前はなく、したがって会員番号はない」と記されている。

岡野が語った山岳会の退会理由

山岳会の取りまとめ役だった小島が一九一五（大正四）年に渡米すると、それに続くようにして岡野は山岳会をひっそりと退会した。岡野は退会の理由を『山岳　小島烏水記念号』で次のように語っている。

私は山岳会成立後、最初の間数年所属していたがやめてしまった。その理由は、私の名が少しずつ知られるようになって、新聞や雑誌の座談会に時々呼ばれるようになり、宿屋でも名士扱いされるような傾向が芽生えて来た。有名になること名士扱いされることは私の最も嫌いなことであり、私にとってそれは回避し予防しなければならない危険であった。小島はよい意味で有名になること名士になることを避けなかったし、宮様から頼まれれば喜んでその案内に立った。山好き芝居好き浮世絵好きは全く共通であったが、この一点から二人は次第に個人的な文通以外の交際をしなくなったが、この一点も名利のためにでなく純真に山を愛したことは共通であった。

冒頭に「私は山岳会成立後、最初の間数年所属していたがやめてしまった」とあるが、数年で退会は事実と異なる。岡野は少なくとも大正初期に小島が渡米するまで十年以上にわたって山岳会に所属していたことが分かっている。

しかし続く退会の理由として「有名になること名士扱いされることは私の最も嫌いなことであり、私にとってそれは回避し予防しなければならない危険であった」と述べているのは、岡野家で妻や子どもたちにも広く共有されていた事柄だった。これは『山岳』で自らの山行を発表せず、それでいて誰よりも山に登り続けた岡野の行動とも重なるものがある。

しかしこの発言には疑問も残る。そもそも岡野は山岳会に所属中、有名になることを回避しなければならないほど何か名が知られるようなことをしていただろうか。烏水の弟小島栄の言葉を借りれば、岡野は「山岳会の生みの親」の一人にもかかわらず、山岳会発起人としての地位も得ず、会の発行物でもほとんど名前は挙がらず、岡野の会員期間中の山岳会での存在感は非常に薄かった。あまりに情報が乏しいゆえ、のちに登山家としての検証をしようにも誰もが手を焼くほどである。

そんな疑問に応えるように、次男敬次郎が冊子『故岡野金次郎氏をしのぶ』のなかで父金次郎の話を補足している。

（山岳会創設の）発会式か或《あるい》は一周年記念祝賀会の時であったか分らないが、ウエストンの秩父宮殿下の御前講演を父が日本語に訳したことがある。かくて父の名前も山の方面では知られるようになった。父が山に行くと、色々の人が面会を求めてくる。自分は貴重な休暇で折角山にひたりに来たのに有名になることは、こんなにも煩しいものなのかと虚しさを感じて、日本山岳会から身を退き、静かに自由に山へ登ったのである。そして南アルプス鋸岳の初登攀をしても、それを誇るようなことはなかった。

ウェストンの講演会で岡野が通訳を務めたことがきっかけで、山岳関係者の間で名前が知られるようになったと敬次郎は述べている。山岳会設立後のこの当時、岡野家の子どもたちは皆幼く、一九〇六（明治三十九）年生まれの敬次郎も後年に親から聞いた話をもとにしているのだろう。山敬次郎は「発会式か或は一周年記念祝賀会の時であったか」とその時期を推測しているが、山岳会設立時も翌年の一周年も肝心のウェストンは日本にはいなかった。なぜならウェストンは宣教師として来日中に岡野らと出会ったあと、一九〇五（明治三十八）年三月にイギリスに帰国している。山岳会が設立されたのは同年十月のことだ。よって話の核であるウェストンの講演会の通訳を務めたのがきっかけでという部分が正しければ、それは十年近く後の一九一二（明治四十五）年三月に日本山岳会主催で行われたウェストンの日本アルプス講演会を指している。

ウェストンは一九一一（明治四十四）年に再び宣教師として来日し、その翌年に東京一ツ橋の帝国教育会館にウェストンを招いて行われたのがこの講演会だった。ウェストンは岡野らと知り合う前から外国人相手に日本でスライド映写会などは行っていたものの、日本人を相手に大々的な講演会を行うのはこの日が初めてだった。これは日本で初めてウェストンを公に紹介する場でもあり、「日本最初の山岳講演会」とも言われている。

ウェストンの講演には通訳が必要だ。講演前半の日本アルプスについては小島が通訳をし、後半の欧州アルプスについては岡野が通訳をすることになった。もともとはすべて小島が通訳する予定だったが、前半でウェストンが調子に乗って草稿以外のことを話し始めたので小島が対応できなくなり、英語が堪能な岡野が急遽後半を任せられたのだ。

これは日本山岳会の主催でありながら、実質は岡野と小島の二人の力添えで実現した講演会だった。この日のウェストンの送迎も、行きは小島と岡野が二人で行い、帰りは岡野が一人で行っている（その間小島は会場の後片付けをしていた）。講演会のお礼として、後日ウェストンは二人を食事に招いている。

敬次郎の話によれば、この講演会によって岡野の名前は山の方面で知られるようになった。講演会が明治最後の三月で、小島との最後の山行となった鋸岳登山が同年七月、それからまもなくして小島が長期にわたってアメリカで生活することになったタイミングでの退会となれば、名が知られるようになって退会したという話とも確かに時期が一致する。

親族が語った山岳会の退会理由

もう一人、親族として岡野の退会理由について語っているのが孫の岡野修氏（長男昇の息子）だ。二〇一〇（平成二十二）年に日本山岳会の会員である砂田定夫氏が岡野修氏に聞き取りを行い、『山あれば人あり』（岡野が明治期の小島の山行に同行していたか否かを検証した日本山岳文化学会の論文を収録）に次のようにまとめている。

金次郎が日本山岳会を退会するのは烏水の渡米直後と思われる。（略）表舞台に立って名士扱いにされるのを嫌ったというのが理由とされるが、孫の岡野修氏によれば、創立当初の山岳会には学者とか名士ぞろいであり、生粋の山男である金次郎には肌が合わなかったこと、もうひとつは貧困の中で子女の養育費などかかる中で、年会費一円も負担だったと語っていたという。「肌が合わない」は本音だったかもしれないし、「負担」の方も（略）一三歳で父を亡くして以来、長男として子弟の世話をしなければならない事情もあったかもしれない。金次郎が文章を苦手としていたことが理由のひとつともいわれる。

ここで修氏は祖父金次郎が日本山岳会を退会した理由を三つ挙げている。一つ目の「創立当初の山岳会には学者とか名士ぞろいであり、生粋の山男である金次郎には肌が合わなかった」というのは、そのとおりだろう。

次に「金次郎が文章を苦手としていた」というのは、本人は日記や知人への手紙といったプライベートな文章は書き残しており、単純な得意・不得意の判断は難しい。しかし少なくとも公的に文章を発表することは生涯とおして一度もなかった。『山岳』への寄稿も家族の代筆であり、家族でさえも生前に岡野の文章を見る機会はほとんどなかっただろうから「苦手としていた」と評価するのも無理もない（先述の文章も「苦手としていたことが理由のひとつともいわれる」と第三者的表現を用いている）。それでも、記録を公表することに興味がなかったことが山岳会と距離を置き退会に至った理由の一つになっているのは大筋間違っていないだろう。

最後に「貧困の中で子女の養育費などかかる中で、年会費一円も負担だったと語っていた」というのも、本人が語っていたこと自体はおそらく事実なのだろう。しかし岡野はこの時代には珍しかった外資系企業勤めで、世間一般の基準では給料も非常に恵まれていた。一家の大黒柱で長男とはいえ、土佐丸での世界周遊後に就職した岡野に続いて、弟二人と妹の配偶者までもが同じ会社に就職している。すでにこの頃には実家の家族を養うことからも解放されていたはずだ。

そこから今度は子育てが始まるわけだが、山岳会を退会した頃は五人の子どもたちはまだ幼く、子育てにお金がかかるのはだいぶ先のことになる。たしかに岡野が山に行くたび毎回トヨが草鞋を手作りするなど、家族を養いながら精力的な登山活動を継続するのは経済的に楽ではなかったのだろう。しかし当時の趣味登山は中流階級以上でないとできない「金持ちの道楽」であり、登山活動の経済的な負担に比べたら山岳会の会費など些細な出費にすぎない。加えて岡野は当時から芝居や映画鑑賞の趣味も持ち、浮世絵収集もしていたほどだ（その浮世絵コレクションは関東大震災ですべて焼失してしまった）。

むしろ退会の理由としては、山岳会の面々とは肌が合わなかったことに加えて、山岳会自体にはそれほど思い入れがなく、小島不在の状況下であえて会員であり続けるほどの価値は見出せなかったと考えるのが妥当だろう。そこに岡野が語っているような「名士扱い」や「山岳会の年会費」といった付属的な理由が加わることで、小島が渡米したタイミングで退会を決断したのではないだろうか。

修氏のいとこにあたる岡野眞氏は、修氏の証言を読んだ上での補足として「金次郎にとっては山岳会の運営に伴う雑事や発起人に課せられたであろう雑誌原稿集めのノルマなど煩わしいものだっただろう。だから小島との縁で山岳会の会員になり、会費を払って義理を果たしていただけだろう。修氏の証言する『年会費一円も負担だった』という発言は、本音ともジョークとも理解できる。山岳会退会は決して会費の問題ではなく、小島の渡米によって小島への義理がなくなるからだと理解するのが自然だろう」と述べている。

岡野は山を純粋に楽しむために登山家として名を売ることを好まず、小島はそれとは対照的に名が知られることを積極的に受け入れた。有名になることを受け入れるか否かで二人は正反対の価値観を持っていたが、純粋に山を愛する気持ちは共通だった。

さらに岡野はその後の小島との関係について、有名になることを受け入れるか否かという一点から「二人は次第に個人的な文通以外の交際をしなくなった」と語っているが、小島は十一年の間アメリカで過ごしており、物理的な交流は不可能だった。鋸岳登山後の一時期こそ互いに距離を置いていたのかもしれないが、小島の帰国後に二人は交流を再開しており、小島の渡米期間を除いて二人の交友は途切れていない。再び一緒に山に登ることは果たせなかったが、晩年は小島が亡くなる直前まで手紙のやりとりを積極的に行っていた。

「岡野はもともと烏水の山友であり、武田らの日本博物学同志会の面々とは、同じ横浜在住の高野を除いては、あまり親しくなく、したがって山岳会との関係も烏水を通してと言ったもので、烏水が渡米してからは、会との関係も次第に薄らぐようになった」と望月達夫が『近代登山の先駆者たち』で述べているように、山の記録を発表するような目的もない岡野と山岳会を結びつけていたのが小島の存在であることは、多くの人の一致した見解だ。

第五章

明治期の山行と証言

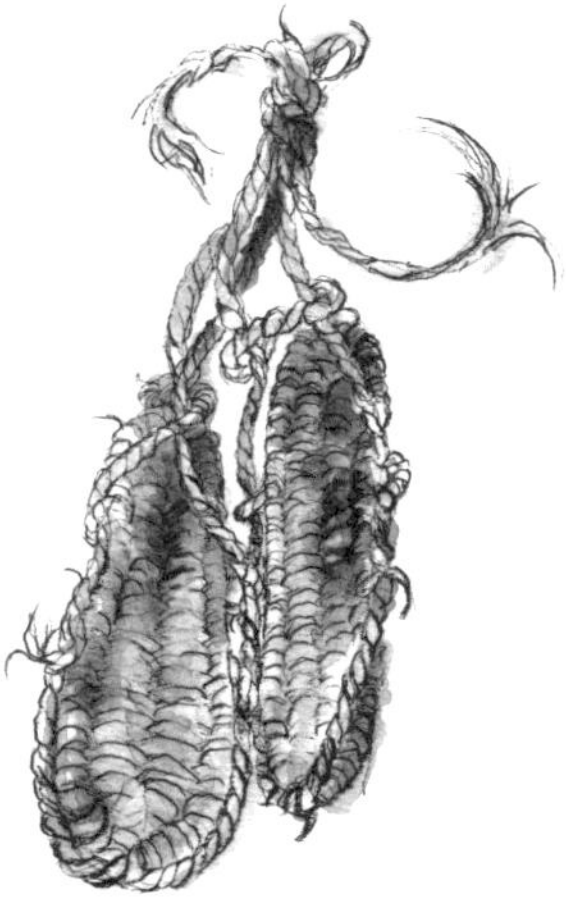

JAC（日本山岳会）の一部の会の歴史に関心のある会員は、歴史上の人物である金次郎のことを知りたがっています。ウエストンのことは文章が残っているし、研究者も何人もいて、色々英国より日本で研究されていますが、金次郎については手がかりがなく、謎の人物と皆が思っております。

——岡野修から叔父・満に宛てた手紙より

「小島展」と「岡野展」での二つの年譜

日本近代登山の黎明期にあたる明治後期の登山史は、『山岳』の記述をもとにつくられ、継承されていったと言っても過言ではない。ところが岡野の場合、その活動を文章にして発表することへの興味が薄く、純粋に山に登ることにこだわるあまり、『山岳』に記録を残さなかった。さらには『山岳』の創刊を巡る方針で、ほかのメンバーたちと意見が合わなかったという背景もある。

そのため岡野の登山歴は不明な点が多く、当時の記録を正面から掘り起こしても、槍ヶ岳登山と鋸岳登山という小島にとっても代表的なごく一部の山行が出てくるにすぎない。たとえ大きな功績を残していても、この時代の『山岳』に記録がなければ、それは歴史上ないものになってしまう。岡野の実績は登山史を総括したあらゆる出版物においても、記録上はほとんどないものとされてしまっている。

ところが岡野の場合、記録がないことを理由にそこで話が終わらないのは、記録がない明治期の当初から、実際には毎年夏に途切れることなく精力的な登山活動をしていたことが家族などの証言から明らかだからだ。真相が明らかになっていないのは、記録のない明治期に岡野が毎年どこの山に登っていたのかである。

岡野は日記形式で個人的に山の記録を付けていたが、それらの日記は一九二三（大正十二）年の関東大震災ですべて焼失してしまった。親族の手元には、非公開のものを含めて岡野本人が残した震災以前の登山記録は存在しない。

そこから長い年月を経て、岡野がようやく当時の山の話を詳しく語った唯一といえる公的な記録が、小島の死後に『山岳　小島烏水記念号』に寄稿した「小島と私」である。これはウェストンとの出会いや小島との出会い、そして岡野のことが語られる際に、その後頻繁に一次資料として用いられてきた。しかしここでは槍ヶ岳登山をはじめとする小島との主要な山行しか語られておらず、岡野の登山歴の全貌が分かるわけではない。

岡野の山の話を関係者が語り出すのは岡野が死去したあとのことだ。なかでも初めて岡野の経歴を総合的に紹介した「岡野金次郎年譜」は、岡野の死から三年後の一九六一（昭和三十六）年に三男の満が作成した貴重な記録である。これは同年十一月十三日から一週間にわたって平塚信用金庫を会場に開催された岡野金次郎の展示会「山岳展　岡野金次郎翁回顧」に合わせて作成された。

展示のメインタイトルは「山岳展」で、そこに小さく「岡野金次郎翁回顧」のサブタイトルが加わっている。この展示会について詳しくは第十章で述べるが、岡野金次郎という平塚ゆかりの登山家を市民に広く知ってもらおうと、平塚市図書館が主催し、平塚山岳協会が全面的に協力して実現した企画だった。岡野の死から数年経って、このとき岡野はようやくその存在を世に訴え

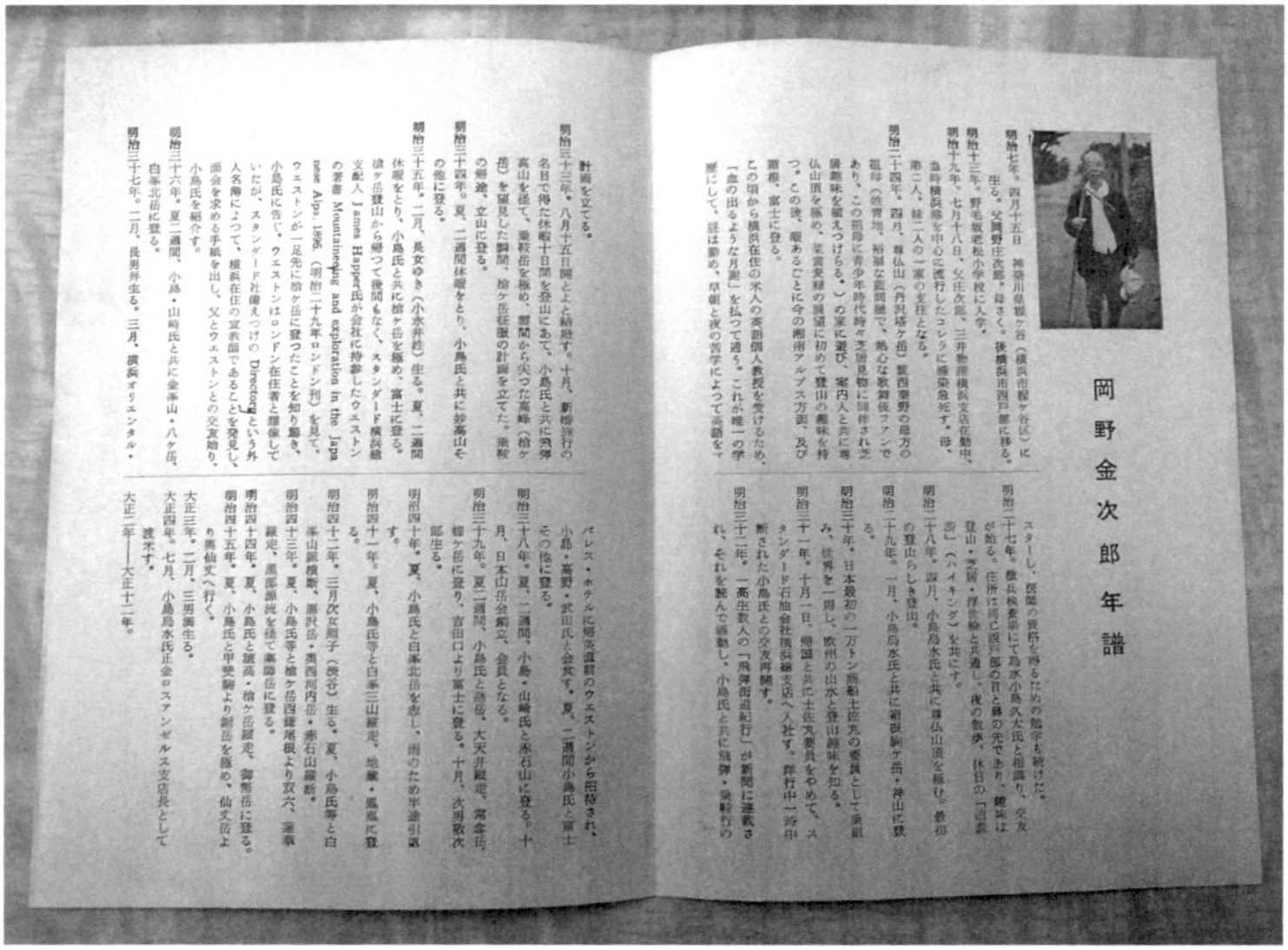
岡野金次郎年譜

岡野展に合わせて作成された「岡野金次郎年譜」

るスタート地点に立ったのである。

実はこの「岡野展」とほぼ時期を同じくして、神奈川県立図書館では小島烏水の展示会「近代登山のパイオニア　小島烏水展」が開催された。こちらの主催は神奈川県立図書館である。

岡野展と小島展――両者は主催も会場も異なるにもかかわらず、申し合わせたように開催時期が近いばかりか、内容が非常によく似ているのが特徴だ。それぞれの企画の協力者として、二人の共通の知人である元・書物展望社の斎藤昌三をはじめ、烏水の弟である小島栄らが共通して裏で大きく関わっていたことも分かっている。

何より今も展示会の影響を受け継いでいるのが、二つの年譜の存在だ。岡野展に合わせて「岡野金次郎年譜」が作成されたのに対し、小島展でも展示に合わせて「烏水・小島久太年譜抄」が作成された。小島の死後、その生涯を総括した同様の年譜は複数作成されているが、そのなかでもこの神奈川県立図書館版「烏水・小島久太年譜抄」は、図書館が収録した小島関係のメモにもとづき、小島の著作や『山岳』からの情報が丹念に掘り起こされた非常に詳細な年譜である。

しかし岡野と小島二つの年譜を合わせて見ると、不可解な点に気づかされる。それは『世界山岳百科事典』の事例で示したのと同様、岡野年譜では小島と山行をともにしていると記された明治期の山行のほとんどが、小島年譜では岡野以外の人物と登っていることになっていることだ。小島展の「烏水・小島久太年譜抄」と岡野展の「岡野金次郎年譜」のなかの二人に関わりがあるもので、〈両方に掲載されている事項〉、〈小島年譜のみに掲載されている事項〉、〈岡野年譜のみに掲載されている事項〉を抜き出すと、次のようになる。

〈両方に掲載〉（引用は「岡野金次郎年譜」）

明治二十七年　　徴兵検査場にて烏水小島久太氏と相識り、交友が始る

明治二十八年四月　小島烏水氏と共に尊仏山頂を極む。最初の登山らしき登山

明治二十九年一月　小島烏水氏と共に箱根駒ケ岳・神山に登る

明治三十三年十月　小島氏と共に飛驒高山を径て、乗鞍岳を極め、雲間から尖った高峰（槍

ヶ岳）を望見した瞬間、槍ヶ岳征服の計画を立てた。乗鞍の帰途、立山に登る

明治三十五年八月　小島氏と共に槍ヶ岳を極め、富士に登る

明治四十五年七月　小島氏と甲斐駒より鋸岳を極め、仙丈岳より奥仙丈へ行く

二十歳のときの徴兵検査での二人の出会いは、小島の経歴でも頻繁に語られる代表的なエピソードである。それぞれの年譜に記載されるほど、二人の出会いは当時の二人にとっても、死後に第三者が振り返っても、それぞれの人生における大きなターニングポイントだった。

そこから岡野が土佐丸に乗船していた一八八七（明治三十）年から一八八八（明治三十一）年の期間を除いて、「近代登山のパイオニア」の地位を確定付けた一九〇二（明治三十五）年の槍ヶ岳登山までの期間は、二人は記録の上でも頻繁に山行をともにしていたことが分かる。

〈「烏水・小島久太年譜抄」のみに掲載〉

明治三十八年一月　岡野兄弟と箱根の明神ヶ岳、神山、駒ヶ岳に登った

明治四十五年三月　ウエストンの日本アルプス講演会（略）の通訳を岡野金次郎と共に担当した

槍ヶ岳登山後に岡野がウェストンと出会ったことが発端となり、一九〇五（明治三十八）年に山岳会（のちの日本山岳会）が結成された。山岳会設立の話が持ち上がってから約一年後、小島と岡野兄弟は元日からの三が日、箱根の山に登っている。この正月の山行は、岡野年譜には記載されていない。二人はこれ以外にも、徴兵検査で出会って以降、あえて年譜に記すほどでもない様々な小さな山に一緒に登っていたようだ。

〈「岡野金次郎年譜」のみに掲載〉
明治三十四年夏　小島氏と共に妙高山その他に登る
明治三十六年夏　小島・山崎氏と共に金峯山・八ケ岳、白峯北岳に登る
明治三十七年三月　ウエストンから招待され、小島・高野・武田氏と会食す
　　　　　　夏　二週間小島氏と富士その他に登る
明治三十八年夏　小島・山崎氏と赤石山に登る
明治三十九年夏　小島氏と燕岳、大天井縦走、常念岳、蝶ケ岳に登り、吉田口より富士に登る
明治四十年夏　小島氏と白峯北岳を志し、雨のため半途引返す
明治四十一年夏　小島氏等と白峯三山縦走、地蔵・鳳凰に登る
明治四十二年夏　小島氏等と白峯山脈横断、悪沢岳・奥西河内岳・赤石山縦断

明治四十三年夏　小島氏等と槍ケ岳西鎌尾根より双六、蓮華縦走、黒部源流を経て薬師岳に登る

明治四十四年夏　小島氏と穂高・槍ケ岳縦走、御幣岳に登る

岡野年譜には、二人での最後の山行となる明治末の鋸岳登山まで、毎年のように小島との山行が記されている。岡野年譜のみに記載されたこれら小島との山行は、いずれも実際に小島が行っている山行である。しかし小島サイドの記録や当時の『山岳』では前章で示したとおり、これらの山行に同行者として岡野の名前は記されていない。「岡野も登っていた」という情報は、この岡野年譜が初めてである。

「岡野金次郎年譜」から分かること

では岡野年譜は何をもとに明治期の山行を記したのだろうか。年譜の最後の箇所には「この年譜は、烏水氏御令弟小島栄氏からの御依頼を発端として、偶々《たまたま》前橋の拙宅来遊中の母とよの談話と山岳会関係資料を基として、三男岡野満記す」と記されている。

まず岡野年譜は、岡野の死後に岡野家が作成した年譜であることに大きな特徴がある。特に山に関する情報の土台になっているのは金次郎の妻トヨ（出版物ではとよと記載されていることが多い）の話である。年譜には岡野の両親の名前や出生からはじまり、岡野が生前語っていたのだろ

う家族ならではの情報が散りばめられている。

さらにトヨの話のほかに山岳会関係資料をもとにしたとあるが、明治期の『山岳』の情報は年譜にはまったく反映されていない。ほかに年譜が作成された時点で世に出ていた岡野に関する山岳会の資料といえば、小島の死後に岡野が寄稿した『山岳　小島烏水記念号』の「小島と私」、加えて岡野の死後に小島栄、岡野とよ、望月達夫の三名が『山岳』に寄稿した追悼文くらいである。山岳会関係資料というのは、こういった岡野の晩年から死後にかけてのものを指しているのだろう。

これらの原稿が世に出た経緯は第七章以降で順を追って触れていくが、いずれにせよ、これらの主な情報源は身内と岡野をよく知る関係者である。登山記録とは異なり、過去を振り返っての証言にもとづいているのが特徴だ。

さらに岡野年譜とほぼ時期を同じくして別々に制作が進められていった小島年譜には、岡野との箱根登山や、講演会で岡野が通訳をした情報が掲載されている。しかしそれらは岡野年譜には反映されておらず、総合的に見ても、岡野年譜は小島年譜をまったく見ずに作成されていることが分かる。

ただし岡野年譜での明治期の山行の記述の土台になっているのは、間違いなく小島の登山記録だろう。年譜の中身を紐解いていくと、明治期に関しては毎年夏に草鞋を持たせて長期の山行へと送り出していた岡野の家族ならではの話をもとに、具体的な山名や旅の行程は小島の記録に頼

関東大震災後の岡野金次郎日記。三男満の手で順番などが分かるように整理されている。右下は震災直後で紙が不足しているときに書き始めた1冊目の日記

っていることが分かる。

その証拠に岡野年譜では、明治末の鋸岳登山を最後に、以降大正期の岡野の山行を掘り起こせていない。小島が渡米してから日記が焼失した関東大震災までの大正期の十数年間は、「この間毎年各方面に登山せしも、九月一日、関東大震災により、青年時代から欠かさずつけていた詳細の日記帳を、愛蔵の浮世絵コレクションと共に焼失（本人出勤不在、家人留守中類焼）したため詳細不明」と記されて、山の記録が途絶えている。

そして、情報を集約して年譜を作成したのは三男の満である。満は当時群馬大学の教授をしており、非常に信頼の厚い人物だったと語る親族もいれば、

書き残している小島とのエピソードを読む限り、岡野に肩入れしていて誇張があるのではないかと語る親族もいる。

一九一四（大正三）年生まれの満は、父の若かりし頃の山行を直接は知らない。しかし岡野に関する証言や記録をまとめる際、いつも家族の中心になって動いていたのが満だった。岡野が死去した際には、関東大震災後から死去当日までの日記二十冊のナンバーリングなどの整理も満が行っている。『山岳　小島烏水記念号』では岡野の話を代筆しており、父である岡野本人から山の話をじっくり聞き出していた。

震災以降は日記がすべて残されているため、岡野の正確な登山歴を辿ることができる。ただしその頃には岡野も中年であり、小島でさえ日本登山史のなかで名前が登場するのは、ほぼ明治時代までである。すでに登山家としての全盛期は過ぎていた。

家族の証言と夏の長期休暇

岡野年譜での明治期の山行は、『山岳』での当時の登山記録やその後の一般的な登山史での記載と比較すると、岡野が小島の山行に同行していたのか否かという点で真っ向から対立するものだ。小島側から情報を追っていった場合と岡野側から情報を追っていった場合とで、岡野の位置づけはあまりに異なっており、何を根拠にするかで岡野の登山歴や登山家像はまったく違ったものになってしまう。

当時の『山岳』に岡野の名前がないことを根拠に、岡野は槍ヶ岳登山から小島との最後の山行である鋸岳登山までの明治期の十数年間、小島の山行には同行していないという論調もある。一方で家族や身近な人たちの言動を追っていくと、あえて晩年に岡野自身に確認するまでもなく、岡野と小島二人が明治末まで毎年のように一緒に山に行っていたと当然のように思っていたことがうかがえる。そのためこれまで岡野が毎年具体的にどこの山に登っていたのかを本人に直接尋ねた関係者はいなかった。

とりわけ岡野のことを最も身近に見てきて、毎回どこの山へ行っていたのかある程度のことを知っていたと思われるのが妻のトヨだ。何しろトヨは、夫が山に行くたびに二、三十足分の草鞋を作って送り出し、「大変な作業だった」とのちに苦労話をしているほどである。

そのトヨが、『山岳』の追悼文「想い出」のなかで次のように証言している。これまでとの重複もあるが、改めて引用する。

乗鞍は五合以上は這松が一杯繁茂して登る道がなかったので、這松の上を這って登ったそうで、ズボン等はわかめの様にずたずたにさけて帰って来ました。

その翌年から、会社でも山好きの総支配人ハッパーさんの理解ある計いにより、休暇制度が出来て社員一同大喜びだったそうです。それから水を得た魚のように毎年毎年何処へ登りましたか、夏二週間ずつの休暇は休みいっぱい出掛け、時には勤める朝戻ってきてすぐ勤めに出た事もありました。十日間位野宿の続いたこともあったようです。
明治四十五年の夏は、山から降りて来て初めて明治天皇の崩御を知ったようです。それまではよく烏水さんと出掛けましたが、この後は一人で案内者をつれて北アルプス、南アルプスの山々を歩き廻ったようです。

書き出しが乗鞍岳なのは、それがトヨが岡野家に嫁いでからの最初の大きな山行だからである。そして乗鞍岳に行った翌年の一九〇〇（明治三十三）年に休暇制度が出来て、そこから一九一二（明治四十五）年の鋸岳登山まではよく小島と出かけていた――。これは日本登山史年表での小島との乗鞍岳登山から二人での最後の鋸岳登山までの十二年間とそっくりそのまま同じ期間である。

一九〇〇（明治三十三）年の乗鞍岳へは、新婚旅行名義の休暇を利用して十月に小島と二人で出かけたが、それ以降は岡野の勤務するスタンダード石油会社で山に行くための休暇が正式に認められるようになったため、岡野は毎年夏に二週間の休暇を取得して、より本格的な登山をするようになった。それと同時に小島も毎年同じ期間に二週間の休暇を取得するようになっている。
小島は『山の風流使者』の追補「山の因縁五十五年」のなかで「私の登山閲歴」として次のように記している。

何しろ銀行の一使用人で、休暇は一年に二週間しか許されていなかったから、日帰りの山旅以外は、その二週間を、二ヶ月ほどにも使いたかった。時には無断延長して、課長に呼び出されて、お叱りを受けたこともあった。学校関係者の夏期休暇などは、私の垂涎措《すいぜんお》かざるところであった。

小島の勤務先である横浜正金銀行は一年に二週間の休暇が取れるので、休暇取得に理解ある上司がいた岡野もこれに合わせて休暇を調整していたと思われる。二人とも一九〇一（明治三十四）年以降、毎年夏に二週間の休暇を取得した。どちらも毎年夏に二週間と述べており、その長さは一致している。

もともと夏の休暇を取ることは、岡野と小島二人で始めた習慣である。そして二人が夏にまとまった休暇を取得して山に行く（本格的な山に挑戦する）こと自体は、そこから二人での最後の山行となる一九一二（明治四十五）年まで十二年の間、確実に続いていた。

その期間、岡野と小島が一緒に山に行ったことが公的な記録として確定しているのは、一九〇二（明治三十五）年の槍ヶ岳と一九一二（明治四十五）年の鋸岳、加えて一九〇五（明治三十八）年に岡野の弟も一緒に箱根登山をしたことが「烏水・小島久太年譜抄」に記されているくらいである。

日本近代登山の幕開けとなる槍ヶ岳登山と第一高点に登山家として初登攀した鋸岳登山はどち

らも小島の登山実績を代表するものだ。とりわけ槍ヶ岳に関しては、かなり詳細な検証が行われている。しかしそれ以外は一緒に登ったことが立証できる確実な記録がない（『山岳』にも同行者として岡野の名前がない）ことから、それを理由に二人はその間の十年間一緒に山へは行っていないとする論調につながっている。

しかしトヨは一九一二（明治四十五）年まではよく烏水さんと山に出かけていたと岡野の追悼で述べているように、二人が毎年夏に二週間の休暇を取得して、毎回別々に山に行っていたとも思い難い。それに近場の山に登るのとはまったく勝手が違うのだから、誰とどこに行くのか最低限の情報は当然トヨは把握していただろう。

さらにトヨの話によれば、「明治四十五年の夏は、山から降りて来て初めて明治天皇の崩御を知ったようです。それまではよく烏水さんと出掛けましたが、この後は一人で案内者をつれて北アルプス、南アルプスの山々を歩き廻ったようです」と、一九一二（明治四十五）年の鋸岳登山までは小島とよく山に出かけていたことに加えて、それを境に岡野は一人で案内人を連れて山に登るようになったことを語っている。

そして小島も岡野と鋸岳に登ったのを最後に、翌一九一三（大正二）年は十三年振りに夏の長期休暇を取得せず、その年はこれといった登山活動をしていない。小島は翌一九一四（大正三）年の夏に再び登山活動を行っているが、小島にとってこれが夏の長期休暇の取得も日本での本格的な登山活動も最後となった。翌年にアメリカに転勤になり、帰国後は年齢的なこともあって体調がすぐれず、小島は早くに登山活動を退いている。

二人が鋸岳に登るまで不仲だったという話も一切出てこない。そもそも岡野が日本山岳会を退会した大きな理由が小島の渡米だったことは多くの意見が一致している。小島の渡米三年前の出来事である鋸岳登山より前に「山友」としての関係が破綻していたのなら、小島の渡米を待たずとも岡野はもっと早くに山岳会を退会していただろう。

一九〇一（明治三十四）年の槍ヶ岳登山から一九一二（明治四十五）年の鋸岳登山までの長きにわたって、当時の山の同行記録がないからといって、岡野と小島が山行をともにしていないと断言してしまうにしては、その期間の二人の山への行動は一致しすぎている印象も受ける。また、まったく同行していないとしたら、槍ヶ岳から十年振りに二人だけの鋸岳登山を成功させることができただろうかという疑問も残る。

斎藤昌三の語る岡野金次郎

小島と岡野どちらとも親交が深く、小島展と岡野展どちらの展示会にも裏で深く関わっていた重要人物の一人が書籍編集や古書研究で名を馳せた斎藤昌三である。

斎藤は若かりし頃の岡野とは面識はなかったが、出版の仕事を通して明治期からすでに小島と交流があり、小島の人物像や著作に精通していた。小島烏水『アルピニストの手記』の編集者でもある。さらに晩年には岡野と積極的に交流し、山の文献と岡野との交流どちらの立場でも岡野を多角的に語れる稀有な人物だった。

岡野と斎藤の交流については第十章で述べるが、晩年の岡野は斎藤宅を頻繁に訪ねては、今昔の山の話をしていた。岡野の生前に斎藤が岡野について何か発言していた形跡は見当たらないが、その死をきっかけに斎藤は求められれば積極的に岡野がどのような人物かを語り、斎藤ならではの岡野評を寄稿するようになった。

展示会の前年、神奈川県立図書館編『神奈川史談』第一号に収録された斎藤昌三の寄稿「岳人岡野金次郎翁」では、岡野を「約六十年を日本全土の山岳登破に捧げたという山男」と評して、小島との関係を中心に岡野の岳人としての人生をまとめている。そのなかに、こんな一文がある。


　二人のウエストン発見が端緒で、近世日本の山岳探検の先駆者として、その功は特別大書に値する存在である。

　かくて、いよいよ二人の登山熱は発展して行ったのだが、早期の烏水の行文に岡野翁の名は頻々と出て来ながら、後には殆ど名を逸しておるのは、もう特記する必要もなくなったのであろうが、恐らく岡野翁は烏水老とは蔭の形に副う如く、行は共にしたであろうし、後年烏水老は記録に専念し、その間も金翁は独りで山行を続けたものであろう。


このように斎藤もまた、明治期の小島の山行には岡野がいつも同行していたと当然のことのように思っていたことが文章からうかがえる。これを書いたのは展示会の前年であり、まだ「岡野金次郎年譜」は作成されていなかった。

斎藤は出版界で名を残し、様々な媒体で小島に関する原稿を頼まれるほど、小島の人物像にも著作にも精通していた人物である。小島の山の相棒として岡野は不動の存在ながら、その名前が小島の紀行文にあまり出てこないことも知っている。

その上で二人をよく知る立場として斎藤は、おそらく『山岳』の創刊と重なり合うように「烏水の行文」から岡野の名前がほとんど外れてしまうのは、「もう特記する必要もなくなったのであろう」「恐らく岡野翁は烏水老とは蔭の形に副う如く、行は共にしたであろう」と、明治期に二人がずっと山行をともにしていただろうことを前提に考えていたのだ。

小島栄の語る兄烏水との山行

小島展と岡野展が開催されるきっかけをつくったのが斎藤ならば、岡野展が開催されるにあたって岡野の家族に岡野の詳細な年譜の作成を依頼したのは、小島烏水の弟である小島栄だった。栄は兄が徴兵検査で岡野と出会って以降の二人の交流を小島家の一員として身近に見てきた人物であり、岡野のことは山岳会の生みの親としても登山家としても高く評価していた。

そんな栄もまた、兄烏水が山の記録を発表する際、岡野の扱いと同じように山の同行者として同等にはみなされていなかったふしがある。小島烏水の死後、栄は「兄・小島久太の思い出」のなかで次のように記している。

僕が彼と山行したのは、私の中学生時代で明治四十年晩秋の富士山登頂、四十一年の白峰北岳行と、大正にはいって富士御中道巡りであった。（略）白峰行では西山温泉で草鞋百足以上を用意し、人夫にかつがして行ったが、大井川で長雨のため引返し、温泉で半値で買い戻してもらったにがい経験がある。

栄が兄に同行した三回のうち、「四十一年の白峰北岳行」は本格的な山行だ。烏水は実際に一九〇八（明治四十一）年に白峰北岳行をしている。しかし栄の記述した同行年は誤りで、実際に同行したのは前年に烏水が行った「四十年の白峰北岳行」のほうだろう。雨で途中で引き返したことも含めて、「四十年の白峰北岳行」であれば兄の記録上の行程と弟の記述が矛盾なく一致する。

この山行は雨で中断し目的を果たせなかったため、登山史上の検証や評価はほとんどない。一方で、当時の『山岳』第二年第三号の「会員登山報」には次のように報告されている。

会員小島久太氏は、八月二日甲州湯島に入り、早川渓谷より、白萩山を越えて白峰山中の田代川上流を横断し、奈良田へ返えり、後転じて鳳凰山下の柳沢村を訪い、帰途富士裾野を、須山口よりかけて十里木勢古辻より村山に入り、大宮口旧道より富士山に上れり、目的は農鳥、間の岳、鳳凰山等の登山にありしも、風雨のため皆果さず。

「会員小島久太氏は」と小島烏水の本名で記され、同行者の名前はない。この登山報は会員でない同行者でも報告があれば並列で記載されており、小島の山行報告でも会員以外の同行者の名前が記されたものがある。そのため同行した弟の名前はあえて報告しないという何かしらの心理的な要因が作用したのだろう。これは身内とはいえ、岡野以外にも小島の同行者として記録が残らなかった人物が存在することの証にもなっている。

小島栄は小島家をよく訪れていた岡野の性格についても、兄烏水の性格や当時山岳会の面々をまとめることに苦心していたことも、さらには岡野に関する山の記録が日本山岳会や小島側の発表したものにほとんどないことも知っていた。小島展に合わせて発行された「烏水・小島久太年譜抄」も、そういった情報をもとに作成されていることから、岡野の名前はほとんど出てこない。だからこそ、栄は岡野の存在が山岳界の歴史から埋もれてしまうことを危惧して、二人の死後あえて岡野家に正確な年表の作成を依頼したのだろう。

「会員登山報」の記録を追う

前章での明治期の登山記録とこの章での岡野の立場での関係者の証言や記録はいずれも事実関

係が対照的で、どちらかが正しければどちらかが間違っていることになってしまう。山岳会や小島サイドのものと岡野サイドのものとでそれぞれの主張を補強していくことはできても、誰もが納得するような決定打がないために、人により解釈がばらばらで、結局は主張が平行線を辿っていくにすぎない。

そんななかで一つ疑いようのない事実は、岡野は記録のない明治期にも毎年夏に精力的に山に登っていたことだ。しかし当時の『山岳』で会員が寄稿した登山記録を追っていっても岡野の名前は出てこない。それは山岳会員のその年の山行をできる限り集約した「会員登山報」を見ても同様だ。山岳会会員である岡野の登山報が「会員登山報」にさえないということは、『山岳』の記録が岡野のことに関しては有効ではないことを表している。

では岡野の明治期の山行について、ほかに何か手がかりはないのだろうか。当時の山行について最も信頼性の高い総合的な登山記録はやはり『山岳』の毎年第三号に掲載されていた「会員登山報」だ。そこで『山岳』創刊号から順に改めて「会員登山報」の情報を追った結果、例外的に岡野の山行が記載された「会員登山報」が存在していることが分かった。それが一九〇八（明治四十一）年刊行の「第三年第三号」と一九一一（明治四十四）年刊行の「第六年第三号」である。

明治四十一年の一年間の登山記録を集約した第三年第三号の「会員登山報」には、小島の山行が二つ、加えて岡野の山行も二つ掲載されている。まず小島のこの年の一つ目の山行は、登山報に次のように記されている。

会員小島久太、高頭仁兵衛、田村政七三氏は、倉橋藤次郎氏と倶に、七月十九日甲州鰍沢を発し、七ッ峠を越えて西山温泉に宿し、白萩山に登り、駿州東俣（大井川の上流田代川）を溯りて、廿三日農鳥山の三角点下に露営し、翌日間ノ岳、北岳を極めて能呂川の上流に下り、二十八日地蔵、鳳凰を攀じて、青木鉱泉に宿し、上諏訪、辰野を経て飯田の附近時又より、天竜川を舟して、浜松に出でられたり。

これは日本登山史年表に「小島烏水、高頭仁兵衛らは農鳥から北岳を縦走、地蔵岳、鳳凰山に登る」と掲載されている山行だ（第四章参照）。一方でこれとは別の登山報として、「会員登山報」には岡野の山行が次のように記されている。

会員岡野金次郎氏は、八月二日より甲州駒ケ岳を上り、四日信州八ケ岳を茅野方面より攀じ、後転じて飯田に向い御阪峠を踰えて帰東せられたり。

まず小島らは七月十九日に山梨県の鰍沢を出発して南アルプスの農鳥岳から北岳を縦走し、地蔵岳、鳳凰山に登っている。それら主要な山行を終えたあと、二十八日に麓の青木鉱泉（山梨県韮崎市）に宿泊して、翌二十九日から長野県の上諏訪、辰野、時又（飯田市）を経て、天竜川を船で移動して、静岡県の浜松に向かっている。天竜川は当時長野県と静岡県を結ぶ旅客・物資輸送の大動脈で、飯田から浜松まで十二時間、一日がかりの船旅が楽しめた。

一方で岡野は、翌月の八月二日から南アルプスの甲州駒ヶ岳（甲斐駒ヶ岳のこと）に登ったあと、四日からは長野県の茅野方面から八ヶ岳に登っている。そして下山後、本来の帰路である中央本線の上り方面に乗って東京に向かわずに、「後転じて」（その後反対に）と、なぜか小島らと同じ飯田に向かってから帰宅している。

岡野が最初に登った甲斐駒ヶ岳は、小島らが最後に鳳凰山に登ったあと、上諏訪へ向かう前に泊まった青木鉱泉の近くに登山口がある。小島らがあえて帰路と反対側の長野方面へ向かった後のタイミングで、岡野は青木鉱泉の近くで山行を開始し、その後小島らと同じ飯田に向かうという不思議な行程を辿っている。

ちなみに岡野の旅は飯田から御阪峠を越えて帰東したと書かれているが、御阪峠はおそらく神坂峠の誤記である。神坂峠は飯田と恵那山の間にあるので、岡野は恵那山に登って名古屋に出たか、小島らと同じく飯田付近の時又から舟に乗ったと想像できる。

小島らにしても、本来鳳凰山に登ったあと青木鉱泉に泊まってまっすぐ帰るとしたら、中央線の上り方面に乗って東京に向かうのが普通である。しかし小島らは、それとは反対側の中央線下り方面からおそらく時間をかけて観光しながら飯田まで行き、舟で天竜川を経て浜松に出ている。

岡野と小島どちらも主要な山に登ったあとは、あえて遠回りなルートで時間をかけて旅をして

(164)　明治四十一年十月廿五日發行

○會報　會員登山彙報

率して、信州八ヶ岳に登らる。

○會員岡野金次郎氏は、八月二日より甲州駒ヶ岳を上り、四日信州八ヶ岳を茅野方面より攀ぢ、後轉じて飯田に向ひ御阪峠を踰えて歸東せられたり。

○會員大内武次、成川秀行兩氏は八月中旬甲州駒ヶ嶽に登り（風雨の爲め絶頂を究むること能はざりしと云ふ）、宮田より木曾駒ヶ嶽を攀ぢて上松に下り、歸途八ヶ嶽に登山せらる。

○會員山本滿丸氏は、七月下旬越中立山に登り立山温泉より小鳶山を攀ぢ、八月下旬信州湯川より立科山、同本澤温泉より八ヶ嶽に登山せらる。

○會員川島禄郎、辻村伊助、那須皓、河田默四氏は七月廿二日より有明山、燕岳、二ノ俣の天上、奥常念、槍ヶ井、笠ヶ岳穂高岳の諸山に登り八月四日歸京せらる。

○會員小島久太、高頭仁兵衛、田村政七三氏は、倉橋藤次郎氏と倶に、七月十九日甲州鰍澤を發し、七ッ峠を越えて西山温泉に宿し、白萩山に登り、駿州東俣（大井川の上流田代川）を溯りて、廿三日農鳥山の三角點下に露營し、翌日間ノ岳、北岳を極めて能呂川の上流に下り、二十八日地藏、鳳凰を攀ぢて、青木鑛泉に宿し、上諏訪、辰野を經て飯田の附近時又より、天龍川を舟して、濱松に出でられたり。

○會員大平晟、夏目新治兩氏は、八月中淺間山、八ヶ岳、木曾駒、御岳、乘鞍岳、燒岳、槍ヶ岳に登られたり。

○會員志村寛氏は、八月八ヶ岳、御岳、白馬岳に登られたり。

○長谷川天溪氏は、八月中、十和田湖に遊ばれたりと

○田山花袋氏は、八月中、九州に向ひ、霧島山に登山せられたり。

○加藤竹三郎氏は、八月中、信州白馬岳に登らる。

○大下藤次郎氏は、七月中旬日光山に向ひ、尾瀨沼に遊び、水彩畫數點を得て、歸宅せられ、その紀行を『時事新報』に出されたるが、水彩畫は、今秋の文部省展覽會に出品せらるべしと。

○小島久太氏は、八月二十一日須山口より富士山に、第六回登山を行はれたり。

○岡野金次郎氏は、八月二十一日、御殿場口より富士山に登られたり。

○會員高松誠氏は同志二人と、七月下旬、松本より上京地を經て、槍ヶ岳、常念、燕等に登らる。

○會員石川光春氏は、八月下旬、中房温泉より燕、常

1908年の会員登山報の一部。上段右に岡野の夏の長期山行、上段左に小島らの夏の長期山行、下段左に小島と岡野の富士登山が報告されている（『山岳』第3年第3号より）

いることがこの記録から分かるが、いずれもいつ帰宅したのか後半の日程は書かれていない。山梨の青木鉱泉から飯田へ向かうのは、かなりの長旅だったはずだ。

この記録によれば、明治四十一年の小島と岡野の山行は別々である。しかしこの二つの山行は行き先に一致点もあり、特に後半はすべてが別行動だったのだろうかと疑問を持たせる行程でもある。

さらにもう一つ、同じ号の「会員登山報」には、小島と岡野それぞれの同年八月の富士登山も報告されている。

小島久太氏は、八月二十一日須山口より富士山に、第六回登山を行われたり。

岡野金次郎氏は、八月二十一日御殿場口より富士山に登られたり。

両者は別々の登山報でありながら、どちらも同じ八月二十一日に同じ富士登山を行っている。一緒に登っていれば同じ項目で記載されるが、それぞれ登り口が異なっており、掲載も別立てになっている。

一緒に富士山に登る約束をしたものの気分的に異なるルートを選んだのか、同じ日にタイムを計るなど何らかの目的があったのか……。いろいろ考察してみるも理由は不明だ。しかし二人が同日に同じ山に登っていたのが偶然だとしたらどういう巡り合わせだろう。

もう一つの「会員登山報」

続いて一九一一(明治四十四)年に刊行された『山岳』第六年第三号の「会員登山報」には、七月二十日から二十五日にかけて小島の単独で「穂高岳から槍ヶ岳縦走、明神岳から前穂高岳縦走」の山行が報告されている。一方、八月には岡野の単独行として「岡野金次郎氏は八月十八日御岳頂上に達せられ、次で信州駒ケ岳に登らる」の記述が見られる。どちらも別々の日程で、単独行の扱いだ。

先に岡野の山行を見ていくと、岡野はこの年五月に全通した中央本線の上松《あげまつ》駅から西方の御嶽山を往復し、今度は上松から東へおそらくウェストンの辿ったルートで木曽駒ヶ岳に登ったと思われる。ちなみにスタンダード石油会社の支配人だったハッパーも木曽駒ヶ岳に登ったことがあり、猛烈な夕立に難儀したという。その経験から「登山について色々と注意してくれた」と、岡野は晩年の日記(昭和十二年十一月二十六日)で述べている。

次に小島の山行であるが、案内として前半は嘉門次の息子嘉代吉、後半は嘉門次が同行している。まず上高地に入り、嘉代吉の同行で岳川《だけ》(岳沢)から当時穂高山と呼ばれた前穂高岳に登り、奥穂高岳より槍ヶ岳まで縦走している。笠ヶ岳へ尾根伝いに行こうとしたが雨のため果たせず、右俣谷へ下降して蒲田に出た。そこからは焼岳を経由して上高地に戻っている。

　そこから先は嘉門次の同行で、明神池付近からは嘉門次父子も未踏のルート（下宮川谷）で明神主稜、三本槍を経て前穂高岳へ縦走した。下又白谷からは明神東稜を越えて上宮川谷を下降して上高地に戻り、徳本峠を越えて下山した。

　しっかりした案内人を連れて登ったとはいえ、一週間を超える行程でこの難ルートを達成したことは快挙である。しかし登山家初の穂高岳・槍ヶ岳縦走は、二年前の一九〇九（明治四十二）年にすでに鵜殿正雄が達成していた。鵜殿正雄もまた日本近代登山の先駆者でありながら、あまり光が当たらなかった登山家の一人である。

　実は岡野も一九三〇（昭和五）年、五十六歳のときに別ルートで槍ヶ岳・穂高岳縦走をしている。当時の日記（七月十五日から七月二十日）によると、まず島々から中ノ湯に行き、焼岳を越えて上高地に入っている。上高地の清水屋旅館を朝出発し、途中小梨平で東京日日新聞の記者と三十年前の登山の話をして別れた。

　そして、思い出の多い梓川に沿って登り槍沢小屋を経て、赤沢下の大岩に出た。「アー三十年前に此所で一泊した懐かしい所」と、一九〇二（明治三十五）年に小島と槍ヶ岳に登ったことを懐かしんでいる。

　満員の肩の小屋に泊まり、翌日槍ヶ岳から南岳、大キレット、北穂高岳、涸沢岳を経て穂高小屋（現穂高岳山荘）に一泊。翌日奥穂高岳から前穂高岳に出て岳沢を下り、清水屋で昼食をとって往路と同じルートで中ノ湯から松本に出ている。

これまでの岡野の山歴で分かっているものを総括すると、困難なルートに挑むよりも各地の山を広く巡ることに興味があったという評価になる。しかしこの山行はスタンダード石油会社を五十七歳で定年退職する前年のことだ。日記が残っている五十代以降でも独自にこのような山行をしているのだから、それ以前の明治・大正期にも難ルートに挑む登山スタイルもとっていたと考えられる。

なぜ「会員登山報」にこの二年間だけ岡野の山行が記載されているのかなど疑問は尽きないが、これらは『山岳』のなかに岡野の山の足取りが記された稀有な事例であり、非常に示唆に富んだ貴重な記録となっている。

二つの事典と岡野年譜の共通点

「会員登山報」で岡野と小島の別々の山行が報告されたのと同年の「岡野金次郎年譜」の記載を確認すると、岡野はその年も小島の山行に同行したことになっている。登山記録が存在するこの年の事例はほかの年の「同行記録がない」状況とは異なり、岡野年譜に書かれていることすべてが正しいわけではないことを示している。

しかし、明治期の小島の山行のほとんどに岡野が同行していたと思っていた関係者は少なくない。そればかりか岡野年譜に限らず、『世界山岳百科事典』の岡野の項目まで同様の記載になっているのはどのように解釈すればよいのだろう。

『世界山岳百科事典』は、岡野年譜の発行から十年後の一九七一（昭和四十六）年に発行された。その年月には十年の開きがあるが、実は『世界山岳百科事典』で岡野の項目を担当した山崎安治は、岡野年譜をもとにこの項目を書いた可能性がある。少なくとも山崎は、これを書いた当時確実に岡野年譜を入手していた。

その証拠に山崎は、一九八三（昭和五十八）年刊行の『岳人事典』で『世界山岳百科事典』の岡野の項目をたたき台に岡野の項目を執筆している。その際山崎は『世界山岳百科事典』の文に手を加えて、さらにいくつか新たな岡野の経歴を追加した。新たな記述には例の「1908年、烏水と白峰三山縦走。地蔵、鳳凰登山」もあり、一九〇八（明治四十一）年の「会員登山報小島の山行として記されたものがここでも岡野の登山歴として記されている。

ほかに新たに加えられた経歴のなかで注目に値するのが、「1897年土佐丸の乗組員として世界一周、欧州の山水と登山趣味を知る」の一文だ（第一章で述べたように正しくは「世界周遊」である）。『岳人事典』のこの記述に対して、岡野年譜の記述は「明治三十年。日本最初の一万トン商船土佐丸の要員として乗組み、世界を一周し、欧州の山水と登山趣味を知る」となっている。特に「欧州の山水と登山趣味を知る」の部分は岡野年譜の文をそのまま書き写しており、岡野年譜を出典にしていることを否定しようがないほど、『岳人事典』には岡野年譜の内容や文面が色濃く反映されている。

山崎安治の記述と岡野年譜を比較検証してみると分かるのは、山崎が岡野の項目で書いていることはいずれも岡野年譜にも同じことが書かれていることだ。『山岳』や小島の著作には書かれていない出典不明だった岡野の登山歴が「岡野金次郎年譜」からいずれも派生しているとしたら、それらの情報源は行き着くところ、岡野の家族の証言ということになる。

年譜は岡野が毎年夏に小島と山に行っていたという家族の話と、当時の小島の登山記録を組み合わせて作成したのだろう。すべての山に同行していたとは考え難いが、それでも二人の関係性やその後の鋸岳の快挙などを見る限りその期間にまったく同行していなかったとは言い切れない、というのが現時点での私の見解である。

また、二人が一緒に山に行かない理由としては、山岳会設立以降の方向性の違いが考えられる。小島らは登山後、山岳寄稿文を発表することが念頭にあった。そのため未踏ルートの開拓や難関ルートの克服といったことを重視しがちになる。一方で岡野は記録の発表をしなかったから、記録を打ち立てるようなことを気にせず、その分好きに山に登る自由を謳歌することができた。

岡野は『山岳　小島烏水記念号』のなかで、「いわば小島は自然に素直に名士たることを享受したのであり、私は不自然にそれを回避したのだ」、そして「槍ケ岳の日本人最初の登山家という歴史的・社会的な地位が、二人の壮年期以後に遠心的に作用したのである」とも述べている。二人が仲たがいしていたわけではなく、それでいて心理的な距離感は山岳会の設立以降に確かに感じていたのだろう。

岡野年譜は平塚信用金庫を会場とした岡野の展示会「山岳展　岡野金次郎翁回顧」で公開され

て、小島や岡野にゆかりのある山岳関係者も多く目にしていたと思われる。そればかりか、山崎の執筆した岡野の項目と岡野年譜の類似性に気づいたことで、新たに分かったことがある。山崎は日高信六郎（当時日本山岳会会長）とともに会を代表して岡野展に参列していた。日本山岳会の『会報』２１９に短い報告記事を書いている。

年譜は小島栄のすすめで作成されたことから、少なくとも小島栄も手にしているだろう。しかし当時の関係者や岡野を直接知る人たちから年譜の誤りを指摘されたといった話は出てきていない。

登山家としての生き方

もう一つ触れておきたいのが、小島以外の山岳会会員との交友だ。岡野は山岳会とは当初から距離を置いていたものの、会のなかで小島のほかに高頭仁兵衛と高野鷹蔵とは良好な関係にあった。そればかりか岡野はこの二人とは晩年に至るまで長く精神的な結びつきを持っていた。

二人は山岳会設立メンバーであり、山岳会が設立されて以降、小島の夏の山行に何度も同行するようになった小島の山仲間だった。小島は山岳会を共に運営する同志、山の同志といった具合に関係性を分けて考えており、会の発起人七名のなかで山岳会の同志としてだけでなく小島の山仲間でもあったのが高頭と高野の二人だった。

岡野は山岳会設立に向けた会合を早くに抜けたため、その後も高頭や高野と岡野が仲を深めるとしたら、山を接点とした関係性しか見当たらない。そして岡野が山岳会を退会してから二人とは長い間会うことも連絡を取り合うこともしていなかったが、『山岳　小島烏水記念号』の岡野の寄稿文を読んだ高野は懐かしくなって岡野に手紙を出しているし、高頭が地元新潟で療養していると知った岡野は人を介して見舞いの品を届けている。

二人と岡野の関係について詳細は不明だが、それでも山に対して通じ合うものがあったのだろう。そして共に山を愛した小島、高頭、高野の三人にあって、岡野になかったのは、山に登って紀行文を書いたり写真を撮ったり記録を残すことへのこだわりだった。

一方で岡野は登山者として誰にも負けない自負を持ち、そのことを三男満が「父・岡野金次郎」で次のように代弁している。

小島烏水氏の文名はすでに一世にとどろき、その名をしたって集まる岳人文化人は数多く、日本山岳会の中心人物となっていた。したがって小島氏は日本登山史上の第一人者であるという、自他ともに許す自負をもっておられたであろう。

父は父なりに小島氏に劣らぬ自負をもっていた。生前、父は幾度か家人につぎのように語った。「小島は文章が得手《えて》で、文化活動・社会活動ではかなわないが、体力の点では非常に劣り、槍ケ岳のときなどは途中から殆どおぶいつづけだった。荷物は全部強力に持たして、二人とも空身だし、小島は十貫に満たない痩軀だったから、おぶい続けても、それほどはこたえなかった。小島はいつも僕の体を不死身だといって感心した。」すなわち、小島氏はmental power においてすぐれ、父は physical power においてすぐれていたから、たがいに譲らざる自負心をもっていたわけである。

父は体力の点だけでなしに、自分が小島氏にたいして「山への誘拐者」であったという意識をもっていた。

身内話なだけに小島との体力の優劣に関してはやや誇張があるかもしれないが、それでも岡野は「体力の人」であり、小島自身も晩年の著書などで岡野のことを繰り返し「健脚」だと評している。加えて小島の登山家としての活動や山岳会設立といった小島の代表的な実績において、「山への誘拐者」であり「ウェストンの発見者」である岡野の存在は必要不可欠だった。

体力面では岡野にかなわないが、文章が得意で山での功績を世に広く発信してきた小島烏水と、文才ではかなわないが、小島を山へといざない体力面で冒険登山に貢献してきた岡野金次郎。二人は性格こそ大きく異なれど、同じ山好きとして強く共振するものを持っていた。そんな二人は互いに正反対な長所を生かし合うことで、日本近代登山を先導してきた。

岡野は、世界を巡る夢を実行に移したことに続いて、帰国後は全国の山という山を踏襲する野望を持ち、小島が山を退いた後もその挑戦をひたすら続けた。貪欲に山に挑む姿勢において決して小島に劣ることはなかったが、外向きの記録や評価よりも、自らの基準で山を楽しみ、高山も低山も難易度問わず気に入った山は繰り返し登り、山という山に向き合い続けた。

近代登山の先駆者でありながら、日本山岳会と距離を置き、自分の信念に忠実な登山家人生を送った岡野の生き方を総括すると、「孤高の人」という言葉がしっくりくる。岡野は小島が早くに山を退いたのと対照的に、この時代にして誰よりも早い時期から、そして誰よりも長い期間、誰よりも多くの山に精力的に登り続けた孤高の登山家だった。

第六章

山岳会退会後の山と日常

ここの美しい眺めはペンでは描き出せません。いま私はただ自然の子になっています。そしてこの素晴らしい紅葉で色どられた山のなかや、そばを流れる川のほとりを、さまよい歩いています。この美しい世界には、全く戦争もなく、流血もなく、戦闘もなく、生活の悩みもありません。私はこの美しい記憶を忘れられませんでした。その記憶は私の人生の終りまでずっと生きていることでしょう。私はあした、男体山に登ります。

——岡野金次郎からウェストンへの手紙（『極東の遊歩場』より）

二人の心境

岡野と小島が鋸岳に登頂した年、のちに登山家として名を成す三田幸夫は神奈川県立第一横浜中学校（22ページの図参照）に入学した。小島や岡野の職場近くに住む高野鷹蔵も同じ中学校出身である。

その中学校から歩いて行ける距離に水道山という峠のような場所があり、そこから冬の晴れた朝には雪をかぶった箱根、富士、丹沢、大山が眺望できた。この場所で三田はその人物が誰とも知らず、岡野の姿を目撃している。

小島と岡野の死去後に日本山岳会が発行した『近代登山の先駆者たち』にて、三田幸夫は次のように回想している。

　一年生の頃、ある冬の朝、その水道山の一角にたたずみ、じっと富士丹沢の辺を眺めている人物に出会った。白い毛糸のトックリセーターを着た恰幅の好いその人は太いステッキを手にしていた。その後もそんな経験を何度か繰り返した。

その後、三田は一九二五（大正十四）年にカナダのアルバータ遠征から帰国し、横浜で開かれた山の会合に出席した際、これまで謎の人物だったその人と対面する。正式に紹介されて、そこで初めて山岳会長老の一人、岡野金次郎と知って驚いたのである。

三田が横浜の中学に入学したこの冬の時期は、ちょうど鋸岳登山の翌日に岡野と小島が喧嘩別れして二人の関係が不明な時期と重なっている。岡野はひとりたたずんで、じっと好きな山を眺めながら小島のことを考えていたのかもしれない。

一方で渡米後の小島は慣れないロサンゼルスの地で一人寂しさを抱いていたようだ。横浜美術館叢書の『小島烏水　西洋版画コレクション』にて、学芸員の沼田英子氏が小島のアメリカ転勤直後のことを記しているので紹介したい。

初めての異国での暮らしは、当初とても寂しいものだったらしい。家族と離れ、書生一人を置いての一人暮らしの侘びしさに加え、本店からも離れ、趣味の世界からも切り離されてしまった孤独と不安感にさいなまれたという。その寂しさを埋めるかのように、烏水は再び、カスケードやヨセミテなどの山々に登り、古書店や画廊をまわって本や版画を買い集め、そして執筆活動に没頭していったのである。

小島がアメリカから帰国した三年後の一九三〇（昭和五年）年、日本山岳会の『会報』3にて、小島は「去ってゆく人々」と題して岡野のことを最初に紹介している。少し長いが、小島の気持ちが表れているので引用したい。

日本山岳会には、新入会員も多いが、退会してゆく人も、可なりにある。（略）誰にも都合のあることだから、去ってゆく人々を、今更何と致しようもないが、中には、山岳会の歴史の上から云って、去《い》なしともない人たちがある。私は未練がましく袖は引き止めないが、「あの時は、ねえ君」ぐらいの話をさしてもらいたい、聞いてもらいましょう。

先ず岡野金次郎君である。明治三十五年に、始めて槍ケ岳に登った時の同伴者は君であった。ウエストンを知ったのも、「日本アルプス」なる英文の著書を、始めて手にしたのも君であった。ウエストンを、山手の邸宅に訪ねて、山岳会なるもの丶存在を聞かされ、お互に興奮して、竊《ひそ》かに今日を期待したのも、君と私であった。ウエストンが、二度目の来朝の時に、我が山岳会が主催して、同氏の日本アルプス探検講演を公開したことがあったが、その時の通訳は、前半を私が務め、後半を同君が受け持ったのであった。現に同君が日本から、ウエストンに与えた通信文は、ウエストンの著書「極東の遊山地」の一節に収められている。日本アルプス登山史に槍ケ岳の関する限り、日本山岳会にウエストンの関する限り、岡野君の名は、抹消出来ないのであるが、私の外遊中に、君の名は、会員名簿から消えて、本年の夏、新聞の電報に、上高地の発見者とか、日本アルプスの最初の探検者とかいう標題で「岡野翁来る」の書き出しに、君の健在を知って、「あいつ、未だやってるな」と、独りでほくそ笑んだことがある。どうか来年も「岡野翁来る」を、読みたいものだと思っている。

岡野は（君という字を落したが、やはり呼び捨ての方が、親しみがあっていゝ）当時、横浜の住人であった。

「日本アルプス登山史に槍ケ岳の関する限り、日本山岳会にウエストンの関する限り、岡野君の名は、抹消出来ない」。

すでに五十代半ばという年齢的なこともあったのだろうか。岡野のことを素直にたたえた文面である。

この文章は日本山岳会の『会報』に掲載されたものなので、すでに退会した岡野以外の会員に向けて書かれたものだろう。「岡野金次郎君」と書き出した文面は、最後は「岡野は（君という字を落したが、やはり呼び捨ての方が、親しみがあっていい）」と呼び捨てへと移行し、日頃から「岡野」と呼んでいたのだろう二人の関係性も見えてくる。

さらに重要なのは、小島が自ら『会報』の場で、岡野の功績をしっかり主張していることだ。「ウエストンを知ったのも、『日本アルプス』なる英文の著書を、始めて手にしたのも君であった。ウエストンを、山手の邸宅に訪ねて、山岳会なるものの存在を聞かされ、お互に興奮して、竊かに今日を期待したのも、君と私であった……」といった具合に、山岳会における功績を〝君（岡野）〟一人によるものと〝君と私〟二人によるものとできちんと分けた上で、一つひとつ丁寧に書き記している。

しかし小島が知らない間に、岡野は山岳会の会員名簿から消えていた。新聞の電報で「君の健在を知って『あいつ、未だやってるな』と、独りでほくそ笑んだことがある」とあるように、小島はアメリカにいる間も岡野のことをずっと気にかけ、その動向を密かに追っていた、とこの文章からは受け取ることができる。

こうして公開された記録を追うと、二人の関係はいかにも距離がありそうだ。小島が岡野のことを気にかけていたことに嘘はないのだろう。しかし小島が帰国して三年後の一九三〇（昭和五）年にこれを書くに至るまで、二人は連絡を取らず、ずっと岡野の退会を知らなかったと解釈するとしたら、それは事実ではない。

少なくとも小島が帰国した翌年一九二八（昭和三）年一月十五日の岡野の日記には、「牛込区原町に到り久しぶりで小島兄と面談して（妻君と共々）快談す」というあまりにさり気ない一文が見られる。東京市牛込区（現東京都新宿区）原町は当時の小島の新居であり、岡野は小島烏水のことを日記でたびたび「小島兄」「小島大兄」と書いている。

二人は小島の帰国後すでに再会していた。意外なことに、小島が日本山岳会の『会報』に「去ってゆく人々」を寄稿したのは、それから二年もあとなのである。

そもそも小島のアメリカ赴任中に岡野は横浜から神戸、東京蒲田へと転居しており、小島も帰国後数年の間に二回転居している。当時の二人の連絡手段は手紙か直接家に行くことだった。この頃すでに岡野は山岳会の会員でもないため、これ以前から継続して互いに連絡先を知らせていないと、帰国後すぐに連絡を取り合って、会うことは難しかった。岡野が作成した住所録が残っているのはこれより少し後だが、住所録更新のたびに小島久太（烏水の本名）の名前があった。一方で住所録にほかの小島親族の名前は無い。

二人の当時の関係性を知った上で読み返すと、「去ってゆく人々」は当時の日本山岳会の会員に岡野金次郎という存在を伝える回想録だったと解釈するのがしっくりくる。

もう一つの目撃証言

生物学者で登山家の伊藤秀五郎は、日本山岳会の『会報』172に「岡野翁の想い出」として三十五年ほど前の中学時代のことを記している。文中に「神中」とあるのは神奈川県立第一横浜中学校のことで、伊藤は同じ中学校出身の高野鷹蔵や三田幸夫の後輩にあたる。高野とは大きく歳が離れているが、三田とは五歳違いだ。

そして伊藤は三田と同じように、父親ほど年の離れた岡野を学校付近で頻繁に目撃している。しかし大正半ばのこの時期の目撃証言は、三田が見ていたのとは雰囲気が大きく異なる。

　放課後野球などして遊んでいると、夕暮近く校庭附近にしばしば現われる、異様な出立《いでたち》の中年の一人物があった。（略）どことなく風格のある変った人物は、頭が少しどうかしているのではないかと、心中ひそかに気になっていた。時にグランドを横切ることもあったが、たいていは校庭に沿った裏路の一隅から、遊技に夢中になっている私たち少年の群をしばらく眺めてから、どこともなく立去っていく。（略）

年上の従兄弟のOを本町の勤先に訪ね、二人で桜木町の方へ歩いてくると、例の人物がいつもの服装で横通りから出てくるのにばったり会った。（略）従兄弟とは旧知の間柄とみえて親しげな挨拶を交し、立話をしはじめたには驚いた。（略）これが誰あろう、若き日の岡野金次郎翁その人であった。（略）四十は越しておられたはずである。（略）

土曜日の午後、時に週日の夕暮近く、郊外を歩き廻ることが道楽であったらしい。オフィスに散歩用の装束一揃を具えておいて、仕事が終るとそれに着換えて出かけたということだ。（略）いつも神中の近くを通ったのは、岡野さんの家がその近くにあったからである。

山岳会設立の年である一九〇五（明治三十八）年生まれの伊藤秀五郎は、岡野の長男昇と中学の同級生で、野球部仲間だった。当時の伊藤は「どことなく風格のある変った人物」が昇の父親であり、「山登りの世界では偉い人であった」（伊藤談）ことを知らなかったのだが、岡野は校庭で野球をする息子の姿を散歩の道中、こうして眺めていたのだろう。

同じ小学校（老松小学校）に通っていた小島と岡野に続いて、三田幸夫や伊藤秀五郎という大正時代以降に登山家として活躍した人物までもが、横浜のこれだけ身近な場所に住んでいたのだ。

遭難しかけた天城登山での決意

一九一二（明治四十五）年に鋸岳に登って以降の大正時代の岡野の山行は、不明な部分が多い。その後も岡野は週末ごとに山に登り、マウンテン・フィーバー（山恋い）の精神で精力的に各地の山に足を延ばしていたことは確かだが、年譜に落とし込めるほどの詳細な記録が失われてしまっている。

岡野の妻トヨは『山岳』の追悼文「想い出」にて、次のように述べている。

明治四十五年の夏は、山から降りて来て初めて明治天皇の崩御を知ったようです。それまではよく烏水さんと出掛けましたが、この後は一人で案内者をつれて北アルプス、南アルプスの山々を歩き廻ったようです。日記は死ぬ日まで書き続けていましたが、大正十二年の震災の時その以前のものはすっかり焼いてしまいましたので、本人も大変残念がっていました。

小島との最後の登山となった翌年の一九一三（大正二）年十二月、天城の山中で珍しく何年に一度もない大雪に遭った。深雪で足が抜けなくなり、かつ急斜面では思いも及ばない雪崩の危険にさらされて、一人で遭難しかけた。

小島という山の相棒を失ってまもなくのこの出来事により、一人で山に登ることがいかに危険かを思い知ったのだろう。ウェストンからの教えでもあった「山に一人では登らない」という決まりをこのときからなお一層、守ると誓ったという。

一九三一(昭和六)年七月に「横浜貿易新聞」の夏の企画として、「山を語る」「海を語る」と題して、山のパイオニアを招いての「山の座談会」と海のエキスパートを招いての「海の座談会」がそれぞれ紙面に連載された。どのようないきさつがあったのか、その「山の座談会」の八名のメンバーの一人に選ばれたのが岡野だった。

ほか七名は、山の著作がある教育者や山の研究家、スキーヤーといった面々である。横浜山岳会やあるこう会、中央観光協会といった、横浜を拠点に山の活動をしているどちらかといえばローカル色の強い面々といえる。そのなかで岡野は、メンバーリストのトップの扱いで「岡野金次郎氏　小島烏水氏と並ぶ日本アルプスの大先輩」と紹介されている。この座談会のなかで岡野は、天城登山で遭難しかけたエピソードを語った。

そしてここからは再び妻トヨの証言だ。このとき遭難しかけた経験から、岡野は天城山へは毎年案内者として山好きの雑貨商「仙蔵さん」を連れて出かけるようになったという。

　毎年冬は大晦日より五日まで伊豆の湯ケ島の湯元館に泊り、天城山上で初日の出を雪の中から見るのを楽しみにしていました。毎年案内者として山好きの雑貨商仙蔵さん(現存)をつれて、どっちが案内者だか分らない毎日毎日の天城山登りをしていたようです。こうして仙蔵さんは天城山の案内人として第一人者となり、後に今の陛下が皇太子殿下の時、西園寺公をつれて登られた時に、案内者として選ばれた事を生涯恩にきていました。昭和二十八年七十九才の時、老夫婦と甥で湯ケ島にいった時会ったのが最後でした。（『山岳』の追悼文「想い出」）

毎年岡野に同行した仙蔵さんは、天城山の案内人として第一人者となり、皇太子殿下（のちの昭和天皇）を案内するまでになった。仙蔵さんはそのことに誇りを持っていたようだが、岡野はそれとは対照的に、山へ登る先々で自らの山行を邪魔されないよう、名が知られることを避けてきた。「小島はよい意味で有名になること名士になることを避けなかったし、宮様から頼まれれば喜んでその案内に立った」のに対し、岡野は「有名になること名士扱いされることは私の最も嫌いなことであり、私にとってそれは回避し予防しなければならない危険であった」と『山岳小島烏水記念号』でも述べている。

ただし小島も岡野もともに、登頂へのこだわりはあっても、当時主流だった鉱山の発見などを目的とした、山の資源やそこでの新種の発見といったことで利益を得ようとする登山欲は持っていなかった。小島との冒険登山で温泉を発見するようなことは何度もあったようだが、岡野は「好きで入った山で金儲けはすべきでない」という考えを持ち、二人とも発見した温泉利用の権利を登記するようなことは一切しなかった。純粋に山が好きで、山に登ることを楽しんだ。

富士登山での父金次郎の教え

一九一三（大正二）年の時点で長女ユキは十一歳、長男昇は九歳、次男敬次郎は七歳、次女テル子は四歳、三男満はもうすぐ生まれる頃だった。そのため子どもたちの語る父金次郎との子ども時代の思い出は、大正期の出来事（次女テル子と三男満は大正末から昭和にかけて）が中心になっている。

特に次男の敬次郎は五人兄弟のなかで一番の父親似であり、大人になってから横浜山岳会の会員になるほどの山好きに育った。その敬次郎に山の楽しみを教えたのは父岡野金次郎だった。冊子『故岡野金次郎氏をしのぶ』で寄稿を依頼された敬次郎は、「富士山の父」と題して、原稿の多くを父との富士登山の思い出にあてている。

それは敬次郎と妹といとこ二人が岡野に連れられて、初めて富士山に登ったときのことである。リーダーの岡野からは、「休め」の号令が出たときは「大の字に仰向けに寝転ぶ」と教えられた。ここから岡野の山に対する考えが詳細に書かれているので、少し長いが紹介したい。

（リーダーの父から「休め」の号令が出ると）十五才前後の学生の私達は一斉に大の字になって寝転ぶのである。眼を閉じていると、夕霧が静寂を囁きながら流れてゆく。背中からは酷暑に灼けた砂のほとぼりが、ほのぼのと母の慈愛の如く伝ってくる。大自然をじかに感じる休息が感激的であることを知ったからである。

最初「休め」の号令がでた時、立ったりしゃがんだり思い思いの姿勢でいたら、父が休む時はこうゆう風にするのだと、大の字に仰向けに寝転ぶ。私達はまだ少しも疲れていないのにと言う不平の気持で、そのまゝの姿勢でいたら大声で叱られたので、渋々父に習ったのであるが、繰返している中に休み方の最良の姿勢を体験で知ったのである。

登山道の近くで揃って寝転んでいたら「こんな所でもうのびていやがら」と罵声をあびせ、空色の揃のシャツを着た二十才位の男数人が威勢よく登って行った。父は静かにそのまゝの姿勢でいたが、私達は一斉に飛び起きてしまった。

二合八勺の小屋に着いた時まだ時間が早いし、どの登山者もどんどん登って行くので、こんな下で泊るのは不満だったが、御来光は上の方がよいとは決まっていないのだという父の意見に従った。小屋の人達は父を先生と呼び私達にも親切だったので気持がよかった。

休み方の最良の姿勢や御来光のビューポイントを岡野は豊富な経験から体得していた。素人には理解し難い父の教えは、小屋に泊まった翌日に大いに発揮することになった。

私達は昨日から続けてきた十八分登ると二分寝転んで休む歩調で登り初めた。私達は疲れないうちに休むので、登行は快調にはかどりやがて一番の難所胸突八丁にさしかゝったが、私達の歩調は少しも乱れない。見おぼえのある空色のシャツの若者達が登山道にのびているではないか。その中二人は特に真青な顔色をしており明らかに高山病にかかっている。昨夕私達をからかった元気はどこへやら「ざま見ろ」という気持もあったが私達はまだ少年だったので、益々活潑に登ることによって昨日のおかえしをした。

前日に「こんなところでものびていやがら」と罵声をあびせながら通り過ぎていった若者たちが登山道でのびている横を岡野一家は涼しい顔をして通り過ぎ、登頂を果たしたのだった。山登りの楽しさを知った敬次郎は、「同じ富士山に登るにも、その登り方によって全然違う結果となることを知った。（略）父の富士登山の方式は登山ばかりでなく、父の人生観の基調となっていることを、私は年とる毎に理解した」と述べている。

関東大震災と富士登山

一九二三（大正十二）年九月一日の関東大震災の日は、岡野にとって忘れられない一日だった。三男満の話（「父・岡野金次郎」）によると、岡野は昼食をいつもどおりに南京町（中華街）で、岩崎という山の友人と共にすることになっていた。しかし、その直前に起きた大地震によって岩崎は亡くなり、岡野は九死に一生を得た。夜になって西戸部の自宅に帰り着いたが、家は焼失していた。

岡野の孫である大野紀代氏が母テル子から聞いた話によれば、地震のときは岡野の次女であるテル子と三男の満が二人で留守番をしており、十四歳と九歳の姉弟で必死にタンスを支えたという。一方でもう一人の当事者の満は、地震のときは一人で留守番をしていたと振り返っている。

証言する人によってこの日の出来事は大なり小なり異なっているものの、この話で主張したいのは、地震の際に家には大人が不在で、火災が起きるも家財を持ち出すことができなかったことだ。岡野が青年時代から日記形式で書き溜めてきた正確な登山記録や、長年苦心して収集した愛蔵の浮世絵コレクションなどはすべてこのときに焼失してしまった。このときに日記が失われてしまったため、それ以前の岡野の登山歴は不明なままだ。

震災の日の岡野の行動については、もう一つ興味深い話がある。登山家の村井米子は、『食道楽』で有名な村井弦斎の娘であり、女性で初めて穂高岳から槍ヶ岳を縦走した人物である。村井の実家（村井弦斎宅）は神奈川県平塚市にあり、岡野も晩年は平塚で過ごしていた。村井は、「着古した登山服で毎日散歩している年寄りが実は明治時代からの登山家だそうだ」と母が噂しているのを聞いて、平塚に住む岡野の存在を知り、家を訪ねた。

村井は『山愛の記』の「第一章　忘れ得ぬ人々」の中で、「登山界の大先輩」の一人としてそのときの岡野との話に触れている。

大正十二年九月一日、大震災の日に、富士山頂に登っていたことなど、自身の口から話され、ひとしお印象が深かった。

それもぼつぼつと、ひかえ目に……平塚市の湘南平に、岡野金次郎翁のレリーフがあるが、その風貌そのままだった。無名の山の愛好者として生涯を送る念願であった。

岡野は「大震災の日に、富士山に登っていた」と村井に語ったというのだ。本当だろうか。

岡野の妻トヨは『山岳』の追悼文「想い出」にて、「富士、箱根は我が庭といって別に前から計画しないでも、土曜日（いつも半日）に帰宅すると『今日は月がいいから一寸富士《ちょっと》に行ってくる』といって、ルックを背負って出かけて行きますので、多い年には四度も、少い年でも二回は富士登山を毎年続けていました」と述べている。

岡野は生涯、百十二回もの富士登山をした。そして関東大震災が起きた日は、いつも富士登山に向かう土曜日だった。いつもどおりに午前中に仕事を終えて、午後から富士登山に向かう予定だった可能性は否定できない。

とはいえ、岡野が震災の日に富士山に登っていたという村井米子の証言は信憑性が薄いと思われる。この日家で留守番をしていた三男の満は、父がこの日南京町で友人と昼食を共にすることになっていたことや、父が深夜に帰宅したことを証言している。また、大野紀代氏は母テル子から次のような話を聞いたと証言している。

「金次郎さんは南京町にいて港へ逃げ、上衣を濡らして頭から被り、舟に乗って弁慶のように舟を飛び移りながら命からがら生還できました。ユキ伯母はいつもは乗るはずの電車に乗っていなくて助かりました。トヨおばあさんは外出していてガレキの上を乗り越えながら帰宅して、その後金次郎さんとは家族が避難していた野毛山公園で再会しました」

帰宅の状況もまた、岡野が深夜に帰宅したことと、家族が避難していた野毛山公園で再会したこととで証言する人によって違いがあるものの、岡野は地震のときに横浜の南京町にいたという話は家族の間で共通している。さらに当事者の岡野は震災のとき、「火に追われつつ海岸を歩み、西波止場に出で荷足舟《にたり》に乗りて波浪高き（此時猛然なる南風となる）海上に漂流しつつあったが、幸いダルマ船に上りて一同（約十名ばかり）生命が助かった」とのちに日記で振り返っている。

震災が起きたのは昼前であり、これだけことがあれば、たとえ富士登山に向かう予定があったとしてもまず家の心配をして山行を中止するだろう。いつも富士登山に行くのは土曜日の午前中に会社で仕事をしたあとだったが、この日は地震とその被害で鉄道が止まった。ではなぜ村井米子は岡野が震災の日に富士登山をしていたと思っていたのだろうか。

実はこの話はここで終わらず、もう一つ興味深い話がある。一九二八（昭和三）年九月一日（関東大震災と同じ日）の日記は、「大正十二年九月一日午前十一時五十八分に突然グラグラと大地がゆるぐと……」という震災の回想から始まり、今日が「大震災の満五年」であると書いた上で、いつもの日記の記述が続いている。

この日の日記によると、土曜日で快晴だったので、岡野は一人で富士山に向かった。ところが御殿場で大雨になり、登山道に滝のように水が押し寄せてきた。富士登山歴は三十年以上だが、こんな出水に遭遇したのは初めてだと、その場で引き返してこの日は箱根に泊まることにした。震災で港の船に飛び乗って逃げ回った恐怖とこの日の恐怖は重なりあうものがあったようだ。

村井と岡野が会って話をしたのは岡野が平塚で過ごした晩年のことで、震災から長い年月が経っている。「大震災の日に、富士山に登っていた」と聞いて印象に残っているという話が本当なのであれば、同じ九月一日に富士山に登ったことを「大震災の日」と言って、村井が震災当日の話だと取り違えた可能性もある。

震災や戦争だけでなく、山行でも岡野はたびたび恐怖を味わった。しかし岡野が晩年自宅に訪ねてきた登山家村井米子に登山のことを語り、そのなかで著書で紹介するほどの印象的なエピソードが「大震災の日の富士登山」というのが、どこかでボタンを掛け違えたような話で興味深い。

子どもたちの語る父との思い出

震災によって、横浜旧居留地に立ち並ぶ洋館社屋の多くが倒壊し、関西へと一時的に移転する企業も多かった。岡野の勤め先のスタンダード石油会社横浜支店も社屋が倒壊してしまい、神戸支店へと一時的な移転をすることになった。

自宅も失った岡野家は、職場の移転とともに横浜から神戸へと一家で移り住むことになった。一家は会社の船で神戸へ行ったと、孫の渋谷三奈子氏は母テル子から聞いている。

現在残っている岡野の日記は、震災から一ヵ月が経ち、神戸にいた十月から始まっている。当

赤坂事務所で撮影された勤務中の岡野金次郎（中央）。親族所蔵のアルバムに「水野君が写す」と記されている

時の記述は週末の休日のみで、日曜ごとに家族で山や旅行に出かけていた。テル子は「おかげで宝塚や厳島神社などへ連れて行ってもらった」と娘たちに語っている。

神戸で過ごした時期は一年にも満たない。震災の復旧がある程度進んだ翌年六月には、再び関東へと戻って来ることになった。今度の住まいは、東京府荏原《えばら》郡蒲田町大字御園《みその》（現大田区西蒲田）の借家である。実は一家はこの御園（現西蒲田）内で、一九二八（昭和三）年から一九三二（昭和七）年にかけて少なくとも三回は転居している。日記で行動を追っても生活圏は変わらず、家庭環境の変化に合わせてたびたび住まいを変えていたようだ。

スタンダード石油会社の横浜支店は震災後、海岸通りの同じ場所に社屋を建て替えている。建て替えが終わるまでは、関東に戻ってからも一時的に別の場所に通勤していたのだろう。岡野の勤務中の写真が一枚だけ残っているが、それは一九二四（大正十三）年十一月に東京の赤坂事務所で撮影されたものだ。住まいに蒲田を選んだのは、子どもたちの教育上通学に便利な場所であることに加えて、岡野自身も横浜と東京のどちらにも通勤しやすいことが背景にあったのではないだろうか。

岡野には三男二女の五人の子どもがいる。自らが父親を早くに亡くして満足に教育を受けられなかったのとは対照的に、岡野の子どもたちはこの時代にして長女ユキは師範学校卒、長男昇は東京商科大学（現一橋大学）卒、次男敬次郎は横浜市立経済専門学校（現横浜市立大学）卒、三男満は東京商科大学（現一橋大学）と東京文理科大学（現筑波大学）の二つの大学を卒業している。「財産は残さないが、教育にはお金をかける」というのが岡野の考え方だった。進路も子どもたちの意思にゆだねて自由を尊重するが、受験料や授業料は岡野がきちんと払う。本など教育にはお金を惜しまなかった。

一方で子どもたちの証言で一致しているのは、岡野の子育ては厳格ながらも勉強は放任主義だったということだ。長男昇は父について、「中学生の頃、勉強していると『勉強やめて運動してこい』と怒られた。勉強しろと怒る人は多いが勉強するなと言う人はめずらしい」と晩年に証言している。

次男の敬次郎は冊子『故岡野金次郎氏をしのぶ』のなかで、次のように述べている。

家庭の父は厳格でよく叱られた事をおぼえているが、勉強しろとか遊び過ぎるとか私達に干渉したことは一度もなかった。真底から放任主義であった。夫婦が連立って出掛ける風習のない大正初期の頃、父はいつも母を伴い、歌舞伎、新派、新国劇を屡々《しばしば》観たり、活動写真（映画）も度々行き、当時としては進歩的であった。また月に一回か二回家族全部揃って洋食を食べに行った。それがどんなにかたのしみであり、皿からはみ出たカツレツや皿に盛りあがったオムレツなどは強く印象に残っている。（略）

（父は）何処へ住んでも朝夕の散歩で直ぐ近所の人達におぼえられそして好かれた。父は平凡で平和な生活の中で満ち足りていた。

三男の満は、「父・岡野金治郎」で次のような思い出を書いている。

父は子供たちが御飯を食べのこしたり、お米を無駄にしないよう、つぎのような適切な教訓をくりかえしたので、それは子供心にしみこんで、私たち兄弟には御飯を粗末にしない習慣が身についた。

それは登山のとき（場所ははっきり記憶していないが、奥多摩であったような気がする。時は明治の終りか大正の初めごろ）、ある寒村の農家に立ちよって、そこの子供に持参の握り飯を与えたとき、米の飯は非常にめずらしいので、よろこびのあまり子供はかたくつかんだので、指の間から飯があふれ出てしまった。そのいじらしさに思わず涙があふれ出たというのであ

る。こわい父が涙を出したというのだから、子供心につよく印象づけられた。（略）
父は西欧的環境のなかで成長したので、公徳心がつよかった。道を歩いていてつまずきそうな石ころがあると、かならずステッキでそれをどけるのであった。弁当の後始末、草木の愛護などにきびしかったのはもとよりだが、山中で用便するときは、杖で穴を掘って、土をかけて靴でよく踏むことを山の掟として守った。

子どもたちの証言は主に大正時代の出来事であり、日記が焼失してしまった空白期間の貴重な記録となっている。

震災後から退職までの山行

岡野はいつも職場に散歩用の装備を揃えておいて、平日は仕事の前後に街を散歩し、週末は山という山に足を延ばした。妻トヨの証言からは、その多彩さがうかがえる。

極く近い所では杉田富岡の丘陵を湘南アルプスと呼び、逗子の神武寺や三浦の大楠山、鎌倉アルプスといって建長寺から半僧坊大臣山など、いずれも一日コースとしてよく日曜毎に出かけていました。一泊では箱根の山々、駒ガ岳、神山、金時山など好きで、紅葉の季節などには土曜から日曜にかけて毎週出かけていました。

丹沢山には一年に一回位菜の花の盛りの時登っていました。箱根のような隅から隅まで知っている所でも、必ず宿の番頭さんをつれて行くというように、絶対に一人では登らなかったようです。それはウェストン師の勧告をよく守っていたからで、人間はいつ腹が痛くなったり、足をすべらして怪我をするか分らない、人が一緒に居れば助かる命をむざむざ無くしてはいけない、という用心からでした。（『山岳』の追悼文「想い出」）

これは大正初期頃からの山行を語っていると思われる。震災以降も変わらず週末は横浜、三浦半島、箱根など神奈川県内の山々に登り、毎年正月には湯ヶ島の常宿に泊まり、天城の山々を歩いていたことが日記からはうかがえる。

そして震災後の復旧が進み、蒲田に引っ越して生活が落ち着いてきた一九二四（大正十三）年頃から、岡野は本格的に登山を再開している。五十歳になったこの年から一九三十（昭和五）年まで七年間の夏の長期山行を列記してみる。

〈一九二四（大正十三）年〉

七月二十一日～三十一日「燕岳から大天井岳、焼岳」

中房温泉から燕岳、大天井岳、喜作新道を経て西岳の小屋へ。暴風雨のため停滞。槍沢から上高地に下りた。焼岳に登り、中ノ湯に下山して、白骨温泉経由で島々へ。

〈一九二五（大正十四）年〉

七月十六日～二十日「白馬岳」

白馬大雪渓から白馬岳に登り、白馬大池、白馬乗鞍岳を経由して四ッ谷（現白馬駅周辺の集落）に下りる。

〈一九二六（大正十五）年〉

七月十八日～二十五日「槍ヶ岳、富士山」

中房温泉から燕岳、喜作新道、西岳小屋、東鎌尾根を経て槍ヶ岳に登る。槍沢経由で上高地に下り、徳本峠から島々へ。

帰途、富士山に寄る。吉田口から登り八合目でタイムリミットとなり、砂走りに入り馬返しまで下りる。そこで馬を勧められ、賃七十銭で馬上の人となり、得意然として吉田まで行った。

〈一九二七（昭和二）年〉

七月十一日夜～十七日「立山から針ノ木岳」

如水会山岳部員八名（長男昇も含む）と岡野金次郎は、案内の宇治長治郎（名山岳ガイドとして知られる）と強力三名を連れて千垣から立山（雄山）に向かう。ぶな坂、弥陀ヶ原、みくりが池、室堂、一ノ越を経て雄山に登る。一ノ越まで戻り黒部川側の御山谷の雪渓を下り、中ノ谷を登って狩安峠に出た。前年に切り開かれた尾根道を登り五色ヶ原を目指したが、昇の体調が悪くなったため中止して平ノ小屋に下山。この年にできた黒部川の吊り橋（前年まで「カゴ」渡しだった。まだそのとき使用した「カゴ」と「ナワ」が橋畔にあった）を渡り、そこから針ノ木岳に登る。大沢小屋、大町を経て松本で宇治長治郎と別れる。

〈一九二八（昭和三）年〉

この夏は主だった山行はしていない（長男昇は夏に予備招集で麻布一隊に入営）。

九月一日の富士登山は「関東大震災と富士登山」参照。

〈一九二九（昭和四）年〉

八月十五日～二十日「木曽駒ヶ岳（悪天候のため断念）」

上松から木曽駒ヶ岳を越えて伊那側に下山する予定だったが、悪天のため九合目で計画を変更。麦草岳を経て上松に下山した。

〈一九三十（昭和五）年〉
七月十五日～二十日「槍ヶ岳・穂高岳縦走」
第五章の「もう一つの『会員登山報』」を参照。

これ以外に、毎年夏には数回の富士登山を行っている。日記が残るなかで最も若かった時期ではあるが、一九三十（昭和五）年は定年退職する前年のことだ。年齢とともに山への向き合い方も変わってくるだろう。三十代から四十代の山行がほとんど分かっていないことはかえすがえすも残念である。

また、スタンダード石油会社の社員として働き、休暇取得のほかにも経済的に非常に恵まれていた。週末の土日も山に行く日が多く、月に何度かは一人あるいはトヨを連れて歌舞伎座、帝劇、新橋演舞場などで観劇を楽しんでいた。

頻繁に山と劇場に行っていたことは大正初期の家族の証言でも大正末からの死去当日までの日記でも一貫しており、家族とも充実した生活を送っていたことが日記からはうかがえる。

定年退職後の長期の山行

岡野は一九三一（昭和六）年にスタンダード石油会社を五十七歳で定年退職すると、毎日日記をつけるようになった。また以前から日本中の主な山を全部踏破する夢を持っていたため、数々の就職口にも耳を貸さず、退職と同時にすぐさま山へと出かけていった。

退職後の一年間はほとんど家を留守にしていた。その足取りを日記で辿っていくと、十二月三十一日付で退職したあとは、翌元日から三日間の箱根登山に始まり、前半は横浜近郊や三浦半島など神奈川県内の山々に登っている。

さらに長期の旅として、三月から五月までの約五十日かけて四国・九州・本州を巡り、七月末から八月末までの一ヵ月かけて東北・北陸・北海道・樺太を巡っている。この年の代表的なものとして、二つの旅を紹介したい。

〈四国・九州・本州の旅〉
三月十八日〜四月三日
東京蒲田の自宅を出発。退職のご褒美か、いつも散歩コースとして眺めるだけだった多摩川下流の羽田（前年に東京飛行場として開港したばかり）から飛行機に乗って大阪に向かう。大阪・天保山からは船で鳴門海峡を渡り、石鎚《いしづち》山をはじめ四国の山々を巡る。
四月三日〜二十三日
愛媛県の深浦港から船で大分県の佐賀関に渡り、別府地獄めぐりに始まり、九州全域を観光しながら由布岳、高千穂岳（高千穂峰）、韓国《からくに》岳、桜島の御岳、阿蘇山、雲仙の矢岳、絹笠岳（絹笠山）、普賢岳、妙見岳、太宰府の宝満山と九州各地の山々を巡る。

二十三日〜二十五日

門司から宮島の航路経由で再び四国に渡り、屋島、金刀比羅宮や栗林公園などを巡る。

二十六日〜二十七日

大阪から有馬温泉に向かい、六甲山に登る。

二十八日〜五月三日

敦賀に向かい、スタンダード石油会社敦賀支店にいる弟豊次郎と観光。気比の松原などを見物し、木ノ芽峠、四ノ岳（野坂岳）に登る。

三日〜七日

名古屋に行き、知人や弟登久次郎の家を巡りながら名古屋市内や岐阜県南部を観光する。旅の終盤に車中で小牧山・犬山城を眺めながら今渡（岐阜県可児市）に向かい、木曽川に立派な鉄橋（太田橋）が架かっているのを見て、三十余年前（おそらく高山経由で乗鞍岳に登った明治三十三年）に小島とともに太田（美濃太田）に行こうと渡し船で木曽川を越えたことを懐かしんでいる。

八日

名古屋駅から東京に帰宅。

約五十日間の旅を終えて、「長い旅路であった。しかも登山又登山と云う連続の旅路であった。

よくも身体が続いたなーと我ながら愉快の感じがする」と岡野は日記で総括している。

〈東北・北陸・北海道・樺太の旅〉

七月三十日～三十一日

東京蒲田の自宅を出発。仙台を経由し塩釜から船で松島と金華山を巡る。

八月一日～十九日

青森から青函連絡船で北海道の函館に渡り、小樽、札幌、旭川、樺太（大泊から豊原、真岡《まおか》）、稚内、富良野、狩勝峠、支笏湖、洞爺湖などの景色を楽しみつつ、道内各地で駒ヶ岳、大雪山の黒岳、十勝岳（悪天のため前十勝で引き返す）、樽前岳（樽前山）、登別の日和山、有珠《うす》岳（有珠山）などに登る。

二十日～二十三日

青森港から本州に入り、奥入瀬渓流から十和田湖の辺りを巡り、秋田県の矢島に行き、鳥海山に登る。

二十四日～二十七日

新潟に向かい、佐渡島の金北山に登る。

二十八日～二十九日

長岡経由で上野駅に向かい、帰宅。

樺太にまで及んだこの夏の旅は自宅を出発してから帰宅するまでの一ヵ月で区切っているが、実はその一週間前までは四日間の富士登山に出かけている。さらに八月二十九日に一ヵ月の旅を終えたかと思うと、翌日から精力的に動き回り、二日後の三十一日から続けて大山、千畳敷（現湘南平）から高麗《こま》山、箱根の山へと出かけている。箱根から先は妻トヨと一緒にバスで十国峠を越えて観光しながら伊豆半島を船で一周し、九月中旬に帰宅した。しかしその先も毎日途切れることなく出かけている。

十月から先も紅葉の季節は「日本アルプス上高地観楓《かんぷう》」のツアーチケットを購入して焼岳に登ったり、妻トヨと妹ハツと三人で日光に行き紅葉狩りをしたあと翌日湯元から一人で前白根山や男体山に登ったりと、定期的に山へ出かけている。親戚の浅見義雄と三浦半島の山に登ったり、山好きな次男敬次郎と奥多摩の御岳《みたけ》山から鋸山まで縦走することもあった。

こうして一九三二（昭和七）年を皮切りに太平洋戦争開戦前の一九四〇（昭和十五）年までの九年間は精力的に各地を旅していた。一九四〇（昭和十五）年には三ヵ月にわたって、満洲各地と朝鮮の金剛山やその他の山々を巡っている。翌年は当時の日本の統治下（樺太、朝鮮、台湾）のなかでまだ行けていない台湾の新高山《にいたかやま》（玉山）を志して渡航準備を進めたが、時局のため渡航を断念した。そのことを非常に残念がっていた。

妻トヨは『山岳』での追悼文「想い出」のなかで次のように述べている。

岡野は必ずしも高い山々ばかり好んだのではありません。秩父の山々、丹後の山々、神戸の六甲の山々、山陰の小さい峯々も、吉野山の嶮しい峯々も、九州の阿蘇・由布・霧島の峯々、四国の石鎚山の峯々も、足の向くまま時間と金の許す限り歩き廻ったものです。停年で会社を止めた後は、旅行に行くと一ヵ月位その地方（北海道・朝鮮・満洲・九州・四国）をぐるぐる廻っていましたので、電報為替で旅費なども送金していました。

岡野は旅先で山に登るだけでなく、毎回その土地土地の風景を楽しみ、各地の温泉地に宿泊し、観光名所にも足を延ばしていた。長女のユキは父金次郎から「旅に行ったら一流の宿に泊まれ」と言われていたという。次男の敬次郎は父の教えとして山での休み方を語っていいた。これらは金銭的にも時間的にも余裕あってこそ可能な助言ではあるが、このスタイルが長く山に登り続ける秘訣の一つだったのだろう。そして山から帰った翌日には歌舞伎好きな妻トヨと観劇に出かけることも多かった。

また、六十歳を超えた頃からトヨとは年に一、二回ほど、一週間前後の周遊旅行をするようになった。例えば一九三六（昭和十一）年六月に山梨・長野・群馬の八つの温泉地を巡る「湯の旅」をすることもあれば、翌年には団体旅行に申し込んで「紀州の旅」や「飛驒路より佐渡島廻り」をすることもあった。

旅先では知人たちによくハガキを出していた。一九三七（昭和十二）年五月末からの「飛驒路より佐渡島廻り」でも、飛驒路で小島を含めた知人たちにハガキを投函し、帰宅して三日後の六月五日には小島から返書があった。その文面を日記に書き写している。

旅中からのお便り拝見。お揃いにて老いを忘れての旧婚旅行、ちとやけ申候。
私方は動を捨て静を取り、本年七月を以て富士山中湖畔の小別荘完成につき家族一同その方に移りし事申候。尤も夏だけなり冬はしめ切り。

小島は、夫婦揃って老いを忘れて旅行に行く岡野にヤキモチを焼いている。この頃にはすでに小島の健康状態は思わしくなかったが、定年退職直後の岡野は長期の山行から帰ると、たびたび小島に会いに行っていた。これは会いに行くタイミングから推察するに、山の話をしに行っていたのだろう。二人の話は第七章で詳しく触れることにする。

ウェストンに宛てた手紙

岡野の日記は日々の出来事が淡々とつづられており、その表現は非常に簡素だ。これを読む限りでは内面をさらけ出すことをあえてせず、感情表現が苦手だった印象を受ける。
そんな岡野には珍しく、山への想いをしたためた手紙の文面が残っている。それは岡野がウェストンに宛てて書いた手紙であり、ウェストンの著書『極東の遊歩場』に紹介されている。

ここの美しい眺めはペンでは描き出せません。いま私はただ自然の子になっています。そしてこの素晴らしい紅葉で色どられた山のなかや、そばを流れる川のほとりを、さまよい歩いています。この美しい世界には、全く戦争もなく、流血もなく、戦闘もなく、生活の悩みもありません。私はこの美しい記憶を忘れられませんでした。その記憶は私の人生の終わりまでずっと生きていることでしょう。私はあした、男体山に登ります。

この手紙は「彼（著者注＝小島）の山友だちの一人で、横浜の或るアメリカ商社に働いている一人の事務員」が「日露戦争が最高潮に達した折り、秋の自然の素晴らしい日光山地から」寄せられたものと紹介されており、岡野の山への情熱がほとばしっている。小島がウェストンに宛てた手紙と合わせての紹介で、これは「日本人が山岳を国民的に愛しているのを代表的に良く表現した」文章であるとウェストンは記している。

ウェストン宛の手紙なら、当然英語だっただろう。日本語では拒まれることでも英語でなら自由に表現できたのかもしれない。相手がウェストンとあればより想いを伝えたかったであろうし、この手紙からは英語の表現力も相当なものであったことがうかがえる。

この手紙を書いたのが、ウェストンとの交流が始まり山岳会設立に向けて動き出した三十歳頃であるのに対して、晩年になってから山への想いを書いた文章が残されている。それは一九四九（昭和二十四）年の日記帳の一ページ目に書かれているのだが、日記のテイストとはここだけ大きく異なっている。過去の何かを書き写したのか、もしくは過去に書きかけたノートを昭和二十四年になって日記帳に転用した可能性が考えられる。とても示唆に富んだ文章なので紹介したい。

> 青、壮、老を通じて僕は自然美を愛して来た。悠々自適、地上の幾多の変遷を楽しんだ、実に此世に於ける最大幸福者 one of happiest men in the world の一人であった。大山岳、大海に身を投じ奮闘した快感は此世に於ける最も苦しい然も楽しい時があった。
>
> 或時老生はウォルター・ウエストン氏に会談時、自然美界を友として悠々自適するので孤独を感じた事がないと云うたらウ氏（著者注＝ウェストン氏）はそうだそうだ man can be alone with great nature との返事なので老生は同意見と云うて互いに笑うた。
>
> 小島烏水と僕は明治三十三年に乗鞍岳の頂上で槍ヶ岳の山容を展望して（偶然ウ氏此山で穂高を見て登山した）此山に登山欲を起して同三十五年（此間三年かかった）登山成功した（松本より白骨温泉に宿泊、猟師三名を連れて霞沢の分水嶺を越えて上高地に下る）。分水嶺の頂上より上高地の森林を眼下に見た時景観の美にうたれ無言のまま見とれた。若《も》し山の神が此世に存在するならばかかる天地に居るならんと此「インスピレション」は今尚□□（紙の劣化により判読不能）なり。

岡野は青年・壮年・老年と一貫して自然美を愛する身として「この世における最大幸福者」であること、ウェストンと会談した時に「自然美界を友として悠々自適するので孤独を感じた事がない」と言ったらウェストンも「そうだそうだ」と同意見で互いに笑い合ったこと、明治三十三年から計画し三年越しに達成した小島との槍ヶ岳登山で「もし山の神がこの世に存在するならば、かかる天地にいるだろう」とインスピレーションを受けたことを書いている。心情が表現された数少ない文章が〝自然に対する賛美や共生〟であるというのが興味深い。

同じ日記帳に記されている望月達夫宛の手紙の下書き（第七章参照）にも「自然美を友として（箱根の支脈十国峠等に登り或いは海岸に漫歩）其日々を楽しみつつあります」などの表現が見られる。「自然美を友として」という共通の表現は、岡野の心の奥底からくる感情だったのだろう。

これらの文章からは登山家岡野金次郎がどのように山に向き合ってきたのか、その熱い想いがよく伝わってくる。人に見せることを想定していなかった日記とは異なり、手紙では日頃からこのような自然に対する想いを書いていたとも考えられる。

岡野の性格と人生の選択

岡野の「有名になること名士扱いされることは私の最も嫌いなこと」（『山岳　小島烏水記念号』）だという言葉が強く印象に残り、表に出るのを敬遠するような、もの静かで内向的な性格

ウェストンを囲む宴。ウェストン（中央）の両側に通訳の小島（右）と岡野（左）が座る。中村清太郎の遺品から発見され、明治末の撮影と推定されている（提供：日本山岳会）

という印象を持っていた。しかし、『近代日本登山史』のなかのウェストンを囲む宴の写真におさまる岡野の表情は、意外にも硬くなく、どちらかというと穏やかに楽しんでいるように見える。

また、小島が岡野について「ウェストンが山手のゲィティ座で、日本アルプスの講演をしたことがあった。岡野は切符をもらったので、往って見たら、席順が難有迷惑にも、英国大使マクドナルドの隣席を、取ってくれてあったので、窮屈で困ったと本人自ら言ってるが、実のところ岡野は、そんなことを窮屈がる男でない。ちっと窮屈がるくらいなら、神妙なんだが」と書いていることを、小島と岡野の共通の知人である斎藤昌三が「岳人岡野金次郎翁」（『神奈川史談』第一号掲載）で明かしている。斎藤がわざわざ岡野のエピソードとしてこんな話を出すことからも、内向的とは対照的な岡野の姿がうかがえる。

第九章で述べるように、岡野は晩年、読売新聞平塚支局の記者を訪ねては、一度ならず三度四度と記事を書かせている。そのことに対して、「新聞に書いてくれたのですっかり有名になってしまったよ」と記者に語ったり、孫にも「ウェストンに最初に会った」と自慢話をしたりしていたという。

岡野は山の楽しみを妨害するものごとを嫌っているだけで、おそらく有名になったり名士扱いされること自体が嫌いなのではない。むしろ自分が評価されること自体には喜びを感じている。そしてこういった事実からは、内向的で目立つのが嫌いな性格というよりも、山に関することに貪欲で、人との交流も積極的に楽しむという、社交的な面さえ浮かび上がってくる。

岡野は本音と建て前で、山岳会初期メンバーとの関係性などにはあえて触れず、あえて「有名になること名士扱いされることは私の最も嫌いなこと」という面を前面に打ち出し強調していたのではないかとさえ思えてくる。

ウェストン著『極東の遊歩場』で「岡野からウェストンに宛てた手紙」とともに紹介された「小島からウェストンに宛てた手紙」は次のようなものだ。


私が見ましたところ、登山は年々至るところで盛んになって来て、沢山の青年が近い将来、日本山岳会に加入する必要を認めるようになると確信します。彼らは山を楽しんでいます。

と言うのは、彼らは山に入ると、よごれていない爽快な空気を吸い込んだり、緑したたる森林や泡立つ急流やそのほか数知れない自然の魅力を眺め、疲れた魂と体を活気づけたり、目を洗ったりする喜びを味わえるからです。私にとっても全くその通りです。山は私の一番愛するものです。山で私は心の安らかさが得られます。本当に山では永遠が私のそばにあります。山は真理の聖なる王座です。山は私を永遠に楽しませる沈黙の雄弁を持っています。

ウェストンに宛てた岡野と小島それぞれの手紙からは、二人が純粋に山に登ることを楽しんでいる様子が伝わってくる。対照的な性格ばかりが強調される二人だが、実際には初めて出会ったときから同じような価値観をもち、互いに惹かれ合っていたのだろう。

『山岳　小島烏水記念号』で「有名になること名士扱いされることは私の最も嫌いなこと」だと語った岡野の話は次のように続いていく。

私は不自然な回避をしたお蔭で、幾分芭蕉の経歴に似て、彼が自然を愛したように山を愛し、登山を楽しみ、数多くの俳句が大自然に触発して創作されるのを楽しんだ。たゞ芭蕉との違いは、全生活の没頭ではなくて、休暇と恩給生活の余暇に限られていたこと、対象が自然一般よりも山に集中したこと、即興的に生れた多くの私の俳句が芭蕉のような意味での芸術にならなかっただけである。

芭蕉も十二歳のときに父を亡くしている。身分や出世などすべてを捨てる暮らしを選択してきた価値観や、大自然を愛したことなど岡野はそこに共通のものを感じていたのだろう。

岡野は『山岳　小島烏水記念号』での追悼の寄稿を次の一文で締めくくった。

人はそれぞれの個性に適した独自の道を進めばよい。私は私の道を歩んで来たことを顧みて悔いるところはない。

独自の道を進めばよい――。その人生の選択によって、岡野は人間的な満ち足りた生活を送ることができたのではないだろうか。

第七章

小島烏水との往復書簡

阿佐ヶ谷の小島の所に至り、病気回復して元気になった顔を見て目出度し目出度しと云って万歳を叫んだ。久々で山の如く積った話しを互にした。五時頃より辞して帰宅。実に良い心地だ。久しぶりで旧友と快談後とて、箱根へでも出かけるかと云う元気だった。

――岡野金次郎の日記より

小島との再会と晩年の交流

一九三一（昭和六）年十二月末、五十七歳の岡野は三十三年三ヵ月勤務したスタンダード石油会社を退職した。それに先駆けて一九二七（昭和二）年三月に小島がアメリカから帰国し、一九三〇（昭和五）年八月に三十四年勤務した横浜正金銀行を五十六歳で退職している。

二人の仲についてけ情報が乏しいゆえに様々な憶測が飛び交っている。しかし、少なくとも小島が帰国した翌年一月には、岡野は小島の新居（東京市牛込区原町）に会いに行っていることが日記で明らかになっている。それぞれが転居するたびに二人は互いの新居を把握していることからも、ずっと途絶えることなく交友関係が続いていたと考えられる。

岡野が退職した翌月、小島からの手紙で二人は久々に会う約束をした。そこから先は時間に余裕ができたことや山に行く回数が増えたこともあり、登山報告も兼ねて小島に会いに行く頻度が増えている。退職直後の一九三二（昭和七）年一月二十八日の出来事は、岡野が日記で次のように書いている。

一月二十八日　木　快晴（小島君と面談す）

食前多摩川堤や池上附近を散歩す。正午より上野に至り、科学博物館に入り種々有益な珍物

アメリカから帰国し、岡野との交流を再開した頃の小島烏水（『書物展望』1933年9月号、国立国会図書館所蔵）

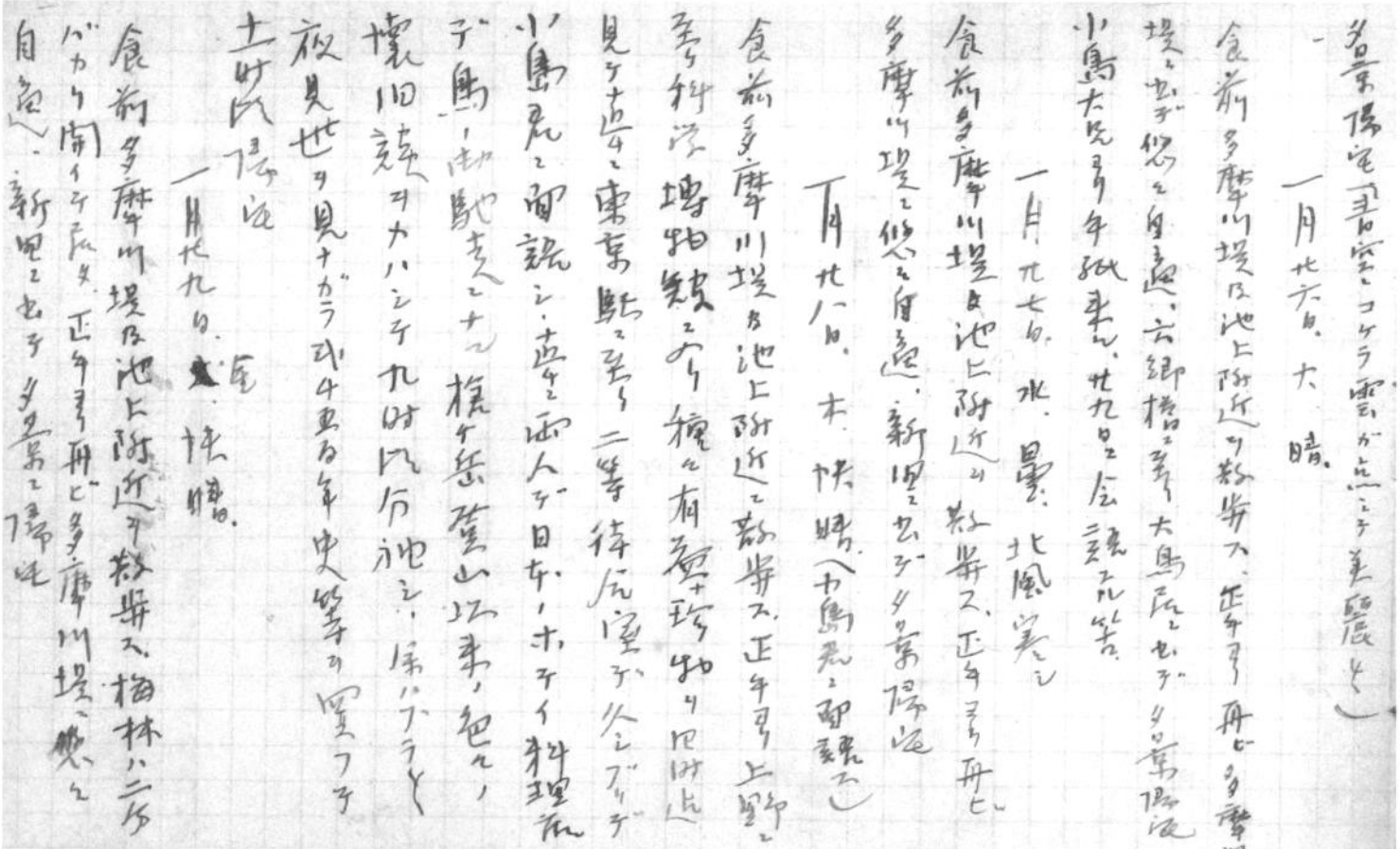

1932年1月28日前後の岡野金次郎日記

を四時迄見て直ちに東京駅に至り二等待合室で久しぶりで小島君と面談し、直ちに両人で日《マ》本《マ》のホテイ料理店で鳥の御馳走になる。槍ヶ岳登山以来の色々の懐旧談をかわして九時頃分袂し、余はブラブラ夜見世を見ながら二千五百年史等を買うて十一時頃帰宅。

当日は岡野の気持ちを表すかのように、雲一つない快晴。いつも日記では日付と天気のあとは改行して朝からの出来事を書き連ねていくのだが、この日は天候のあとに「小島君と面談す」と記載されている。岡野にとって特別な日だったのだろう。

この日のことを追っていくと、朝は多摩川の堤や池上付近を散歩することから一日が始まっている。小島とは夕方の待ち合わせにもかかわらず、正午には上野に行き、科学博物館に入って〝珍物〟などを見てから東京駅に向かっている。

東京駅で四時過ぎに小島と顔を合わせて、食事をご馳走してもらい、夜九時頃まで「槍ヶ岳登山以来の色々の懐旧談」に花を咲かせた。「槍ヶ岳登山以来」という書き方で、その前ではなく、槍ヶ岳以降の話をしたというのが興味深い。

さらにこの日は小島と別れたあとすぐには帰らず、夜見世を見て、竹越与三郎の『二千五百年史』などを買ってから帰宅した。短い日記のなかに一日の充実ぶりがうかがえる。

その後岡野は三月十八日から約五十日に及ぶ〈四国・九州・本州の旅〉に出て、五月八日に帰宅した。十八日には上野で開催されていた北斎の浮世絵展覧会に行き、その足で阿佐ヶ谷の小島宅を訪ねている。

小島が岡野に会いたいときは、事前に手紙を送って家に来てもらうことがほとんどだったが、岡野が小島に会いたいときは、事前連絡なしに外出ついでに立ち寄ることがほとんどだった。その直前には山行や、この日であれば北斎の浮世絵展覧会など、小島と話がしたくなったと思える動機が見て取れる。

しかし十八日は小島が不在だったため、小島の妻と話をして辞去した。そして翌日再び小島の家を訪問し、懇談したことが日記に書かれている。

ときには偶然小島と会うこともあった。一九三六（昭和十一）年の岡野の日記（十二月十日付）には、日本山岳会主催のヒマラヤ登山の講演会に出席して、久々に小島と高頭に会ったことが記されている。日記によれば、この日は朝湯のあと「ああ快適快適」と全裸で日光浴をしながら読書をし、講演会は夜からにもかかわらず、早めに家を出て虎ノ門の金刀比羅宮を参詣し、夜店でゆったりと講演前のひとときを過ごしてから、会場の新橋へと向かっている。日記は次のように続いていく。

新橋駅に至り、（略）三会堂に於て七時開会の日本山岳会の「ヒマラヤ」のナンダ・コット（二二五〇〇尺）登山の「立教大学の学生四名及び東日記者一名が本年九月に頂上に達した講演」に出席。久しぶりで小島、高頭と会談した。（木暮、槇君等に紹介された）初めて日本人が撮ったヒマラヤの登山の写真を見た。会場は超満員の盛況だ。ヒマラヤ登山をするようになったとはすばらしい躍進だ。九時に閉会。余は諸君と別れて帰途、赤い実のついた立花を買って、銀座に出で雑誌風景を二十一冊買って十一時五十分頃帰宅。

ヒマラヤのナンダ・コート（当時はナンダ・コットと呼ばれていた）は、インド北部のナンダ・デビ山群にある山で、一九三六（昭和十一）年に堀田弥一を隊長とする立教大学隊（記者一名含む）が初登頂に成功した。「ヒマラヤ登山をするようになったとはすばらしい躍進だ」と岡野が述べているように、これは日本人初のヒマラヤ登山であり、戦前で唯一の日本人によるヒマラヤ登山である。

この講演会（日本山岳会主催）でさらに強くヒマラヤ登山への興味関心を抱いたのだろう。三日後には、隊員の一人である竹節作太記者のナンダ・コート登山講演会が日比谷公会堂で開催された（新聞社主催）、三男満と次女テル子の夫を連れだって訪れている。竹節は東日（東京日日新聞）と大毎（大阪毎日新聞）の記者として活躍しており（どちらも現毎日新聞）、この講演会は東日主催だったようである。

さらに翌月の一月二十九日には、ドイツ人がナンガ・パルバッドに挑んだ記録映画「ヒマラヤに挑戦して」を観に行き、「すてきなだ壮観だ」と感動している。

ざかっていったとはいえ、こういった登山報告の講演会などには興味を持ち、軽いフットワークでたびたび会場に出向いていたようだ。日本山岳会が主催する会場には名だたる登山家が集まることが多く、この日も小島や高頭、そして木暮理太郎や槇有恒とも顔を合わせることができた。日記には「木暮、槇君等に紹介された」という記述がある。これは「岡野が小島と高頭の二人から木暮や槇らを紹介された」とも、後に続く記述「ヒマラヤの登山の写真を見た」に掛けて、「ヒマラヤ登山の写真を木暮や槇らが紹介した」とも、二通りの解釈ができる。

とはいえ、豪華な顔ぶれである。このとき日本山岳会の会長は初代会長の小島、二代目会長の高頭を経て、三代目の木暮理太郎になっていた。木暮は小島と同じ一八七三（明治六）年十二月生まれで、山仲間の田部重治とともに奥秩父の開拓者として知られている。

次の四代目会長に就任するのが槇有恒で、彼はのちに第三次マナスル隊の隊長として日本人初となるヒマラヤ八千メートル峰登頂をはたした人物である。その後、会長は松方三郎、武田久吉と続き、槇は再び七代目の会長となり、マナスル第三次遠征の前年まで会長を務めた。

岡野はこの日、初代から四代目までの会長と顔を合わせ、接点を持ったことになる。その後、岡野は何度か槇有恒と再会し、高頭の病状を気遣って槇が越後へ見舞いに行く際には、槇に見舞いの品を託している。

さらに木暮理太郎とは、後年日本山岳会の主催で小島・木暮・岡野三名の「生誕百年記念展」が大々的に開催されることになるのだが、これは岡野の死後の出来事なので、当事者たちは知る由もない。

孫の友人宅に転居

一九四〇(昭和十五)年四月九日、岡野の母サクが亡くなった。一八四八(嘉永元)年四月十八日生まれなので、わずかに九十二歳に届かず、九十一歳で亡くなったことになる。

自らの退職に母の死が加わり、このまま東京で暮らす必要性がなくなったのだろう。翌五月に月命日の法要を終えた頃から、岡野は平塚への引っ越しを考えていたようだ。ちなみに月法要の返礼品を東京の親族に配りに行くついでに、岡野は久々に小島の家を訪れている。

そのようなか五月末、長女ユキから新築の借家があると手紙が届いた。日記によれば、手紙を受け取った岡野はその日のうちに白バラ二鉢とアオイ一鉢を持って平塚のユキの家(小永井家)に行き、「新築の借家」の持ち主である同じ平塚市内の磯部宅へと出向いた。

岡野はその場で磯部夫妻と会話をし、本宅の横に新築されたばかりの離れを二年契約で借りることになった。もともと借り手を探していたわけではなく、親しくしている小永井家の家族だからという好意での契約成立だったようだ。岡野は磯部夫妻の人柄を気に入り、「これで余の隠居所が出来たので安心安心」とその日の日記に記している。

磯部家の本宅（2016年5月撮影）。奥に見える三角屋根が洋風の増築部分。現在は建物ごと取り壊され、マンションになっている

門の左奥の2階建て家屋の部分に岡野一家が借りていた新築の平屋があった

ここからは、岡野家の転居先磯部家の長女菊地節子氏（旧姓磯部、以下敬称略）に生前聞き取りを行い、岡野家が磯部家で暮らすようになった経緯をまとめたものだ。

節子の父磯部録郎は、横浜市戸部の横浜外国商会で支配人をしていたが、関東大震災で職場が倒壊してしまった。そのため一九二四（大正十三）年に平塚に移住して家を建て、材木屋を営むようになった。母シズは小田原高等女学校（現神奈川県立小田原高等学校）の四期生で、教育ママだった。

優秀な兄は九歳のときに病気で亡くなったため、節子は幼い頃から将来は平塚高等女学校（現神奈川県立平塚江南高等学校）、日本女子大学というラインを母から引かれて育った。自宅のある馬入は第三小学校（現平塚市立松原小学校）の学区だったが、節子は平塚の町の中心部にある第一小学校（現平塚市立崇善小学校）に通わされた。第三小学校は人数の少ない学校なので、そこで一番を取るよりも大勢のなかで揉まれたほうがよいという判断からだった。

この小学校で節子は岡野の孫である小永井好子と出会い、仲良くなった。長身の節子と短身の好子は姉妹のような間柄だったというが、この話は長身の小島と短身の岡野のコンビを彷彿とさせる。

岡野の長女であり好子の母であるユキ（一九〇二年生まれ）は、師範学校を卒業後、大磯小学校教諭を経て、平塚市立第一小学校の教諭になった。同じく教諭の小永井信吉と結婚し、長女好子が生まれた。

ユキは仕事で忙しかったため、自らの勤務先と同じ小学校に通う娘の好子のために、お手伝いさんを雇っていた。好子は同級生の節子と一緒に、学校が終わると家で一緒におやつを食べながら勉強するのが日課になった。

一方の磯部家は、材木屋になってから来客が多くなり、うるさくて勉強ができないからと、庭に節子の勉強部屋を建てることになった。どうせ婿さんをもらうのだからと、一軒家を建ててくれたのだ。

節子の家（磯部家）は学区外で、学校から家まで時間がかかる。そこでいつも好子の家に寄っておやつを食べて一服してから、今度は二人で節子の家に行って、離れにある四畳半の部屋でまたおやつを食べながら一緒に勉強をするようになった。その甲斐あって二人とも、この地域の名門である平塚高等女学校に進学することができた。

節子の記憶によれば、岡野夫妻が自宅の離れに引っ越してきたのは好子からの申し出があったからだという。ある日好子が「（磯部家の）離れの勉強部屋以外の空き部屋をおじいちゃんとおばあちゃんに貸してもらえないか」と頼んできたので、節子の母も「好子さんのおじいちゃんたちなら」と快諾した。一部で疎開だったという話もあるが、一九四〇（昭和十五）年当時はまだ太平洋戦争の開戦前なので、純粋に新たな住まいを探していたのだろう。こうして孫好子から始まる縁で、岡野家の平塚行きが決まった。

磯部家での生活

岡野は引っ越しの際、蒲田で育てていたアロエの鉢植えをたくさん運んで来た。アロエは身体に良く医者いらずだと岡野は言うが、どろどろして苦いので、節子は絶対に食べなかった。さらに、庭にアロエの鉢ばかりゴロゴロと並んでいて邪魔だったので、「蹴っ飛ばしちゃえ」などと悪口を言っていた。

岡野と磯部録郎は二人とも、かつて横浜の外資系企業で働いており、英語が堪能という共通点があった。磯部の妻シズと岡野の妻トヨも小田原出身という共通点があり、気が合ったようだ。よくシズとトヨは二人でお茶を飲みながら話をしていた。岡野はといえば、夏でも冬でも年中、ふんどし一つの裸で籐椅子に座って日光浴をしていたので、真っ黒に日焼けしていた。

12月に一人ふんどし姿で真っ黒に日焼けした岡野金次郎。1938年12月に妻や子どもや孫たちと撮影

節子が「富士山に登りたいなあ」と言ったら、岡野が誘ってくれたことがあった。しかし一気に登ると病気（高山病）になるため少しずつ登るので、一度富士山に行ったら一週間から十日は帰って来ることができないという。「そんなに長い間、おじいさんとお付き合いしたくない」と断ることにした。節子は富士山にはいまだに登っていないので、今となってはあのとき一緒に登っていればよかったと後悔しているという。

岡野夫婦が暮らす磯部家の離れには、岡野家の末っ子である満も頻繁に訪ねて来ては、ここで過ごしていたようだ。満は岡野家がここに来た当時二十六歳だった。東京商科大学（現一橋大学）

卒業後、三菱重工業に勤務していたが、このとき教員を目指すため受験勉強中だった。そして翌年に東京文理科大学（現筑波大学）に入学する。

満は蒲田に家を借りて一人で住んでいたが、受験勉強や大学入学後の勉強部屋を欲していたのだろう。磯部家離れの端っこにある四畳半の勉強部屋を使いたがった。そこで節子は、来客のいない自宅か、好子の家で勉強をするようになった。その後、節子は和式の本宅に洋風の勉強部屋を増築してもらった。洒落た外観の増築でとても気に入っていて、二〇一九（平成三十一）年春まで無人のまま残っていた。

節子と好子が平塚高等女学校を卒業する頃は、戦争末期で戦火が激しく、女子大への進学をやめる生徒たちがいた。平塚高等女学校からは二～三人しか大学に行かなかったが、節子は親の引いたラインどおり日本女子大学の英文科に合格し、進学することに決めた。岡野の孫好子は体が弱かったため進学はせず、挺身隊で平塚の海軍火薬廠に行くこと

国道1号の馬入橋からの富士山と丹沢山塊の眺め。右端は大山

になった。

節子は東京まで通学するようになったため、この頃から二人は次第に疎遠になっていった。

日々の散歩とスパイ疑惑

平塚在住時の日記によると、岡野は雨の日も雪の日も朝晩の散歩を欠かさなかった。朝は馬入堤に出て、馬入川（相模川の河口付近の別称）に沿って相模川河口の湘南大橋まで歩き、そこから見える富士山や丹沢、伊豆、箱根の山々を飽きることなく眺めていた。湘南大橋からは「沖のかもめ」や「箱根八里」などを歌いながら、観光路（現国道一三四号）を通り、松林を北へ抜けて帰宅するというコースを辿っていたようだ。

一九四〇（昭和十五）年の七月二日と三日に磯部家に引っ越しの荷物を運び、その二日後に平塚での最初の散歩で、その感動を俳句で表現している。

平塚海岸から望む箱根の山々。この左側には伊豆の山々、右側には富士山と丹沢山塊が連なり、湘南平も見える。散歩中に川や海で水泳を楽しむことも多かった

富士箱根　伊豆の山山　眼の前に
荒浪や　伊豆の島々　浮ぶ哉
海山《うみやま》や　川を眺むる　橋の上
山水の　大観眺む　橋の上
自然美や　ああ自然美や　自然美や
相模灘　浪打際の　面白さ
雲雀《ひばり》鳴く　花水川の　のどかさや
橋の上　見渡す限り　山水美
海風よ　吹かれて涼し　橋の上

「自然美や　ああ自然美や　自然美や」。川沿いを歩いていたため「橋の上」での句は四つもある。季語がない句もあり、芭蕉と違って芸術性とは程遠いような気がするが、山に川に空にと散歩の道中で岡野が触れた些細な自然一つ一つへの感動がそこには投影されている。

東京方面から東海道を西に向かって相模川を渡る

と、確かに富士山が急に大きく見え、丹沢の山々が身近に感じられる。山好きにはたまらない散歩コースだ。

しかしこの日は引っ越しから日が浅く、移住先の慣れない地でさすがに疲れたのか、バスで帰宅している。

ほかの散歩コースとしては、高麗山に登り大磯のこゆるぎ海岸に出たり、八幡山のほうへも足を延ばしていたようだ。夕方から夜にかけては毎日のように町のほう（平塚駅の周辺）に向かい、平塚市新宿《しんしゅく》（現明石町）の娘の家に立ち寄ったり、映画を観たりしていた。

子どもや孫たちが遊びに来ることもあったが、東京や横浜の親戚の家を訪問する際にも、銀ブラや伊勢ブラをしたついでに芝居や映画を観たり、電車から眺める景色に感動したり、いつも楽しんでいたようだ。

毎日決まった時刻に散歩をしていたため、「あのお爺さんが通るから、今何時だ」と町の人が噂したほどだった。あまりにも規則正しく毎日歩き続ける姿は様々な憶測を呼び、住民たちの間で噂になった。

磯部家に来てから一年後の七月十四日の日記には、家主の磯部録郎から「昨年以来毎日、須賀《すか》（著者注＝馬入川河口沿岸の旧地名）に散歩に来るので、色々の評判があり、中にはあの馬鹿者は『スパイ』でないかと云う奴がある」と言われて大笑いしたと書かれている。スパイ話は岡野も気に入り、小永井家に立ち寄った際などにも話題にしていた。

岡野は三十年以上もの間、経理職として働き続けてきた。経理の仕事は税法という法律のルールに則って、まじめにコツコツと継続することが必要だ。このような仕事に苦痛を感じないという適正が、毎日のルーチンとなっていた散歩や日記を続けさせたのだろう。

さらに日記には、毎日気温を記録していた。それも米国の外資系企業に勤務していただけあり、摂氏（℃）ではなく華氏（°F）の表記なのだ。震災によって日記を含めあらゆるものを焼失したにもかかわらず、震災直後の時点で温度計を持っていたことにも驚かされる。

ゴザをかついだ岡野が三男の満と平塚の海岸を散歩しているとき、英訳のニーチェの詩を朗読したことがあった。満がその語学力を生かして仕事をしたらどうかと勧めたところ、「また働かせるのか」と言ったそうだ。岡野は退職後の日常に満足していたのであろう。

岡野は入浴も大好きで、磯部家から東海道を渡って一軒おいたところにある「松乃湯」によく通っていた。その松乃湯へ向かう道中にある家の息子（暹氏）と岡野の孫好子が結婚することになった。岡野が入浴をしにその家の前を通りかかったとき、その家で勉強している学生の英語の発音を聞きとめたのが縁だそうだ。

日記のなかの小島との交流

岡野が平塚の磯部家で生活していた戦時中、岡野と小島は手紙のやりとりを続けていた。しかしそこからうかがえるのは、小島の病状の悪化である。ここから岡野の日記より、その時期の二

岡野が平塚へ転居してからの12冊目と13冊目の日記

人の交流の様子を追っていく。

一九四一（昭和十六）年五月十九日

「（午後より）小島烏水の阿佐ヶ谷宅に至れば、烏水は中気及び神経痛のため重症になり、医師の忠告で何人とも面会謝絶だと云う。妻君と懇談後、色々慰めて辞去」

――この日岡野は小島の家の近くにある知人宅に用事があったので、小島の家にも寄るつもりで平塚から早朝六時六分発の列車に乗って東京に向かった。午前中にまず知人宅を訪れ、その足で午後に小島宅に出向いたものの、医師の忠告で「重症」の小島と面会できず、彼の妻と会話をするに留めている。

一九四三（昭和十八）年五月二十日

「阿佐ヶ谷の小島の所に至り、病気回復して元気になった顔を見て目出度し目出度しと云って万歳を叫んだ。久々で山の如く積った話しを互にした。五時頃より辞して帰宅。実に良い心地だ。久しぶりで旧友と快談後とて、箱根へでも出かけるかと云う元気だった」

――「面会謝絶」から二年が経ち、ようやく小島の病気が回復する。久々に顔を合わせ、「山の如く積った話し」で盛り上がる。「元気になった顔を見て目出度し目出度しと云って万歳を叫んだ」という岡野の喜びようがうかがえる。

実はこの面会は十日ほど前の五月十一日に、病気が回復した小島から「近日会談したい」という手紙が来たことから実現したものだった。二年前に岡野が小島に会いに行ったとき、小島は重症で会えなかったことを気にしていたのかもしれない。

岡野は早速その翌日に小島に宛てて「都合の良い時、何時でも面会に出かける」という主旨のハガキを出した。岡野がいつも小島の家に出向いていることから、山岳会を退会した負い目を感じていたのではないかという論説もあるが、この手紙のやりとりから分かるのは、小島のほうから岡野に会う約束をしていたという事実である。

一九四三（昭和十八）年五月三十日

「小島より箱根一ノ湯行について『はがき』が来た」

――小島の病気が回復したことにより、手紙のやりとりも再開した。ここでの「箱根一ノ湯行について」というのは、二人での箱根登山計画を意味している。この直前に小島と会った際に、小島の回復に合わせて久々に山に登ろうという話になったのだろう。

ここから二人の手紙のやりとりは活発になっていく。

一九四三（昭和十八）年十月十八日

「小島より二十日の箱根登山は都合が悪いと云う返事が来た」

――箱根行の話が出てから五ヵ月後、紅葉の季節に二人は三十一年振りに一緒に箱根登山をする計画を立てた。しかし小島の都合がつかず、岡野は十月二十九日に一人で箱根登山に出かけている。

二人での山行は叶わなかったが、岡野が一人で箱根登山に出かけた日の日記には「ステキな秋晴れで青空は高く、山々の光景は眼が覚めるばかりだ」と記し、喜びの俳句を五句も作っている。小島と一緒だったらどれほど嬉しかっただろうか。

一九四三（昭和十八）年十一月八日

「左足痛め、腹具合が少し悪いところ柿を喰ったので昨夜より下痢をした。（左足も痛いので）久しぶりで床に静養。偶然にも一時頃、小島烏水の新著『山谷旅浪記』が烏水より送ってきたので、床の中で嬉んで読む」
——小島から新著が送られてきて、岡野は喜んでいる。

一九四四（昭和十九）年六月十七日
「朝近所に散歩。二時頃より堤上に漫歩。帰途雨となる。小島の「江戸末期の浮世絵」を読む。四時頃より堤上に漫歩。夜は小永井に行く。真暗」
——午後、散歩の合間の雨の時間帯に小島のことを考えたのだろうか。この日散歩からの帰宅後に岡野が読んだ小島烏水著『江戸末期の浮世絵』は、一九三一（昭和六）年に梓書房から出版されたものだ。横浜か東京に出かけたときに購入していたものと思われる。
岡野の日記には読書をした記述がよくあるが、その書名はほとんど記載されていない。しかし、小島が出版した本に限ってはすべて丁寧に書名が記されている。

一九四四（昭和十九）年十一月二日
「小島烏水より鼻腔出血がとまらなかったりして益々衰弱してゆくとのはがきが来た。先日余が湯田中より出した返信だ。早く治る事を祈る」
——小島からのハガキには「益々衰弱してゆく」と書かれているという。しかし長男昇の家に保管されていた現物を見ると、岡野が日記で小島の回復を祈っているのと対照的に、小島は岡野のヘルニアを心配し、励まし、さらには「槍を眺望したそうだが君の方が僕よりいくら仕合せだか解らない」とぼやいている。その文面は次のとおりだ。

湯田中よりのオハガキ拝見。ヘルニア病などとおどかしては困る。余の健康を以てしてそんな病気に負けてくれるな。

併し何分の老齢なのだから自重を望む。

槍を眺望したそうだが君の方が僕よりいくら仕合せだか解らない。僕には思いも寄らない。目下の僕は風邪、微熱、鼻腔出血がとまらなかったりして益《ますま》す衰弱してゆく。今日も寝たり起きたりで医師の来るのを待っているところだ。衰えたり哉。

昭和十九年十一月一日

二人はいつも互いの状況を気にかけ、いたわりあっている。前回の相手の報告に言葉を返し、続いて自らの近況を知らせるという往復書簡のスタイルになっている。

翌年に小島は山形県東村山郡出羽村（現山形市）七浦に疎開した。その疎開先を知らせるハガキを岡野に送っている。

六月廿八日以后拙家一同上記のところへ疎開。野菜と果実は豊富にして新鮮。山間の小聚落ながら住心地よろしく、月山と蔵王山は相対して聳え雲中に残雪の光を輝やかす。遊意動くこと頻なり。

昭和二十年七月四日

日付は七月四日である。平塚大空襲の日が近づいていた。

平塚大空襲で住まいを焼失

一九四五（昭和二十）年七月十六日の夜、平塚は大規模な空襲を受け、多くの命が犠牲になった。

磯部家の庭には、立派な防空壕があった。この日の空襲で、節子と母シズが防空壕に入ろうとすると、すでに近所の男性たちでいっぱいになっていた。節子は母に連れられて海と反対側の北方に逃げて、恐ろしい目に遭いながらも何とか難を免れることができた。

この日の岡野は日課の散歩からはじまり、夜の空襲で「暗中に奮闘して壕の中へ蒲団其他の雑品をたたき込んで土をかぶせ」たり、「余が先導で北方の二町ばかりへだたりたる田圃に避難し」たりして、命からがら生き延びることができたことを、毎日つけている日記にいつもより詳細に書き残している。

七月十六日（月）　曇　正午76度　冷気

近所に散歩。庭に手入。堤上に漫歩。夜は近所に散歩。二十三時三十分にB29百九十機が相模湾より進入と同時に突然天より米か麦をこぼすが如き音響と共に焼夷弾が雨の如く落下す。すわとばかり四人は暗中に奮闘して壕の中へ蒲団其他の雑品をたゝき込んで土をかぶせて外に出て見れば、西方新宿、本宿、東方馬入橋方が盛んに燃え上がり闇空に真赤に反映すると共に投弾の雑音で物凄い地獄の光景だ。近所の人々は早くも避難していないので（東風で風下となる）余が先導で北方の二町ばかりへだたりたる田圃に避難して助かった。途中沢山の焼夷弾が、前後左右に落下し今にもやられるかと直感した（幾度も）天祐にも四人は負傷もせず陸稲畑に出て助かった。既に沢山の人々で賑やかに避難して居たが其の中に焼夷弾が落下し、二十四、五才の青年一人、兵士一名、老婆が一名無残にも落命した。敵機は頭の上にブーブー転回しているので、人々の生命は死に直面した。兵士は人々に地に伏せよとどなっている。絶対絶命寿命があれば助かり、さもなくんば死だ、余は決心した。幸い十七日午前二時三十分頃敵機の音が遠くなると共に敵機は退去した。先ず助かったと人々は語り喜ぶ。飛行会社の（田の先方に）工場の焼けるのを見つゝ夜明け迄地上に身を横たえつゝいた。

岡野のこの日記は、平塚大空襲の模様を詳細に記録した貴重な資料であることから親族の小永井氏が市史編さん担当者に提供し、『平塚市史』（二〇〇五年刊行『平塚市史8　資料編　現代』）に掲載された。市史では表記をわかりやすく手直しして、日記原本より読みやすくなっているため、この空襲の箇所は日記そのものでなく、平塚市史に掲載されたものを引用している。

この大空襲によって平塚市の六十パーセント近くが焼野原と化したが、磯部家は本宅のみ焼失を免れた。磯部家の防空壕に入って助かった男性たちが、家ぐらい守らなければとの思いで、燃えている焼夷弾の火を庭の池の水で消し止めたからだ。

こうして焼け残った磯部家の本宅は、被災者たちの宿として提供された。平塚北部の下島に磯部家の親戚の家（陸軍大将となった山梨半造の生家でもある）があり、そこからお米などの食料を分けてもらって、炊き出しもしていた。

本宅が残った一方で、岡野夫婦が生活していた離れの建物は全焼してしまった。それでも日記や一部の手紙類が残っているということは、関東大震災の二の舞にならないように、避難する際に布団などと一緒に日記も壕のなかにたたきこんで土をかぶせたか、もしくは戦局が悪いため事前に地面に埋めるなどして保管していたものと思われる。

岡野の日記によると、空襲の日は訪問中だった次男敬次郎夫婦と岡野夫婦との四人で一緒に空襲のなかを逃げまわった。敵機が去ってからも夜明けまで地面に横たわっていて、夜明けとともに家に戻ってみると、家はすっかり焼けてしまっていた。二十余年間集めた本が燃えているのを見て、哀惜に堪えなかったそうだ。

続いて三男満が、妻の実家のある高部屋（現伊勢原市西富岡）から夜どおし歩いて救助に訪れ、さらに同じ平塚在住の長女ユキの夫も安否確認をしに来てくれた。長女ユキの家（小永井家）は町の中心部にあり住まいは焼失してしまったが、家族は三人とも無事だった。満は両親らの無事を確認すると、高部屋に帰って行った。岡野はこの辛いときに子どもたちに支えられて、さぞ心強かったことだろう。

吉浜への転居

岡野は磯部家の庭に残った二棟の物置のうちの一つを借りて、そこで生活することになった。夜は近所の長島方に宿泊し、そこの老夫人が親切にしてくれて、お風呂も提供してくれた。

空襲二日後の早朝には、満が妻の俊子とともに野菜を持って再び見舞いに来てくれた。岡野の妻トヨの母方（小川家）の親戚で、トヨと仲良くしていた小川マツが神奈川県足柄下郡吉浜町（現湯河原町吉浜）でいわゆる不動産屋を営んでおり、貸宿を所有していた。満は住まいを失った両親のためにそこの空き家情報も得てきていた。

当時のことを知る人物が限られているなか、親族が本書の執筆に合わせて行った調査によると、小川家は吉浜に別荘と、そこから離れて管理小屋のような建物（通称「門番さんの家」）を所有していた。後者の管理小屋のような建物は、池田という東京在住の人物が別荘として借りることになっていたが、池田家は海水浴などで訪れる際に年に数回利用する程度だという。普段は誰も住まずに空き家の状態になっている。これが満の仕入れてきた情報だった。

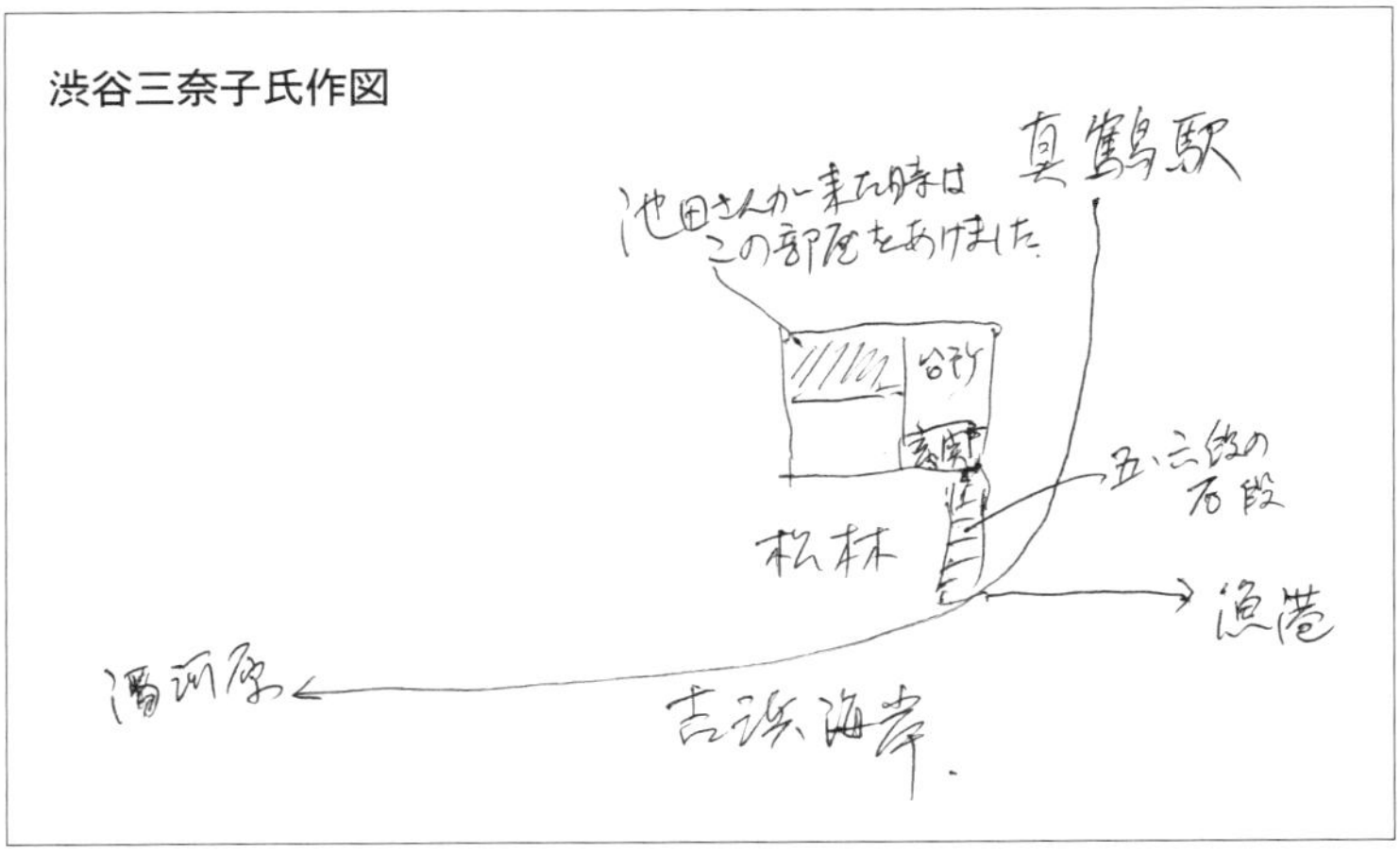

吉浜の転居先の地図と家の間取り。渋谷三奈子氏が当時を思い出して作図

満は早速東京に住む池田家に出向いて、普段は岡野家がそこに住まわせてもらう交渉をし、空襲から三日という早さでその話をまとめることができた。こうして岡野夫婦は、五年間暮らした平塚の磯部家からトヨの親戚が所有する吉浜の「管理小屋」へと転居することになった。

「岡野金次郎年譜」には、「七月、平塚市空襲に遭い、足柄下郡吉浜町の町外れ、箱根外輪山が、湯ケ原と真鶴の間に突出し、断崖となって海に臨んでいる場所の親戚の別荘に疎開し、毎日朝晩箱根の山道と吉浜海岸を散歩す」とある。空襲で平塚の住まいを失ったのが七月十六日の夜で、吉浜の新居に荷物を運んだのが二十日、そして二十六日には身内と小島に転居の知らせをハガキで送ったことが日記から分かる。

七月二十六日「小島烏水に転居の『はがき』を出した」の記述に続いて八月八日の日記には、

「小島烏水より慰問の『はがき』が来た。山水の景観を眺めつつ漫歩。広島へ敵新型爆弾使用B29少数機で新爆攻撃。相当の被害」と記されている。

山形に疎開している小島からハガキをもらって、気分よく散歩をしていたが、この日広島に原爆が落とされたのである。この頃岡野はかなり詳細に戦況を記録している。

八月十五日に終戦を迎えると、次女テル子の嫁ぎ先である渋谷家が台湾から引き揚げて来て、一時的に岡野の住まいに身を寄せることになった。渋谷一家が帰国の足で湯河原駅に降り立ち、そこから住まいに向かって歩いていたときのこと、「おじいさん（岡野）がバンザイと手を挙げて迎えに来てくれてた」とテル子の娘三奈子氏は振り返っている。さらに当時の記憶を頼りに間取り図を描きながら、次のような話もしてくれた。

「私たちが吉浜のおじいさん、おばあさんのところへ行っていたときは〝門番さんの家〟と言っていました。家は玄関の上がり框《がまち》に二〜三畳、さらに二部屋があり、『今日は池田さんが来るから一部屋空けるように』という日には私たちは玄関の部屋で寝たこともありました」

岡野の日記には、毎号の日記の住所録に池田氏の東京の住所（途中で埼玉県浦和に移転）が記載されており、連絡を取り合っていたようだ。吉浜で過ごしていた時期の日記でも、特に夏には池田家が海水浴などをしに遊びに来ていたことが記載されている。

岡野はこの新たな居住先でも、日々の散歩を楽しんだ。とはいえ引っ越し当初は戦時下で、燃料確保のためにトヨと二人で毎日の散歩のかたわら、海岸で枯れ木を拾うなど実益も兼ねていた。

戦後の物のない苦しい時期だったので畑も借りて、トヨと慣れない畑を耕し色々な種類の野菜を作っていた。頑張り屋のトヨが時々熱を出して寝込んだりしたが、子どもや孫たちが頻繁に訪ねて来て畑を手伝ったり、皆で支え合っていた。隣組の仲間入りをして、良好な近所付き合いもするようになった。

大変なことも多々あっただろうが、岡野はのどかな満ち足りた生活を送っていたようだ。

小島から岡野に宛てた手紙

小永井家（長女ユキの夫やその息子家族が暮らす家）には、小島が一九四七（昭和二十二）年の一月十日に岡野に宛てたハガキが保管されていた。

御年賀状を謝す。君がいつも元気でいてくれることは嬉しい　老生と同年齢の友人で健在は君一人となってしまった。お互いに身を堅持して国歩の艱難《かんなん》に堪え抜こう。
拙家は女婿がニューギニアで戦病死したこと、昨年公報発表があったので喪に服して門松一本立てない。寂びしい新年ではあったが併しその外は一同元気である。処が僕はもう登山は出来ない。　一月十日

「君がいつも元気でいてくれることは嬉しい」と岡野の健康を喜びつつ、老体には逆らえず「僕

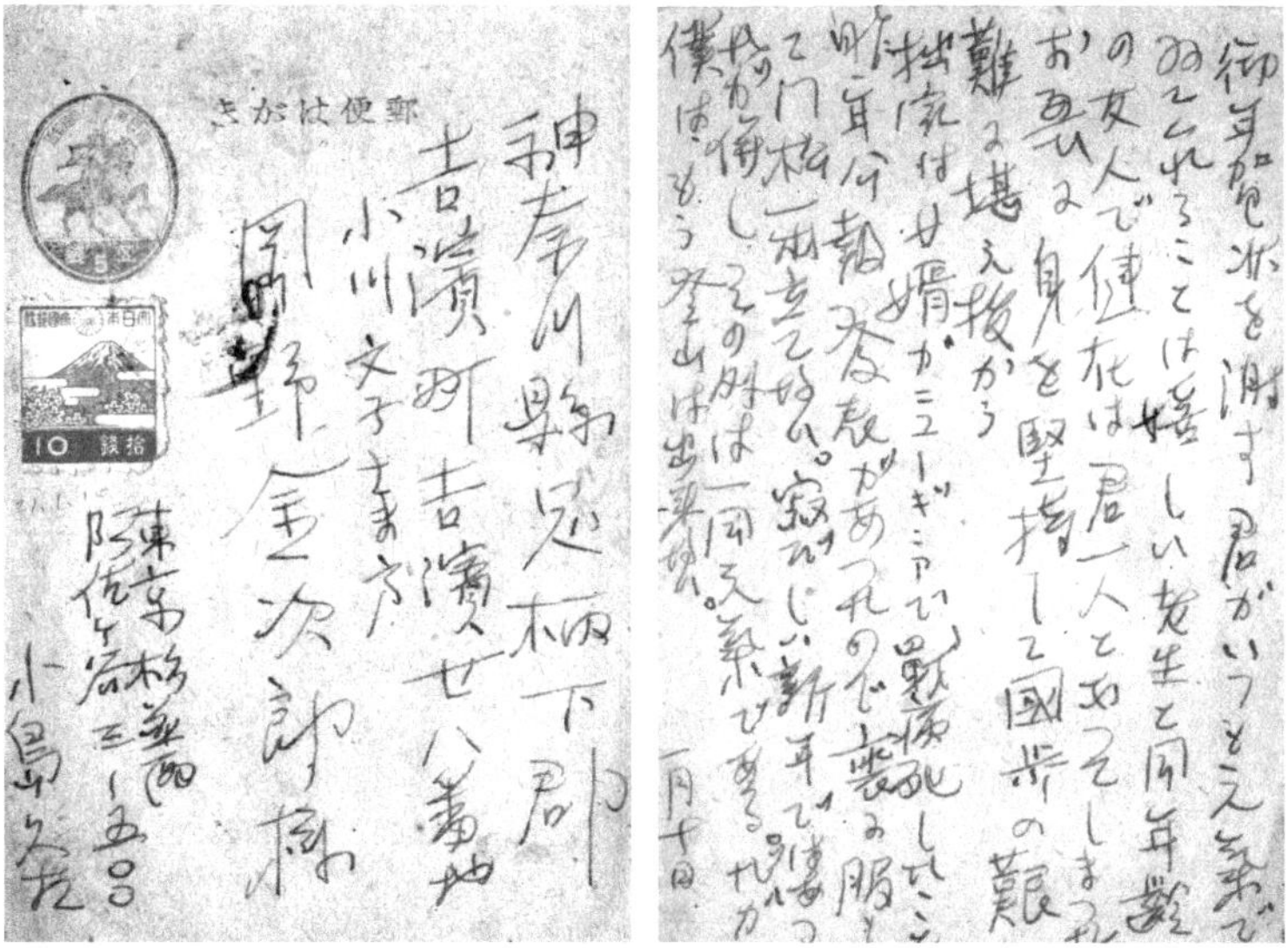

小島から岡野に宛てたハガキ。1947年1月10日付

はもう登山は出来ない」と、同年齢で唯一の健在者になってしまった岡野に告げている。

　このハガキは未公開だが、さらに岡野は小島の死後に寄稿した『山岳　小島烏水記念号』にて、小島から届いた三通の便りを公開している。一通目はこのハガキと同年一九四七（昭和二十二）年の春、二通目はその翌年、小島が亡くなった年の春に送られてきたものだ。一通目はすでに第一章で触れたが、再度ここで紹介する。

　其後、御起居いかが、此季節になると想い出す今より数十年前、二人で平塚から尊仏山下の大兄御親戚の（略）許に菜黄麦緑の田園を辿り高原から山村へと田舎道を縫い一泊して松田の方へ下ったときの無邪気にして愉快なりし逍遥游を未だに印象深くおぼえている、当時の人々は大方今は故人となられたであろうお互長生きをして来たものかな。尤も今の老生は動脈硬化気息奄々で昔の俤はないが、それでも生きていることだけは確かである。最近の御消息お洩らしを乞う　草々四月十二日

今から数十年前（正確には五十三年前）に二人で尊仏山に登ったときの「無邪気にして愉快なりし逍遥遊」を、いまだに菜の花が咲くこの季節になると思い出しますと、すべてはここから始まった二人の登山家デビューを振り返りつつ、「お互長生きをして来たものかな」と過去を懐かしみ、岡野に近況を知らせてほしいと書いている。

同年一九四七（昭和二十二）年の六月十二日の岡野の日記には、「重太郎より『夕刊名古屋タイムス』に伊藤秀五郎氏が『上高地とウェストン』と題し小島と余の関係した記事が記載されてあった。其当時を想いば五十年前の面白い想出だ」と記されており、槍ヶ岳登山に関する出来事は、この頃にも様々な山岳関係者が紹介していたようだ。

そして翌年の一九四八（昭和二十三）年春に送られてきた小島からのハガキもまた、触れられているのは二人の昔の思い出だ。

その後御起居いかゞや。老生は正月元日から寝込んでしまい冬眠状態に入ったようであった

が陽春四月に入りて漸く恢復、床から這い出して今では好晴の日は一寸した散歩ぐらいは出来る。本年秋までは少くとも大丈夫らしい。庭内の梅も桜も花は散り目下は木瓜《ぼけ》、山吹、木蓮などが咲き揃っている。ヤハリ春はよろしい。貴兄お腰の方はヤハリ具合がよくないのですか、バネを入れて昔日の健脚に戻られむことを祈っている。君と始めて徴兵検査に一緒になり湘南を歩き廻ったのも春の今頃かと思うが昔が懐つかしい。草々

小島は自らの身体の具合を報告するとともに、岡野の腰の具合を心配している。岡野がそのように手紙で知らせていたのだろう。実は小島との交流が復活した頃から十余年間、岡野はヘルニアに悩まされていた。小島は「バネを入れて昔日の健脚に戻られることを祈っている」と、岡野が健脚だったことに触れ、最後は二人が徴兵検査で出会ったことからはじまる思い出に浸っている。

このハガキが届いたあとの四月二十二日付の岡野の日記には、小島に返信した次のような記述があった。

小島に「はがき」を出した。三句を送る。

山と海　色とりどりの　春景色

月と星　吉浜うらの　天の河

春が来た　万物生々　よみかえる

どれも春の喜びを詠っていて、岡野の浮き浮きしているような心の内が伝わってくる。「小島に『はがき』を出した。三句を送る」という書き方から、岡野は小島にこれらの句を添えて、近況を報告したのかもしれない。このハガキに対する小島からの返信は、「オハガキ拝見、脱腸とは一寸難物だね」からはじまっている。これが『山岳　小島烏水記念号』で公開された三通目のハガキである。

オハガキ拝見、脱腸とは一寸難物だね（略）老いの衰えを感じさせる、若いときの元気に任せての無理が祟ったのだろうが、どうせ百まで生きるわけのものでなし、何事も「あなた任せ」で天に一任することだ。「山と渓谷」という雑誌（百九号）に老生の山の自伝を掲載し始めたが以後の数号に亘る筈だ。百九号は初回で君のことを大に書いてある、何分速記させた原稿を基として手を入れたのだから印刷して見ると誤謬脱漏が目について困る。併し将来、単行本にまとめる際、訂正増補するつもりである〇目下新緑一年中の好季節、多摩川渓谷でも歩いてみたいが僕ももう旅行は不可能である。其日々を室内で生きているのが精一杯は心ぼそい。四月二十四日まず、小島から岡野宛のハガキが桜が散った後の四月であり、その返事として岡野が小島にハガキを出したと日記に書いているのが四月二十二日、さらにそれを受けて小島から岡野に届いたハガキの記載は四月二十四日である。この頃、二人はかなり頻繁に手紙のやりとりをしていたようだ。

この二十四日の手紙では、小島は連載を始めたばかりの『山と溪谷』の百九号（連載の初回）で「君のことを大に書いてある」と岡野に知らせている。連載タイトルは「山の因縁五十五年」。タイトルのとおり、小島の自伝として山に関する出来事を順に回想していくにあたって、連載の初回で槍ヶ岳登山やウェストンとの出会いといった出来事が語られる。どちらも小島の人生を語る上で外せない事柄だ。

槍ヶ岳登山の箇所では岡野について「健脚で無暗《むやみ》に歩きたがる男なんだ。その代り山の事なんかは一向知らない。それから私が発案して槍ケ岳に二人で登ろうじゃないかと言って相談をかけた」と書いている。あくまで小島が主導したような表現だ。そして「君のことを大に書いてある」といっても、あとは槍ヶ岳の同行者としてやウェストンの発見者として岡野の名前がさらりと出てくる程度である。

この手紙の一ヵ月後、小島は二度目の脳溢血で倒れた。小島の年譜（「烏水・小島久太年譜抄」）には「この後は意識混濁、半身不随、言語障害の経過をたどり、だんだん危期が迫って来た」とある。岡野に宛てた手紙も途絶えてしまった。

小島烏水の死

小島の体調が思わしくなく死への危機が迫るなか、それでも岡野は変わらぬ日々を送っていた。一方で歳には逆らえず、小島が心配していたように岡野は十余年の間ヘルニアに悩まされていた。しかし戦争を挟んで戦後、畑仕事をしながらの大変な時期であり、治療のことは言い出せなかったようだ。

そんな岡野のもとに嬉しい知らせが届いた。九月十一日の日記には「スタンダード社から年金を復活するというgood newsのハガキが来た」と記している。そして十一月六日には、「突然スタンダード社より七、八、九、十、四ヵ月の恩給（略）書留郵便で到着、とても嬉しかった。流石に大会社だと感謝に堪えない。早速『ヘルニア病』の施術費にしたいとトヨに話した」とある。

恩給が手に入ると、岡野はさっそく三日後には郵便局に行き、お金を引き出し二日間の入院準備を済ませると、十二日には国立病院に行っている。

診療後、切開手術を開始して、一時間弱で手術は終了。三日間は不動の姿勢でベッドに横たわるので苦痛だったが、十九日には抜糸。経過は順調で、二十五日に退院している。戦争により一時期途絶えていた恩給の復活をきっかけに素早い対応に驚いてしまうが、早く治療をして思うように好きな登山をしたかったのだろう。

ところがそこへ、今度は悲しい知らせが入ってきた。手術からちょうど一ヵ月後の一九四八（昭和二十三）年十二月十三日、小島の容態が回復することなく亡くなったのだ。行年七十四歳。

わずかに望みがあった二人の登山もかなわなくなってしまった。

小島が岡野に向けて、「其日々々を室内で生きているのが精一杯は心ぼそい」の一文でしめた同年四月二十四日の手紙が、今確認できるものとしては、二人の最後のやりとりである。

岡野の日記や二人の手紙のやりとりからは、互いを思いやり、強い絆があったことがうかがえる。しかし晩年の二人の関係もまた、正しく伝わっていない側面がある。

小島と岡野の共通の知人である斎藤昌三は冊子『故岡野金次郎氏をしのぶ』のなかで、「(烏水老は) 昭和二十三年十二月七十六歳で病死したのに、金翁は無二の岳友の死も知らず、相変らず有名無名の山岳行脚に日を暮していたので、たまたま僕の処へ来て初めて烏老の死を知ったという呑気爺さんであった」と書いており、岡野は小島の死を長い間知らなかったと報告している。しかし、これは事実ではない。

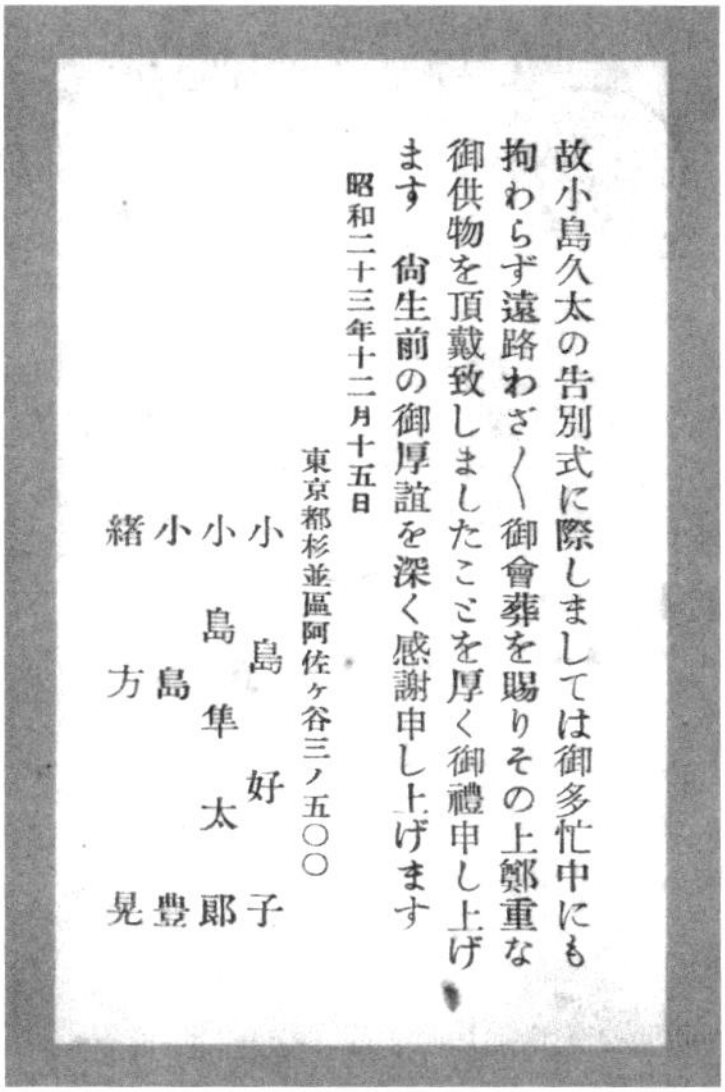
故小島久太の告別式に際しましては御多忙中にも拘わらず遠路わざ／＼御會葬を賜りその上鄭重な御供物を頂戴致しましたことを厚く御禮申し上げます　尚生前の御厚誼を深く感謝申し上げます

昭和二十三年十二月十五日

東京都杉並區阿佐ヶ谷三ノ五〇〇

小島好子
小島隼太郎
小島豊
緒方晃

小島家から岡野に届いた小島久太（烏水）告別式参列の礼状

まず、小島が亡くなったのは七十六歳ではなく七十四歳である。さらに岡野は実際、小島の死去二日後には新聞の報道で彼の死を知っていた。そのことをその日の日記（十二月十五日付）

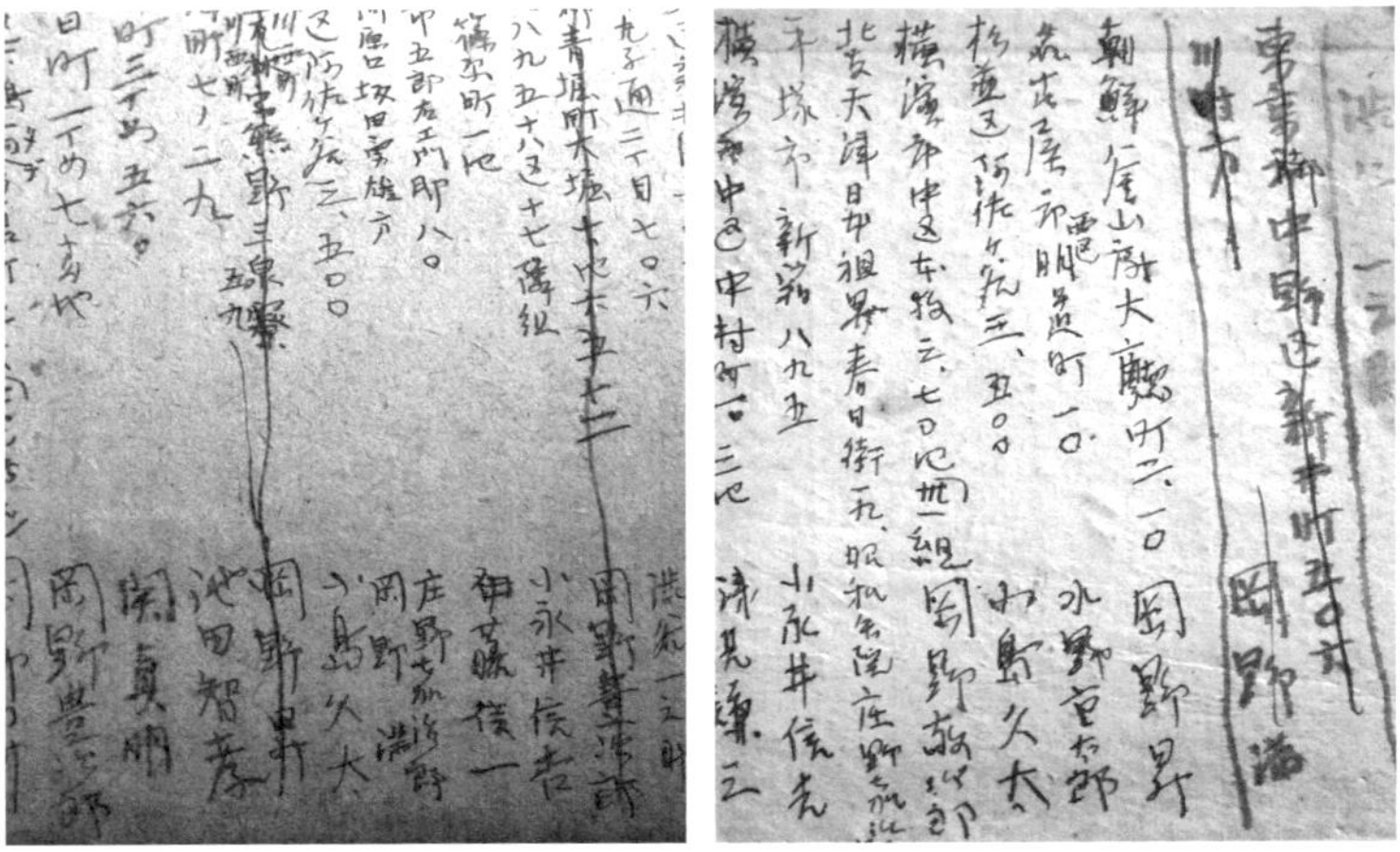

日記の住所録には毎回小島久太の名前（烏水の本名）が入っている

に「朝刊小島烏水十三日に死去したと報ず、早速弔意の『はがき』を出した」と書いている。

もう一つの証拠として、阿佐ヶ谷の小島家からは十二月二十七日の消印で、岡野宛に告別式参列のお礼状が届いている。これだけ見ると、岡野が小島の告別式に参列したように思えるが、お礼状の文面はハガキに印刷されていて、不特定多数の人に向けている。小島家は岡野からの弔意のハガキを受けて、告別式参列者用に送っていたハガキを岡野にも送ったのではないかと考えられる。

どちらにせよ岡野は烏水の弟小島栄とも昔から交流があり、さらにその後岡野が死去した際には告別式に烏水の長男隼太郎が参列していることからも、小島の死を親族が岡野に知らせずにいたとは考え難い。

岡野は関東大震災以降に二十冊の日記を残しているが、六冊目の一九三二（昭和七）年以降からそのすべてに、その頃交流している人の住所を記していた。親戚以外に住所を記載するような交友関係は少ないなかで、日記帳を新しくするたびに必ず書き記していたのが小島の名前だった。それほど小島に対する思い入れは強かったのだろう。

『山岳』への寄稿「小島と私」

小島の死を知ってから書かれた日記のなかに、彼に対する感情表現があるのではないかと思い捜してみたが、岡野の日記はこんなときでも日常を淡々と記しているにすぎない。しかし小島の死を知った十二月十五日の日記には、月見をしたことが記されている。

昭和二十三年十二月十五日（水）　晴　54度　寒冷、強西風
朝刊小島烏水十三日に死去したと報ず、早速弔意の『はがき』を出した。竹を切り、松葉をかり、武田・小沢に寄る。夜は月見。

武田と小沢は隣組で親しくなった仲で、この頃の日記に頻繁に名前が登場する。
小島の死から約一ヵ月後の十二月二十六日には、永井荷風の『冬の蝿《はえ》』を読んだことを記している。

昭和二十三年十二月二十六日（日）　雨　56度　寒冷

「砂とう」の配給を取りに行く。永井荷風の「冬の蠅」を読む、面白かった。雨は時々小雨になる。

永井荷風の『冬の蠅』は、様々な句を添えた随筆集だ。書名は老いた自分を冬の蠅に重ね合わせた「憎まれて　ながらふる人　冬の蠅」の句（俳句の作者は宝井其角）がもとになっている。岡野の日記では、小島の著作以外は読んだ本の書名を記すことがほとんどないなかでの『冬の蠅』である。日々の行動を細かく書き連ねていくのが岡野の日記のスタイルで、日記を見る限り感情はあまり表に出さない岡野だが、こういった日々の淡々とした記述の行間に、かえって淋しさがにじみ出ているような気がしてならない。

そして小島の死から約二ヵ月後。日本山岳会の機関誌『山岳』の編集者である望月達夫から岡野に小島烏水の追悼文を書いてほしいと依頼があった。

一九四九（昭和二十四）年二月二十日の日記には、「八時頃突然満が来た。望月達夫の手紙の知らせで八月の山岳号で小島烏水の山の知人が山の思い出と追悼を掲載するから拙者にも何にか五十余年の山の友として感想を書してくれとの事だ。満が談話を筆記して三時頃帰えった」とある。

追悼文は、岡野の語りを三男満が代筆することになった。そのことを満は、『山岳』への寄稿から漏れたエピソードとともに、「父・岡野金次郎」のタイトルで原稿用紙に次のように書き留めている。

昭和二十四年四月十五日（父の満七十五歳の誕生日）の朝、私は父から突然ひとつの仕事を頼まれた。それは前年の暮、山の盟友小島烏水氏が逝去され、その追悼号を出すについて寄稿をするようにという依頼が、日本山岳会からきていて、その要望に応ずるためにこれから口述を始めるから、速記して後で清書してほしいというのである。父は縁側の籐椅子に楽な姿勢でもたれながら、瞑想しがちに、ときどき眼をあけて、庭ごしにみえる海の景色――前面には初島、左方には真鶴岬、右方には伊豆半島の天城連山と、ちかくの熱海湯河原の岬をみるともなしに眺めながら、ぽつりぽつりと口述をはじめた。

岡野の寄稿文「小島と私」を収録した『山岳　小島烏水記念号』

その口述は、小島が死去した年に岡野に宛てた〝最後の手紙〟を冒頭に紹介した上で、二人の主要な出来事を「交友の始まり」「最初の登山」「乗鞍岳登山」「槍ヶ岳登山」「ウェストンとの交友の始まり」「其後のことども」と、時系列に沿って進められている。『山岳　小島烏水記念号』のなかに「小島と

岡野が『山岳　小島烏水記念号』と一緒に受け取った小島の新刊『山の風流使者』。死の直前まで『山と溪谷』で連載していた

私」のタイトルで掲載された岡野の寄稿は、岡野から小島に宛てた最後の往復書簡でもあった。それと同時にこれは小島と岡野二人の山の思い出を語る体裁をとりつつも、実は岡野が自らの山の活動を詳細に語った、初の公の記録であった。それが実現したのは、岡野が長年距離を置いてきた日本山岳会の機関誌『山岳』であり、小島の死をきっかけに山岳会設立から四十五年近い歳月を経ての出来事だった。

一九四九（昭和二十四）年十一月十九日。岡野は訪ねて来た満から、『山岳　小島烏水記念号』と小島の最新の著書『山の風流使者』を受け取った。これは小島が脳溢血で倒れて意識混濁する直前まで『山と溪谷』に連載し、岡野に手紙で「君のことを大に書いてある」と知らせてきた文章を収録した書籍である。その日の岡野の日記は次のようなものだ。

神明山方面に散歩、上の畑に手入、満が見舞に来た。色々盗難の話をした。意外な損害にあきれた。『山岳』第四十四年度第一号小島烏水記念号と（「小島と私」と云う題で寄書したので）小島最後著『山の風流使者』を持参してくれた。故人と語る気がして快感快感。満が上の畑に「玉ねぎ」を植えてくれた、「自然じょ」を掘ってくれた。美味美味。夜に入り話はつきない。三人で語りつつ快眠。

盗難の話をしたとあるが、この二日前に「深更にドロボーが入り衣類、洋服等（三十点ばかり）盗まれた」と日記にあり、大変残念がっていた。しかし、『山岳』と小島の近著を手にして、それも吹き飛んでしまったようだ。

この日は夜に入っても話が尽きず、実に楽しそうである。「故人と語る気がして快感快感」――。これが小島について記した最後の日記だと思われる。

その後、岡野は望月に宛てて礼状を出した。その手紙の下書きが日記のなかに残されている。

望月達夫様

「山岳」小島烏水記念号発行に就て色々の御配慮に対し厚く御礼申上ます。烏水も地下で喜んで居る事と思う。老友に先き立たれもの淋しく感じます。

目下は山水明媚の此所に悠々自適、自然美を友として（箱根の支脈十国峠等に登り或いは海岸に漫歩）其日々を楽しみつつあります。御都合の良い時にご来遊下さい。

今日の現状に対しては実に明治時代が今更ながら懐しい。うしと見し世ぞ今は恋しきか。

山と海晴れて色ます秋景色

「老友に先き立たれもの淋しく感じます」と望月には素直に語っている。「憂しと見し世ぞ今は恋しき」は藤原清輔朝臣の詠んだ歌の下の句で、辛いと思っていたあの当時も今では恋しく思い出されるという意味である。

小島が亡くなり、ここからの望月との交流が、登山家岡野金次郎の評価に新たな変化をもたらすことになる。

第八章

日本山岳会との交流

当日は名誉会員として高野、武田、加賀正太郎、近藤茂吉、鳥山悌成、冠松次郎の諸氏が出席され、岡野翁とはおそらく三十数年ぶりの再会であって、親しく接したわれわれにも感動的な場面であり、お互いに手をにぎり肩をたたき喜びを分かち合ったさまが、まだありありと憶い出されるのである。

——望月達夫（『近代登山の先駆者たち』より）

マナスル登山のスライド映写会

長い間、岡野の登山歴や実像は正しく伝えられてこなかった。正しいか正しくないか以前に、存在自体がほとんど知られていなかったと言い切ってしまったほうが適切かもしれない。なぜなら長らく岡野の記録といえば個人的で非公開な日記のみで、山の公式な記録に岡野の名前が載ることはほとんどなかったからだ。

しかしここから岡野が小島より長く生きたということが、結果として岡野の人生において大きな意味を持つようになっていく。小島の死後徐々にではありながら、岡野の登山家としての実績が、一部の山岳関係者の間で評価され始めていくからだ。

そのきっかけとなったのは、一九五三（昭和二十八）年十一月にマナスル登山隊の講演会を日本山岳会が開催したことだった。この年、三田幸夫を隊長とする第一次マナスル登山隊が登頂に挑んだものの、頂上まで至らず失敗に終わった。岡野は新聞でその講演会の開催を知り、新聞を読んだその足で朝六時過ぎ発の電車に乗って、日本山岳会で唯一といってよい連絡の取れる間柄だった望月達夫の自宅へ向かった。

望月は当時『山岳』の編集者であり、『山岳　小島烏水記念号』で岡野に寄稿を依頼した人物である。望月はのちに『山岳』の追悼文「岡野翁のこと」にて、次のように述べている。

岡野金次郎（左）と望月達夫。マナスル登山の講演会を聴きに上京し望月宅に泊まった際に玄関前で撮影

昭和二十八年十一月二十八日のことでしたが、私の勤め先へ家から電話がかかり、岡野のおじが、丁度その夜開催されるマナスルの講演会をききたくて、遠路態々《わざわざ》やって来たというのでした。おそらく新聞の広告か何かでそれを知り、矢もたてもたまらなくなって、とも角私を訪ねれば委細判るだろうと、家を出て来たような様子でした。

岡野はマナスル登山の講演が聴きたいあまり、何の事前連絡もなく講演会当日に東京の望月宅を訪ねて来たというのだ。その事実を家族から職場への電話連絡で知った望月は、「今日のヒマラヤ登山講演は学生相手だから止めにした方がよい」と岡野に言った。そして思いがけない提案をする。明日は日本山岳会の名誉会員を囲んでのマナスルのスライド映写会があるから、ぜひそれに出て貰いたいと岡野を誘ったのだ。

岡野はその日の出来事を、日記で次のように書いている。

十時十四分発で高円寺駅に着、望月清及び望月達夫と久しぶりで懇談。今日のヒマラヤ登山講演は学生相手だから止めにした方が良いからと云う。そんなら今夜は貴家に宿泊にする事に一決した。達夫がヒマラヤ写真を数十枚を見せてくれた。一泊。

こうして岡野は望月の家に一泊させてもらい、外部には知らされていなかった翌日の日本山岳会の名誉会員たちの集まりに、名誉会員どころか非会員ながら急遽顔を出すことになった。

この会に出席した高野鷹蔵は、講演会があることをラジオで知った岡野が鉄道博物館に駆けつけたところを望月が見つけて声を掛け、翌日の会合に招いたと証言している。しかし実際には毎日新聞で知った岡野がどうしても講演を聴きたくて、望月の自宅を訪ねたというのが真相だ。

望月はそのことを、『近代登山の先駆者たち』のなかで次のように説明している。

名誉会員を囲んで三田幸夫さんが説明役となり、マナスルのスライド映写会を催したときであった。「当日は本会創立者の一人たる岡野金次郎氏がわざ〳〵吉浜より上京され一同を悦ばした」と（著者注＝日本山岳会『会報』171に）あるが、これにはいささか説明の要がある。という訳は、永年、会と関係のなくなった岡野翁が突然この会に出てくるには、それなりのキッカケが必要だった。たまたまその前日二十八日にマナスルの講演会がほかであるということを翁は毎日新聞で知り、それがききたくてたまらず、縁つづきにあたる私の家を訪れたのであった。そこで私はすでに八十歳になんなんとする翁を、夜の講演会に案内するより、偶然にもちょうど、その翌日には会のルームで名誉会員をお招きする集りがあるから、その夜は拙宅に一泊し、ぜひそれに出て貰いたいと思って、連れていった訳であった。

名誉会員たちとの交流

岡野の旧友である高野鷹蔵は、当日の出来事を日本山岳会の『会報』172（「老友・岡野さんのこと」）のなかで、「思わざる珍客が見え、なお更に驚きと喜びとを重ねた。岡野金次郎さんその人である。御目にかゝるや否や、久闊を叙すと『君はいくつになった?』と云うので漸く七十になったと答えたら、『未だ若いなアー』と云うご挨拶である」と書いている。そして、「五十年も前に見かけた如くガッチリした短軀は若い頃そのまゝである。頗《すこぶ》る無造作な身装に下駄履きと云う山の中から出て来た様な恰好も、昔の山岳人を偲ぶに足りるのである」、「岡野さんの事は実は直接会の創立にはタッチされてないので、誰れもが殆ど述べていない。然し（略）今日の日本の山岳界のほんとうの起動点をなしたのは此岡野老と云ってよいのである」と続けている。

マナスルのスライド映写会に参加した岡野金次郎と名誉会員たちの集合写真。出席者はこの日の説明役三田幸夫のほか、高野鷹蔵、武田久吉、加賀正太郎、近藤茂吉、鳥山悌成、冠松次郎、神谷恭、望月達夫ら18名（武田の娘と加賀の妻を含む）

神谷恭（左）と岡野金次郎。神谷はのちに岡野の告別式にも参列している

スライド映写会の様子。中央が岡野金次郎

いずれも望月達夫のアルバムより

このとき高野と岡野は久々の思いがけない再会となった。しかし長い間離れていても、精神的な結びつきはあったのだろう。高野は五年前に小島が死去した際の『山岳』で岡野が書いた「小島と私」を読んで懐かしくなり、岡野にハガキを出していた。

「山岳」小島君記念号で貴老の一文を拝読。御健在を
𡉴《よろこ》ぶと共に古い前のヨコハマの事を偲んでいます。戦争で何もかも変った世の中に只一つ残るものは旧知の面影です。私は年は一廻り若いのですが、既に老人となって猶御目にかゝり得たいかと考えています。御健祥を祈ります。

老人になってもお目にかかりたいと手紙にしたためた高野は、この日岡野が「頗る無造作な身装に下駄履きと云う山の中から出て来た様な恰好」で会場に現れ、「(望月家で一泊したため)着のみ着のまゝの姿も往年の山岳人の情熱を思わせるもの」だったと書いている。

確かに高野の証言と合わせて写真を見ると、皆がネクタイを締めているなか岡野は室内でも一人マフラーを巻き、全身が写った集合写真では革靴揃いのなか一人だけ下駄を履いている。

このような恰好で望月に連れられ突然現れた老人を見て、会員たちはさぞ驚いたに違いない。この日スライドの説明役をつとめた三田幸夫(第一次マナスル登山隊の隊長)もかつて、そんな驚きを体験していた。

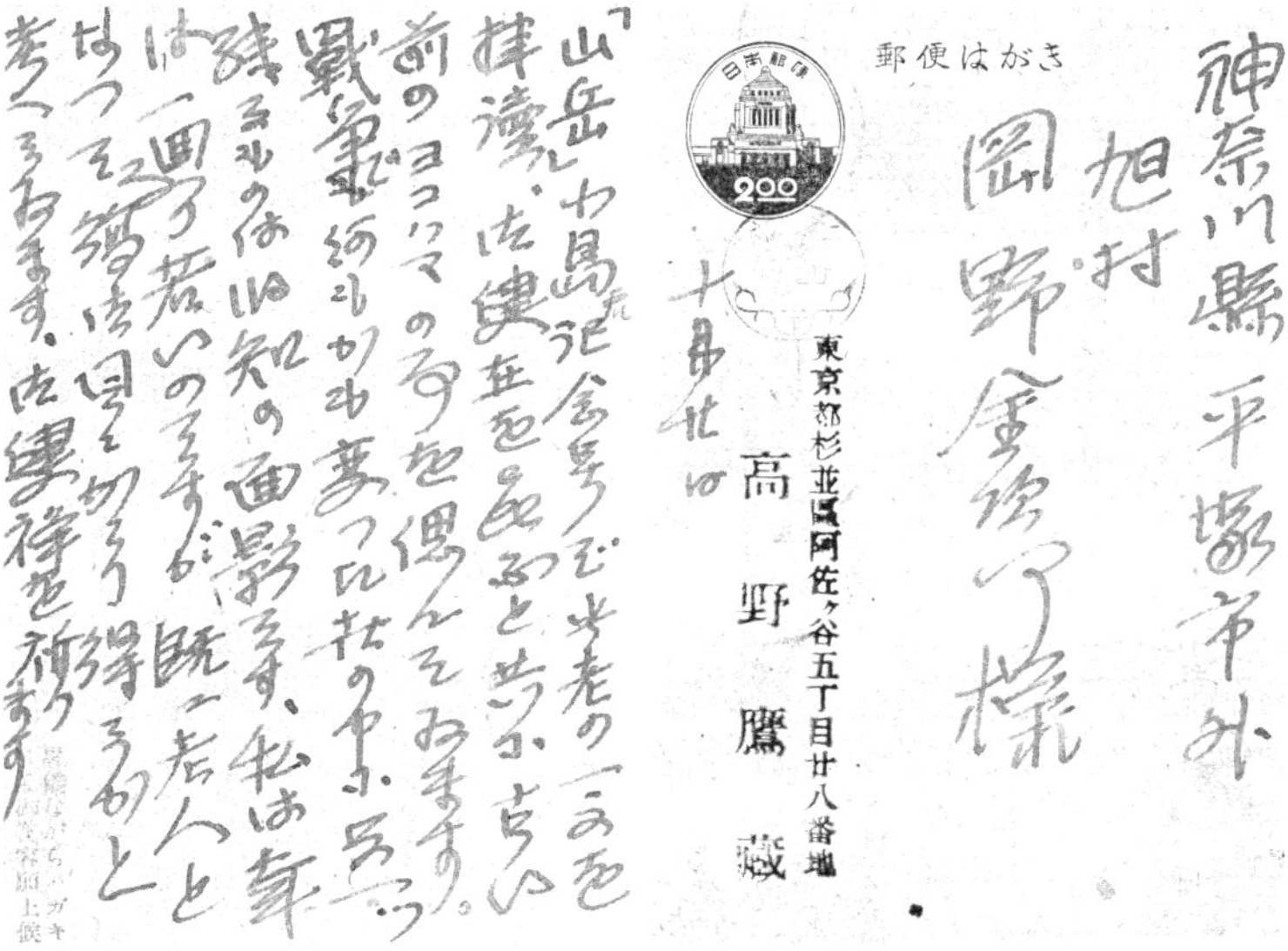

『山岳　小島烏水記念号』を読んだ高野鷹蔵から岡野に宛てたハガキ

　三田が大正末にアルバータ遠征から帰国し、横浜で山の集まりが開かれた際、そこに参加していた岡野を紹介されて、三田はそれが中学時代に横浜で目撃した謎の人物であることに気がついた（第六章参照）。それからというもの三田は、岡野とたまに会うたびに、開拓期の日本アルプスの話などを聞くのが楽しみだった。

　この日集まった名誉会員たちは、ヨーロッパアルプスのユングフラウに日本人で初めて登頂した加賀正太郎、グロース・シュレックホルンに登頂した近藤茂吉、登山家として活動しつつ数々の山岳紀行文を発表してきた冠松次郎ら、山岳界でそうそうたる実績を残した人物ばかりである。そのなかに、山岳会発起人の高野や武田久吉、同じく初期からの会員であり武田らの仲間として日本博物学同志会のメンバーでもあった鳥山悌成らも参加していた。

加賀正太郎はＮＨＫの朝ドラ「マッサン」で渡芳利のモデルになった実業家でもあり、この日は互いの長寿を祝い合うためにウィスキーを寄贈している。

そのような顔ぶれのなかでも注目すべきは、武田久吉の存在である。山岳会設立当時に意見が合わなかった武田と岡野はその後も交流がなかった。しかし武田は小島が死去した際の追悼で、山岳会の成功は高頭が莫大な資金援助をして会を支えてくれたからだと、初めて山岳会設立時の内幕を明かしている（第四章参照）。さらに武田は死去一年半前（このスライド上映会から二十年後）の一九七〇（昭和四十五）年末になって、日本山書の会が発行した『山と人・山岳』に「山岳会の結成と『山岳』の誕生」のタイトルで寄稿し、そのなかで恐らく初めて岡野のことにも少しだけ触れている。

ついでながら、小島君と一緒に槍ケ岳に登った岡野君について一言して置こう。同君は甚だ真面目な人柄で、烏水君とは対蹠的の性格と言ってもよいかと思われる。自分の登山歴をひけらかすようなことは殆どなかった。丹沢山塊に足を入れたのは、私達が最初のように世間では思っているらしいが、岡野君は私達よりも前に、菩提ノ山あたりに登っていたようである。

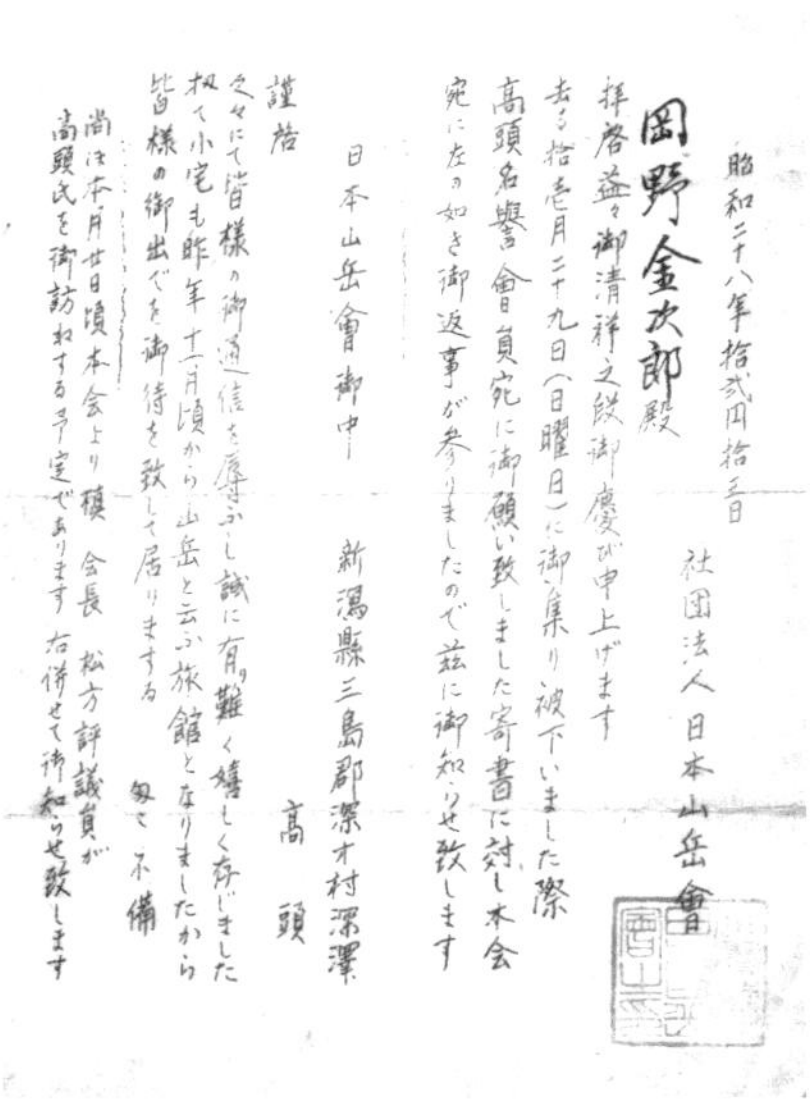

昭和二十八年拾弐月拾三日

岡野金次郎殿

社団法人日本山岳會

拝啓益々御清祥之段御慶び申上げます
去る拾壱月二十九日（日曜日）に御集り被下いました際
高頭名誉會員宛に御願い致しました寄書に対し本会
宛に左の如き御返事が参りましたので茲に御知らせ致します

日本山岳會御中　新潟縣三島郡深才村深澤　高頭

謹啓
先々にて皆様の御通信を辱ふし誠に有難く嬉しく存じました
扨て小宅も昨年十一月頃から山岳と云ふ旅館となりましたから
皆様の御出でを御待ち致して居りまする
匆々不備

尚ほ本月廿日頃本会より槇会長　松方評議員が
高頭氏を御訪ねする予定であります　右併せて御知らせ致します

名誉会員の集まりに出席した一同で高頭宛に寄せ書きを行った。後日高頭から山岳会に宛てた礼状が岡野にも届いている

望月は武田のこの文を受けて、「かねがね武田さんは、どちらかというと、岡野翁とは特に親しい間柄とは思っていなかった。（略）僅か数行であるが、武田さんの言と思うと千鈞の重みを感じないではいられない」と『忘れえぬ山の人びと』のなかで述べている。

武田は岡野について「甚だ真面目な人柄で、烏水君とは対蹠的（正反対の意味）の性格」であると人柄を好意的に紹介し、次に「自分の登山歴をひけらかすようなことは殆どなかった」と、岡野はひけらかすような登山歴を持っていることを匂わせている。そして世間では武田が初だと思われていた丹沢山塊の登山も岡野が先だと打ち明けている。

武田の岡野語りは短いながら、岡野の人物像が端的にまとめられている。二人とも年をとって、丸くなった部分もあるのだろう。山岳会設立時の若い頃から武田は岡野のぶれない一生を見てきて、評価を改めた部分もあったのかもしれない。

そこに至るには、山岳会設立から半世紀の歳月が必要だった。

非公式の「名誉会員の待遇」

望月は『近代登山の先駆者たち』のなかで「当日は名誉会員として高野、武田、加賀正太郎、近藤茂吉、鳥山悌成、冠松次郎の諸氏が出席され、岡野翁とはおそらく三十数年ぶりの再会であって、親しく接したわれわれにも感動的な場面であり、お互いに手をにぎり肩をたたき喜びを分かち合ったさまが、まだありありと憶い出されるのである」と書いている。

そしてこの名誉会員たちの集まりで、岡野は日本山岳会の名誉会員になるべきでないかと、その待遇をめぐって議論になった。ウェストンとの交流を発端に、山岳会設立の最初の立役者になった人物こそ岡野であり、名誉会員になってしかるべき人物ではないかというわけだ。

高野が岡野に宛てた手紙に「古い前のヨコハマの事を偲んでいます」と書いていたように、日本初となったこの山岳会は、小島に岡野、ハッパーにウェストン、日本博物学同志会で唯一横浜在住だった高野にと、横浜の旧居留地界隈で働く山好きが出会ったことで誕生している。それがいつの間にか皆横浜からいなくなり、高野も山岳会の事務所を兼ねていた自宅を関東大震災で焼失し、翌年に東京の阿佐ヶ谷に引っ越していた。

山岳会が設立されてから、このときすでに五十年近い年月が経っている。会の発足当初は本格的な登山家としての実績があるのは小島と岡野くらいだったのが、今ここに集う会員たちのように、岡野や小島らの〝山の後輩〟として多くの日本人登山家が活躍するようになっていた。

名誉会員の顔ぶれを見ると、稀有な山の実績を持つそうそうたる人物が並んでいる。そのため山岳紀行文を発表するインテリ層の集まりといった色合いの強かった山岳会設立当初の状況とは異なり、学歴や人間関係など諸々に惑わされずに、小島栄の言葉を借りれば〝岳人の先覚者〟である岡野金次郎という人物を純粋に評価することができたのだろう。

しかし当時はまだ名誉会員推薦内規などが定められておらず、岡野を名誉会員に推挙する議論は保留することになった。代わりに岡野を日本山岳会会員に復帰させ、名誉会員と同じように会費は一切徴収しないことになった。正式な名誉会員ではないものの、特別な処遇で「名誉会員と同等の扱いをする」というわけである。

この「会費は貰わず会員として復帰させる」ことと「名誉会員と同等の扱いをする」取り決めは、望月が日本山岳会発行の『近代登山の先駆者たち』や著書『忘れえぬ山の人びと』のなかで書いているのだが、その後日本山岳会でどのように取り扱われたのだろうか。実はこの先、この話は何も進展せずに、会員名簿に岡野の名前が加わることもなく、表向きは一会員にさえ復帰したことにはなっていない。『山岳』に会員として復帰したという記事があるわけでもなく、「名誉会員と同等の扱いをする」ことも含めて正式な記録には残らず、話はうやむやになってしまった。

岡野はこの日の出来事について、そのような話には一切触れずに日記で次のように振り返っている。

午前中は懇談。午後より御茶ノ水に着。此処より十五分ばかりで教育会館の別館日本山岳会に着。三田幸夫等幾多の旧友が居たので賑かに過《すごし》たり。三時半頃より幻灯でヒマラヤ登山の写真を見た。五時頃終了した。旧友に別れ達夫が渋谷駅迄送ってくれたので大に助った。

そして帰宅後、家族のなかで妻にだけ「名誉会員の待遇」を受けることになった旨を伝えた。そして家族の前でそのことに二度と触れることはなかった。三男の満は手記「父・岡野金次郎」のなかで、当時のことを次のように振り返っている。

両親の家へ遊びに行ったとき、父は散歩に出かけて不在であったが、母が「おじいさんは今度日本山岳会の名誉会員の待遇を受けることになった」と言う。「そう、それはよかったね」と答えたが、その会話はそれだけで切れた。父が帰ってきて、そのことで何か言うかと思ったが、それには何もふれなかった。こちらから父の心境をきく気にもならず、その後もついにそのことに話がふれないままになった。父はだまっていたが、内心そのことを喜び、満足していたのではないかと私は想像する……自分が果した先駆的・探検的役割にたいする正当なる評価としてありがたく受領したであろうと。

この「父・岡野金次郎」はのちに近藤信行の手により『アルプ』に転載されることになるのだが（第十一章参照）、近藤はその誌面で「文中に、名誉会員の待遇をうけることになったとの一節があるが、日本山岳会ではその推挙はおこなわれなかった」と補足している。

せっかく話し合われたこのときの合意事項は曖昧なものとなってしまった。しかし岡野は家族をはじめ身近な人たちに、「日本山岳会の名誉会員の待遇」というのが「名誉会員ではない」ことを正しく伝えられていなかった節がある。当時岡野と交流があった新聞記者も、岡野が死去した際の報道で生前の岡野の話を受けて、「岡野金次郎（日本山岳会名誉会員）」と代表的な肩書のように扱っている。

岡野は結局、事務的な問題で名誉会員としての決定は保留となったまま、正式な名誉会員にはなることはできなかった。四年後の一九五六（昭和三十一）年に岡野が八十二歳で死去したために、叶わぬ夢となったのだ。

山岳会との晩年のパイプ役

岡野を日本山岳会の名誉会員にしてはどうかと議論を持ちかけたのは、その日岡野を名誉会員たちが集う場に誘い出した望月達夫だった。名誉会員どころか何十年も前に会を退いた岡野がマナスル登山の話が聴きたいと突然現れたからといって、この会に誘い出し、岡野を議論の俎上にのせるような人物は、この当時の会員で望月しかいなかっただろう。

岡野と望月の交流は、望月が小学生だった頃にさかのぼる。二人は「望月の父方の叔母が岡野の末弟に嫁いだ」ことから親戚付き合いがあった。遠縁ではあるが、望月は幼いときに母を失ったため、父方の叔母の家系である岡野家と、叔母を中心に親しくしていたのだ。

岡野金次郎家とも、岡野の長男昇が第一銀行（現みずほ銀行）に就職したときに望月の父が保証人になるなど、青年時代に多少の往き来があった。さらに望月は岡野の三男満と同じ東京商科大学（現一橋大学）出身で、ほとんど同じ時代を過ごしている（『忘れえぬ山の人びと』）。

望月は小学生の頃、正月に珍しく訪ねてきた岡野から、天城登山で「ひどい深雪に出合って、すんでのことに凍死しそうになったという冒険談」を聞いたことがあった（『山岳』の追悼文「岡野翁のこと」）。しかし岡野が偉大な登山家だと知ったのは大人になってからである。

のちにヒマラヤ研究などで有名になる望月は、大学の山岳部での活動を経て、卒業とともに日本山岳会に入会している。会員になった望月は、『山岳』の制作に主力編集者として携わるようになり、日本山岳会の副会長や名誉会員にもなっている。

『山岳　小島烏水記念号』の寄稿者に岡野を選んだことにはじまり、岡野の晩年から死後にかけての動きを振り返ってみれば、山岳会と岡野をつないだ最初のパイプ役といえるのが望月だった。幸運にもそのような人物が、岡野の親戚にいたのである。

しかし登山家としての岡野を誰よりも理解し、岡野の名誉会員の待遇を強く望んだ望月の願いは叶わなかった。自ら編集も務めた『山岳』の追悼文「岡野翁のこと」で、望月は次のように悔しさを滲ませている。

小島さんや岡野翁自身によって伝えられているように、翁こそまさにウェストン師の発見者、紹介者であり、したがって山岳会にとってどうしても忘れることのできない人である以上、たとえ翁が中途で会から遠ざかったことがあるにしても、当然名誉会員に列せられて然るべきだと、私はかねがね考えていました。偶々翁が久し振りに会を訪れ、古い会員との旧交もあたためたこの機会に、名誉会員に推挙したらどうだろうと、当時私は二、三の役員に熱心に意見を述べたのでした。しかし、その翌年私は神戸転勤となり一時会務から離れてしまったし、また翁とは親戚の間柄でもあって、却って私一人でこのことを強く主張することもはばかられたためもあって、遂にこれは実現されずに終りました。私は岡野翁に関する限り、これを一番遺憾に思うし、会も残念なことをしたと思うのですが、全く公平な立場から考えても、翁こそ当然それに価する人だったと考えるのです。

一方で三男の満はそれでも当時の父の心情を、「昭和の時代には、父の存在は軽視され、抹消され、忘却される傾向がつよくなっていた。（略）父の内心は、ほんとうは淋しかったであろうと私は想像する。だから父は名誉会員の通知を受けたときに、その内心は喜びに満ち、死に至るまでの月日を満ちたりた思いで過ごすことができたであろう」とおもんぱかり、（実際には名誉会員の通知は受けていないのだが）この出来事を父にとっての名誉だと前向きに解釈している。

マナスル登山隊の初登頂

三田幸夫を隊長とする第一次マナスル登山隊が登頂に挑んでから三年。一九五六（昭和三十一）年に、槇有恒は隊長として十二人の日本山岳会隊をマナスルの初登頂に導いた。隊長の槇は、かつて岡野がヒマラヤ登山の講演会に出向いた際に出席していて、岡野と顔を合わせた人物である（第七章参照）。

岡野は槇が登頂に成功したと知り、その快挙を我がことのように喜んだ。その二ヵ月後には、神奈川県茅ヶ崎市にある槇の自宅を訪ねている。

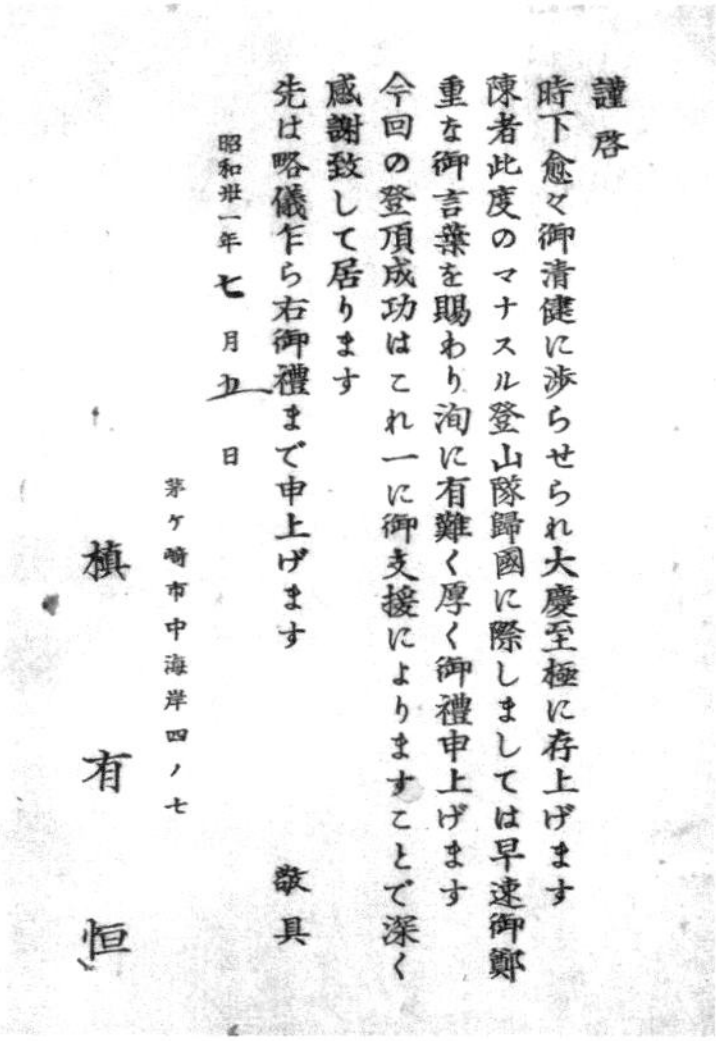
謹啓
時下愈々御清健に渉らせられ大慶至極に存上げます
陳者此度のマナスル登山隊歸國に際しましては早速御鄭
重な御言葉を賜わり洵に有難く厚く御禮申上げます
今回の登頂成功はこれ一に御支援によりますことで深く
感謝致して居ります
先は略儀乍ら右御禮まで申上げます　敬具
昭和卅一年七月九日
茅ヶ崎市中海岸四ノ七
槇有恒

マナスル登頂を果たした槇有恒から岡野に宛てた礼状

しかし槇は不在だった。その日の岡野の日記（七月二日付）には、「二時三十五分発で茅ヶ崎駅に着。槇家に至り、名刺に置いて（色々登山談をして）……」と記されている。

その四日後、槇から岡野のもとに礼状

が届いた。

謹啓
時下愈々御清健に渉らせられ大慶至極に存上げます
陳者此度のマナスル登山隊帰国に際しましては早速御鄭重な御言葉を賜わり洵に有難く厚く御礼申上げます
今回の登頂成功はこれ一に御支援によりますことで深く感謝致して居ります
先は略儀乍ら右御礼まで申上げます　敬具

このハガキは登山成功を支援してくれた人たちへ向けての礼状で、岡野一人に向けた言葉ではない。それでもハガキが送られてきたことに、岡野に対する槇の丁寧な対応が伝わってくるし、岡野もこのハガキを大事に保管していた。

その後、記録映画「マナスルに立つ」が上映されると、岡野は三回観に行っている。岡野は昔から山に登ることだけでなく、映画（特に洋画）、歌舞伎、新派などの観劇に、浮世絵収集にと、趣味は多岐にわたっていた。

とくに定年後は映画や芝居見物へはほとんど夫婦一緒に、週に数回ほどの頻度で楽しみ、「十八番もの」などは台詞もほとんど覚えてしまうほどだった。

第九章

晩年の山と日常

一生涯、歩いて歩いて歩き捲くり、八十四才の高齢でも歩き続けている最中に永久の眠りに就いた人は、恐らく古今東西を通じて絶無であろうと思われるが、茲《ここ》にたった一人いる。乃《すなわ》ち岳人の先覚者岡野金次郎さんである。

——小島栄（『山岳』第五十三年より）

平塚の名物男

一九五三（昭和二十八）年八月、岡野夫婦は八年振りに吉浜（現湯河原町）から同じ神奈川県の平塚へ戻って来た。長女ユキの嫁ぎ先である小永井家が平塚市新宿（現明石町）から同市内の新居に引っ越したため、空き家になった小永井家の旧宅に移り住むことにしたのだ。そこは空襲で焼けた後に建てられたバラックだった。

引っ越しは、岡野が日本山岳会名誉会員の集いに出席した前章での話より三ヵ月前の出来事である。日本山岳会の『会報』には「当日は本会創立者の一人たる岡野金次郎氏がわざ〳〵吉浜より上京され一同を悦ばした」と書かれていたが、実際には吉浜から住居を改め、岡野は平塚から上京していた。

戦時中に平塚に住んでいたときは、住まいのある馬入（現老松町）から馬入堤に出て、馬入川（相模川の河口付近の別称）に沿って相模川河口の湘南大橋まで歩くのがお決まりの散歩コースで、そこから富士山や丹沢、伊豆、箱根の山々を眺めるのが散歩の醍醐味だった。

今度の居住地は市内の東に接する馬入川（相模川）まで少し距離があり、散歩のコースは以前とは異なっていた。朝はいつも八幡社から富士山、明神ヶ岳、金時山、大山、丹沢、高麗山、鷹取山を展望し、午後は二時から三時頃に家を出て羽衣町（現桃浜町）から南下して海岸に出たり、

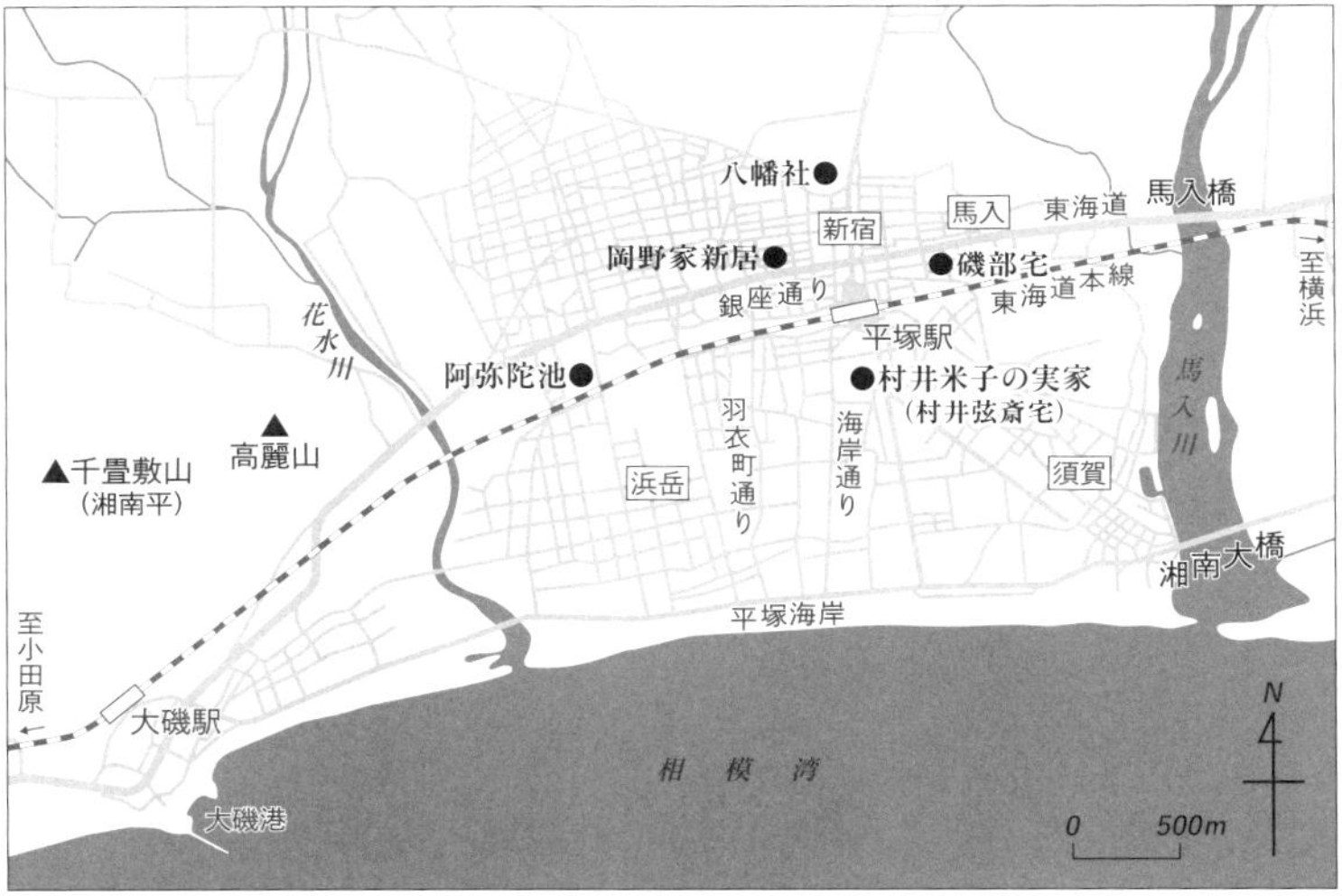

平塚での日々の散歩エリア（昭和30年代の地図をもとに作成）

浜岳《はまたけ》地区や阿弥陀池など気の向くままに歩いていた。

阿弥陀池とは阿弥陀寺（平塚三丁目）の南側の庭に当時存在していた池で、「心」の字をかたどっていた。戦前は湧水の豊富な湿地帯で西方に四十瀬《よそせ》川が流れており、現在はその一帯を埋め立てて四十瀬川公園になっている。

岡野はそこからさらに回り道をして娘一家の小永井家にふらりと立ち寄り、お茶を飲んでいくこともあった。夜は相変わらず町の銀座通りを散歩し、いつも一日三回の散歩を欠かすことはなかった。

すでにこのとき七十九歳だったが、大部分の人にとって岡野の印象といえば、若い頃の横浜にはじまりどこに住んでいる時期であっても、第一に散歩をしている姿である。三男の満は手記「父・岡野金次郎」のなかで、晩年に平塚で暮らしていた時期の岡野について、「父の散歩は、朝一時間、夜一時間（七時半–八時半）、雨が降っても風が吹いても実行されていた。それは父の健康法であり、登山への足馴らしであった。散歩コースも時間も決まっているので、父の姿をみれば時刻がわかるといわれ、平塚市民のなかの名物男であった」と記している。

次男の敬次郎によれば、岡野の普段の服装はツギハギがあり、誰の眼にも野良帰りの爺さんを思わせる姿だった。そして地下足袋にゲートルを巻き、水筒を掛けて杖を持ち、古タオルを腰にぶら下げていた。敬次郎は「私の妻が見かねて新しい服を作って届けたが、一度も着ようとしなかった。ぼろの登山服に思い出と愛着があり、捨てきれなかったのであろう」と『近代登山の先駆者たち』に書いている。

そんなぼろをまとった姿から、岡野が小永井家に立ち寄ると、「飼っている犬が乞食が来たとばかり吠えていた」と小永井暹氏は振り返る。しかしその見た目とは裏腹に、経済的にはスタンダード石油会社からの恩給で恵まれており、妻トヨも「会社の年金で一生の生活を保障されていたので、本当に気楽な生活を送れた」と振り返っている。戦後の苦しい時代を比較的豊かに暮らしていくうえで、とても恵まれていた。そして岡野は貧しい人には進んで手を差し伸べた。

烏水の弟である小島栄はそんな岡野について、「貧困児を見るとキャラメルを喜捨したり、乞食などには十円玉を振舞ったりして、町の慈善家と言われたのも決して売名でなく、往時親しくなめた苦学修業中の自分を想い出し、人一倍の同情心から然らしめたのであろう」と『山岳』の追悼文「岡野金次郎氏を憶う」で述べている。岡野自身も「町を散歩している時、途中で夫婦と四人の子供の気の毒な遍路に会ったので、一円二十銭をやったら大いに喜んだ」と平塚での日記に記している。

さらに小島栄による岡野の思い出話は、敬次郎が「野良帰りの爺さんを思わせる姿だった」と語るその恰好が、二十代の頃から何も変わっていないことにも触れている。

氏の奇行変人ぶりを紹介する。辺幅を飾らないどころでなく、常に薄汚ない洋服に泥靴なら未だいいが、時には下駄ばき草履ばきで横浜市中を悠々堂々濶歩した。飄々乎《ひょうひょうこ》と風の如く来り忽ちカモシカの如く消え去る。「オイ兄貴は居るかい」と拙宅へ声をかけ、こちらの返事も待たずスーッと通り過ぎてしまうことがよくあった。

私が明治四十二年に青梅から多摩川を溯り大岳御岳に登った頃は、登山服など無かった時代だから、兄のボロボロの古洋服に破れた鳥打帽を被り色あせた脚絆《きゃはん》草履で行ったが、思わず岡野サンのような恰好だナと独り微苦笑した思い出がある。

年齢を重ねるごとに、散歩コースの距離は徐々に短くなっていったようだが、それでも日々変わらぬ散歩風景は岡野の死去当日まで続いていた。

読売新聞記者との交流

一九五四（昭和二十九）年三月一日、アメリカによるビキニ環礁の水爆実験で、マグロ獲りに出漁中の第五福竜丸の船員二十三人が「死の灰」をかぶって被曝した事件が世界的な問題となった。アメリカの一市民から特効薬と称して、メキシコの原住民が愛用するアロエの葉が東京に送られ、これがまた話題になっていた。

その頃、首に手ぬぐいを巻き、粗末な上衣にカーキ色のズボンを履いた老人が、サボテンの一種アロエ・ベラ数本を携えて読売新聞平塚支局（当時独立した事務所は無く、記者の自宅を平塚通信部として利用していた）に現れて、「アロエは火傷の特効薬だ」とアロエの効能を説き始めた。岡野と名乗るその老人は、アロエが腹痛、歯痛、頭痛、切り傷など様々な病気に効くと語り、人助けのために新聞に書けと言うのだった。

数日後、読売新聞三月三十一日付の朝刊［いずみ］覧に、アロエの記事が掲載された。

＊『アメリカ製の水爆特効薬「アロエ・ベラ」という植物はヤケドの特効薬に間違いありません』と本社平塚通信部へ二十五日付の本紙と実物の薬をもった老人が現れた。

＊平塚市新宿八九五無職岡野金次郎翁（八〇）（写真）で翁は有名な登山家故小島烏水氏と二人で日本で始めて日本アルプス槍ヶ岳を踏破した人で若い時福井県敦賀で土地の者がロシアからヤケドや万病の薬としてしきりにこのアロエ・ベラを仕入れてくるのをみて趣味に

いずみ

▽…『アメリカ製の水爆特効薬『アロエ・ベラ』という植物はヤケドの特効薬に間違いありません』と本社平塚通信部へ二十五日付の本紙と実物の葉をもった老人が現われた。

▽…平塚市新宿八九五無職岡野金次郎翁(八〇)(写真)で翁は有名な登山家故小島烏水氏と二人で日本で始めて日本アルプス槍ケ岳を登破した人で若い時福井県敦賀で土地の者がロシアからヤケドや万病の薬としてしきりにこのアロエ・ベラを仕入れてくるのをみて趣味に栽培したが、ある時夫人が顔面にヤケドしたとき直ちにこの葉のシルを塗ったところあとかたもなく治ったのに驚き、以来愛用者となったという。

▽…翁の言によると傷を受けた直後でなくてはいけない。御紙を通じて水爆でも何でも直後ならきくからこのことを日本中に知らせてやってほしい、という次第。(平塚発)

岡野金次郎がアロエを語った読売新聞の記事

栽培したが、ある時夫人が顔面にヤケドをしたとき直ちにこの葉のシルを塗ったところあとかたもなく治ったのに驚き、以来愛用者となったという。

＊翁の言によると傷を受けた直後でなくてはいけない。御紙を通じて水爆でも何でも直後ならきくからこのことを日本中に知らせてやってほしい、という次第。（平塚発）

この記事は社会面に写真入りで掲載されて話題になった。これは同時に、日本山岳会の大先輩が平塚市民として健在であることを広く知らせる役目も果たした。

初対面の岡野と記者は、このときアロエの話に留まらず、戦争や原爆の恐ろしさ、戦災のみじめな体験などを二時間ほど語り合った。そしてこれをきっかけに、読売新聞平塚支局（平塚通信部）の名倉信光記者と岡野との交流がはじまった。記事が掲載された翌日の四月一日には、「昨日余が望んだアロエの記事が読売新聞の朝刊に出た」と、お礼を兼ねて早速アロエを名倉の家に届けに行っている。

記事が掲載されてから数日後、今度は岡野との約束で記者が岡野の

「バラック住い」を訪れた。名倉はその後、冊子『故岡野金次郎氏をしのぶ』に「アロエと岡野金次郎翁」のタイトルで寄稿し、岡野との交流を記者らしく詳細に書いている。「山と岡野金次郎翁」ではなく追悼文のタイトルでアロエを強調していることから、よほどアロエの印象が強かったのだろう。

せまい縁側いっぱいに、みかん箱や鉢に植えられたアロエがみごとに繁っており、庭には大小あまたのアロエが青々と繁っていて、まさに『アロエの小園』であった。（略）

話しはやがて若き日の山の思い出に移り、秘蔵の日記やアルバムなど見せられて、はじめて丹沢や大山に登ったことから、日本アルプス、富士山など全国の有名な山々を踏破された話しをされた。（略）

山を語るときの翁の眼はいきいきと輝いて、若き日の山の思い出に時を忘れているかのようであった。

翁の話を秘めておくのはもったいないと、記者は神奈川版に岡野の記事を掲載した。それからというもの岡野は十日に一度くらいのペースで記者の自宅を訪れて話をして行くようになった。記者が不在でも、記者の妻とお茶を飲みながら山の話や世間話をして行った。

アロエの鉢に囲まれて談話をする岡野夫婦（両側）と小永井家のお手伝いさん

地下足袋にゲートルをまき、水筒をさげ、竹杖をついて、まさに登山者のいでたちである。きけば最近は山へ行けないので、その代りに毎日自宅から東海道を越えて、湘南遊歩道まで歩き、砂丘に立って海や山を眺めるのを楽しみにしているとのことである。「君が新聞に書いてくれたのですっかり有名になってしまったよ」と笑っていた。そして、妻がいれたお茶をうまそうにすすりながら、ぽつり、ぽつりと、また山の話しをされるのであった。（略）

ある日「今日は海岸でみた伊豆の山々の夕景色がなんとも云えず美しかったので、太陽が沈みきるまでみていたよ。ひとりでみるのはもったいないくらい美しかった」と感にたえたように云われた。その顔は心から山を愛する人の顔であった。私も妻も

「竹杖を友に巷を歩く老登山家」。読売記者が撮影し、記念碑建立の際に提供したのではないかと思われる

翁の話しをきくたびに、あのお年であれだけの感激をもっていられるのだから、若い時代はどんなであったろうか、などと想像するのであった。

市内行脚が一年余りも続いたとき、私は翁の姿をカメラにおさめて「竹杖を友に巷を歩く老登山家」という記事を神奈川版に書いた。この写真が、私のアルバムに翁最後の姿として残った。

これらは『故岡野金次郎氏をしのぶ』のなかの文章であるが、そこに書かれているように記者は何度かにわたって岡野の記事を書き、その記事は読売新聞の神奈川版に掲載されたようである。その後も岡野の訴えで、富士山の環境問題に焦点を当てた「富士山が荒れるという記事」も新聞に二、三回掲載された。

しかし岡野の親族のもとには最初のアロエの記事しか保管されておらず、ほかの記事の全貌は不明である。

五十四年振りの乗鞍岳登山

一九五四（昭和二十九）年の夏、八十歳になった岡野は妻トヨと二人で乗鞍岳に登ることにした。ちょうどこの頃乗鞍岳の山頂近くまでバスが開通し、バスを利用すればこれまでよりはるかに容易に、高齢の夫婦でも山頂に行けるようになったからだ。

半世紀前の一九〇〇（明治三十三）年、二十六歳の岡野は小島とともに乗鞍岳に登った。そしてこの乗鞍岳登山で、二人は槍のように尖った山を見てそれが槍ヶ岳だと知り、槍ヶ岳の登山計画に乗り出すことになった。

この最初の乗鞍岳登山の二ヵ月前に、岡野はトヨと結婚している。乗鞍岳へは新婚旅行名義の休暇を利用して、妻を一人家に残したままでの小島と二人での二週間ほどの登山旅行だった。妻と二人の新婚旅行よりも、小島との乗鞍岳登山を優先したのだ。

そのため今回、トヨは五十四年前に実現しなかった新婚旅行と照らし合わせて、岡野は五十四年前に小島と乗鞍岳登山に挑んだ思い出と照らし合わせて、二人ともこの山行を特別なものと捉えていた。バスの開通を知って二人でさっそく出発したものの、東京まで行ったところでまだ開通前であることを知って一旦帰宅し、開通を待って再び二人で出かけたほどだった。

八月の再出発では事前に最寄りの平塚駅長に会いに行き、乗鞍岳までの鉄道のルートと時間を相談している。そして八月十七日、平塚を夜行で出発し、朝岐阜経由で高山からお昼前のバスに乗った。岡野の日記では同伴者であるトヨの存在にはまったく触れられておらず、高山からの道中の感動が記されている。

三〇二六メートル北アルプスの麗峰乗鞍岳へ。途中終点附近のお花畑、水をたたえた数多くの池も這松地帯の優美な様はえも言われぬ眺めであります。終点から頂上まで2キロ。コロナ観測所、名大宇宙線観測所を経てバス終点着。此時突然猛風となり山は変調を呈した所、幸い平湯行き『バス』があったので、平湯行きの『バス』に乗って平湯峠をこえて平湯に温泉に着。此時雨となる。数回温泉につかる。夢路に入る。

バスの終点付近で乗鞍岳のお花畑を眺め、二人はそこから二キロ先の頂上まで登って大喜びした。帰りはバスに乗って平湯に下山して一泊している。

翌日は往路とは異なり、島々駅から松本駅に出て昼の臨時列車に乗り、その日の夜九時半頃には平塚駅に着いている。これはかつて小島と槍ヶ岳登山で苦労して辿ったのと同じルートである。

岡野は乗鞍岳からの帰宅後、さっそく読売新聞の名倉記者宅へと登山報告に訪れている。「宿屋にまだ昔の人が残っていてね、わしが名のったら驚いていたよ。しかし山は変ったね。バスで日本アルプスへの旅行ができる世の中になったんだからね」と感慨深げに、そして嬉しそうに語ったという。

当時平塚山岳協会の会長だった内田又二も、この乗鞍岳登山について「便利になったもので小島と行った時を思うとまるで夢の様だ」と岡野が嬉しそうに語るのを聞いたという。
夫婦ともども山頂に立った喜びが大きくて二人はその話ばかりをしていたが、実は下山時にひと騒動あったという。最終バスが超満員で、年老いた岡野夫婦が山頂に取り残されそうになったのだ。そのエピソードを岡野から聞かされた斎藤昌三が『故岡野金次郎氏をしのぶ』のなかで次のように記している。

帰路そのバスが満員で、老人二人だけが置き去りになろうとしたので、流石の老人もびっくり頂天、大手を広げて発車を待った待った、諸君に一言云わして貰うが、僕はこの山の最初の開拓者である岡野だが、五十余年振りで登山の変化を視察に来た八十翁だ、下山だから僕は平気だが、初めて深山に同伴したバアさんが気の毒だ、何とか譲り合って一人だけ乗せてやってくれと叫んだ処、最もだ、老人だけ残す法はないと、一寸押しに詰め込んだら、難なく二人共割りこめて、車中なごやかに昔話をしてやったと報告に来たことがあった。

「僕はこの山の最初の開拓者である岡野だが、五十余年振りで登山の変化を視察に来た八十翁だ、下山だから僕は平気だが、初めて深山に同伴したバアさんが気の毒だ、何とか譲り合って一人だけ乗せてやってくれ」――この訴えからは、岡野の山への強いプライドが垣間見られる。高齢の妻が山頂に取り残されては困るという切羽詰まった状況ではあったとはいえ、ここで「この山の最初の開拓者」だと名乗るかなり勇気のいる行動に出たものだ。

そんな出来事があったのなら、岡野もトヨもその話を別のところでもしていそうなものの、二人ともかなりいろいろな人たちにこの登山報告をしているにもかかわらず、斎藤以外からはその話を聞いたという証言が出てこない。

トヨの親戚にあたる渡邊貞信氏も、乗鞍岳からの帰りのバスで、「運転手のすぐ後ろ（一番前）の席に夫婦揃って座らせてもらい、とても嬉しかった」という話まではトヨから聞いていたが、その直前まで置き去りにされそうだった話は聞かされていなかった。

渡邊氏は私に「金次郎は結婚したとはいえ、一度思い詰めたら他人の言うことは絶対に聞かない性格であったことから、乗鞍岳登山のことで頭がいっぱいで、新婚旅行名義の休暇を小島烏水との乗鞍岳登山に使ってしまったことは容易に想像できます。その後にトヨさんが私に語ったのが晩年、乗鞍岳に一緒に登山したときのエピソードでした。そこで初めて溜飲《りゅういん》が下がった感じです」と語っていた。

昔から岡野家は一家でたびたび山に行っていたし、晩年にも夫婦はこの乗鞍岳以外の山にも一緒に登っている。しかしトヨが話すのは、この乗鞍岳のことばかりだった。トヨはこれでようやく、長年頭の片隅に残っていた新婚旅行への思いを断ち切ることができたのだろう。

百十二回目の富士登山

岡野にとって富士山は〝我が庭〟だった。一九〇二（明治三十五）年に槍ヶ岳に登頂した帰りに小島と登ったのを皮切りに、特に一九四一（昭和十六）年までの三十年間は年に何回も、ときには家族を連れて登っていた。

頻繁な富士登山は、小島が転勤で渡米して以降の時期とも重なっている。三男の満は父の富士登山について「それは主として日本アルプスの展望への異常な執着であり、恋愛的情緒に近いものであったろう」と考察している。

富士山へはいつも御殿場から歩き始めて、山頂のお鉢巡りはもちろんのこと、登頂だけを目的とせず御中道を回ったり、山小屋の番人たちとの語り合いも楽しんでいた。特に面白いのは、あまり人が行かない御殿場口二合上の双子山が大好きで、よく登っていたことだ。その小突起の上で自然との語り合いのひとときをこよなく愛していた様子が岡野の日記の行間からうかがえる。

最後となる百十二回目の富士登山をしたときには、岡野は八十歳を超えていた。妻トヨは『山岳』の追悼文「想い出」のなかで、「最後に富士登山したのは昭和三十一年（略）でした。老夫婦で参り二合目の主人に会いたくて参ったのですが、既に代が替っていましたが、今の主人もよく知っていて親切にしてくれました」と記している。補足すると、二合目の主人は二合五勺（次郎坊）の主人、今の主人は二合目（御殿場口新五合目付近）の主人のことである。

一九五六（昭和三十一）年が最後の富士登山だとするトヨに対して、三男満が作成した「岡野

平塚在住時の岡野夫妻

金次郎年譜」では「昭和三十二年。夏、百十二回目（戦前、百十回、戦後二回目）の富士登山を試み、体力続かず二合目にて下山す」とある。トヨの証言では最後の富士登山は昭和三十一年であり、満の作成した年譜では昭和三十二年と、一年の開きがある。

　岡野が毎日付けていた日記には、昭和三十一年七月二十九日に「明日より富士登山のため、留守の万事を依頼した」の記述がある。当時記載された最も信憑性の高い記録であるため、同行したトヨの証言どおりに「昭和三十一年に最後の富士登山をした」というのが正解だろう。

　このとき八十二歳だったばかりか、妻を伴っての富士登山である。日記の話をまとめると、山頂を目指すより、昔からよく泊まっていた二合五勺（次郎坊）の小屋の主人に会うことが目的だった。しかし二合目の小屋まで登ったところで代替わりしていることを知り、二合目の小屋に宿泊してから下山した。「岡野金次郎年譜」は次の一文で締めくくっている。

故人が富士山を熱愛した主な理由は、山頂及び御中道巡りの展望の喜び——若き日の情熱を燃焼させた「日本アルプス」の全貌が展開され、若き日から永年親しんだ丹沢・箱根の山々が目の前に広がっているからであろう。

一九五四（昭和二十九）年の乗鞍岳、一九五六（昭和三十一）年の富士山にと、七十代後半から八十代前半にかけての岡野の山行は、かつての思い出の山を自らの足で最後にもう一度辿って目に焼き付けていく〝山の終活〟としての意味合いが強かったのだろう。そして昭和三十一年秋に八十二歳で登った赤城山が、岡野にとって最後の登山となった。

岡野金次郎の死

一九五八（昭和三十三）年二月十四日の夜、岡野はいつものように散歩に出かけた。そして八時二十分頃に平塚市新宿一一五〇の旧国道一号を横断するとき、オート三輪にはねられた。近くの倉田病院に運ばれたが、脳内出血のためただちに意識不明となり、約三十分後に逝去した。行年八十三歳。偶然にも、岡野をはねた運転手の名前は小島といった。

昭和三十三年二月十四日（金）晴

八幡社の高台より富士山、大山、丹沢山、高麗山、タカ取山（著者注＝鷹取山）を展望。

岡野の絶筆となった日記である。この日の午前の分の日記を済ませて、夕刻にいつもと変わらぬ散歩をしている最中に、永遠に帰らぬ人となったのだ。外に出血するような傷はひとつもなく、近所の人たちにも「交通事故であんなにきれいな死に方をするのは珍しい」と言われたほどだった。

岡野は死ぬ直前まで元気だったという。登山や散歩の運動量だけでなく、朝食後は毎日のように新聞を読みながら裸で日光浴をしたのも理由の一つと思われる。しかしながら歳は隠せず、歩行はゆっくりと落ち着いたものになっていた。散歩の距離も徐々に短くなり、馬入の真福寺の南側の踏み切りを渡りきれずに「汽車を止めちゃったよ」と孫にこっそり話したこともあった。

毎日決まった時間に散歩をする岡野は、平塚市民のなかでは名物男だった。それでも親族一同、死亡記事が新聞に載ることはないだろうと思っていた。ところが意外にも、平塚市記者クラブ所属の記者たちに知られていたため、新聞の全国版で報道され、ラジオでも数回にわたってその死が報道された。各紙の地元神奈川版では写真入りで記事が掲載された。そんな名誉を受けたので、親族一同「埋れ木に花が咲いたようだ」という印象を持ったという。

読売新聞の名倉記者は、岡野が死去した直後の夜九時頃にＮＨＫの記者からの電話でその死を

きょう告別式

事故死の岡野氏

十四日夜交通事故で死亡した平塚市新町八九五、岡野金次郎(八三)氏(写真)(日本山岳会名誉会員)の告別式は、十六日午後零時から自宅で行う。氏は横浜出身で十八歳の時から丹沢に登り、故小島烏水氏(正金銀行員、山岳随筆家)と全国の山を歩き、明治三十五年日本人として初めて槍ヶ岳に登り当時横浜にいた英人宣教師A・ウエストン氏と知りあい日本アルプスの命名者の一人となり海外に紹介された。

岡野の死去を知らせた読売新聞の記事「きょう告別式」

知った。「夕方、新宿国道で交通事故があって一人の老人が死んだ。警察できいたら岡野さんとのことだが、あの登山家ではないかと思う」とＮＨＫの記者は言う。

二月の寒い日で、名倉は風邪気味ですでに就寝中だった。しかし電話を受けてすぐに警察に確認したところ、間違いなく岡野金次郎だと判明した。警察の調べと自分の記憶をまとめて、大急ぎで岡野の死亡記事を電話で送稿した。

読売新聞二月十六日付の神奈川版には、「きょう告別式」という次のような追悼記事が掲載された。

十四日夜交通事故で死亡した平塚市新町八九五、岡野金次郎（八三）氏（写真）（日本山岳会名誉会員）の告別式は、十六日午後零時から自宅で行う。氏は横浜出身で十八歳の時から丹沢に登り、故小島烏水氏（正金銀行員、山岳随筆家）と全国の山を歩き、明治三十五年日本人として初めて槍ヶ岳に登り当時横浜にいた英人宣教師Ａ・ウエストン氏と知りあい日本アルプスの命名者の一人となり海外に紹介された。

これが名倉記者が記憶を頼りに大急ぎで電話で送稿した記事だろうか。この記事のなかで岡野を「日本山岳会名誉会員」「日本アルプスの命名者の一人」と紹介したり、自宅の住所を実際の平塚市新宿ではなく新町（平塚に実在する）としているが、それらは事実ではないため、ここで訂正したい。

翌日、記者は改めて追悼記事を書くためにスクラップブックを探し、古いメモのなかから岡野がさり気なく語った尊い教訓を拾い出した。

「一人で山へゆくな、たとえ低い山でも必らず二人でゆけ」
「山を大切にすることは国を大切にすることだ」
「登山家にとって日本ほど恵まれた国はない」
「山道に迷ったらすぐひき返せ、無暴な勇気は事故のもとだ」
「日本のシンボル富士山をけがすな」

十六日の告別式では多数の会葬者に見送られ、日本山岳会を代表して神谷恭、村井米子、望月達夫の三人が焼香に参列した。御香奠帳には小島烏水の長男小島隼太郎の名前も記載されていた。

納骨で岡野金次郎の墓に集う親族たち

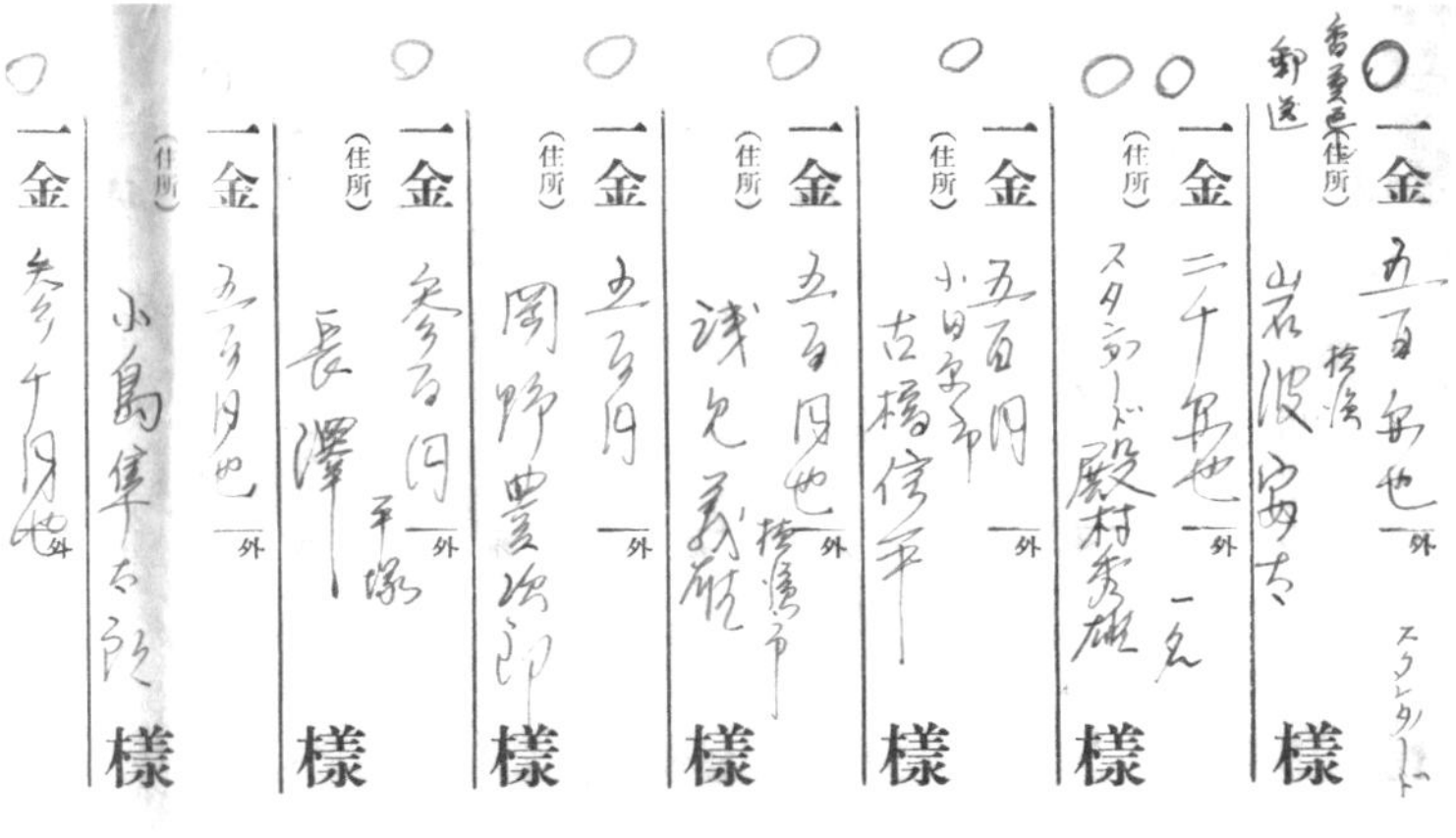

一金 五百円也 外
香典返 御送 (住所) 山岳 横浜
岩波安治 様

一金 二千円也 外 一名
(住所) スタンダード
殿村秀雄 様

一金 五百円 外
(住所) 小田原市
古橋信平 様

一金 五百円也 外
(住所) 横浜市
浅見義雄 様

一金 五百円 外
(住所)
岡野豊次郎 様

一金 参百円 外
(住所) 平塚
長澤 様

一金 五百円也 外
(住所)
小島隼太郎 様

一金 参千円也 外

告別式の御香典帳には小島隼太郎（烏水の長男）の名前が記載されている

周囲に語った山の遺言

岡野が交通事故死する数日前、当時平塚山岳協会の会長だった内田又二は、会社帰りに平塚駅の近くで散歩中の岡野とばったり会い、いつものように立ち話をした。

そのとき岡野は、「私はこの頃富士山が二つにわれるのではないかと心配している。これは昔からの持論であるが、あんな世界的にも有名な美しい山が二つにわれるのは心配でもあるし又いかにも惜しい。貴方達若い人達の手でこの山を守ってもらいたい。多少蓄もあるからその基金になるなら出しても良い。今科学が進んでいるから何んとかなるはずだ。その為に富士山の美しさが二年でも三年でも延びれば満足だ」と内田に語ったという(『故岡野金次郎氏をしのぶ』)。これが内田と岡野の最後の会話になった。

この頃、富士山の大沢の崩壊がすさまじく、頂上のお鉢巡りも周回不可能になりつつあった。内田は富士山に登ってその状況を目の当たりにしていたので、「富士山が二つにわれる」と危機感を抱く岡野の話が異様だとは思わなかったという。

岡野は最後に富士山に登った直後、読売新聞の名倉記者にも同様の訴えをしていた。名倉がそのことを『故岡野金次郎氏をしのぶ』で次のように明かしている。

ある日、広重の東海道五十三次のすばらしい画集を、大きな風呂敷に包み、肩に背負ってきてみせて下さった。いつものようによもやまの話しのあと、いつになく真剣な顔つきで「久しぶりに富士山をみてきたが、お山がひどく荒れていて情けないと思った。このままでおくと、いまに山崩れがして、形まで変るだろう。君の社が音頭をとって警告し、山を守る運動を起してくれないか」と云うのである。一新聞社の力でやれるかどうか判らないが、主旨は賛成だから折をみて本社のえらい人に相談してみよう。その前に、全国の山岳会や登山家に呼びかけてみてはどうですか、と云うとうなずかれて、資金の一部を自分で出すから、ぜひ力を貸してほしいと云われた。その後、富士が荒れるという記事は二、三回紙上にでたが、えらい人に相談する機会がないまま日がすぎた。

このように岡野は、記者のもとを訪れ「(富士山を守るために)資金の一部を自分で出すから、ぜひ力を貸してほしい」と協力を持ちかけた。さらに死去数日前にも平塚山岳協会の内田に「貴方達若い人達の手でこの山を守ってもらいたい。多少蓄もあるからその基金になるなら出しても良い」と同じく協力を持ちかけている。

家族への遺言も山のことばかりで、「富士の御中道が崖崩れのため、年々破壊されるままに放置されているのは残念なことであって、一日も早く破壊防止工事が開始されるように祈り、かつその工事のためには若干の寄付をしたい」と、ここでも寄付の話を持ち出し死ぬまで富士山の行く末を気にしていた。

さらにトヨは岡野の死後、親族に宛てて「富士山より帰って死ぬまで口癖のように誰か『富士山を守る会』を作ってほしい。そして五合目の御中道がちゃんと通れるようになれば永久に富士の美は存するが、今のままでは放って置くと崩壊してしまうと心配していました。もしそういう会が出来たら自分も一万円位寄付したいと申して参りましたのでもしそういうお企てがありましたら是非お知らせ下さる様お願い申上げます」と書いた原稿を送っている。これは岡野の思い出を書くよう依頼されて書いた原稿のようだが、その後どこかへ掲載された形跡はない。

構想の形は証言する人によって少しずつ異なるものの、富士山を守りたい強い想いはどの人の話でも共通している。晩年の岡野の山への関心は、自らの死後も続く環境問題へと向かっていた。しかし死の直前まで元気なまま交通事故で帰らぬ人となってしまったので、実現したのは読売新聞で訴えを記事にしてもらったことのみで、結局資金を出しての富士山を守る運動は道半ばになってしまった。

三つの山に納骨

一方で岡野は、死後に自らの遺骨を富士山に撒いてほしいと希望していた。次男の敬次郎は『近代登山の先駆者たち』のなかで次のように記している。

夕食で家族の顔が揃っている時、父は「わしが死んだら葬式などださなくともよい、火葬にした骨を粉にして、富士山の上空から飛行機で撒いてくれればよい」とたびたび言った。父が真面目に言っていたのかどうかは、幼い私には理解できなかったが、こんな情景が今でも記憶にはっきりと残っている。

兄弟一の山好きである敬次郎は、父の遺骨を火葬場であらかじめ用意した小箱に分骨していた。それは〝我が庭〟として百十二回登った富士山に加えて、岡野の登山実績を代表する槍ヶ岳、時局のために岡野が登り損ねた台湾の新高山（玉山）の三ヵ所へ遺骨を納めるためだった。それも飛行機で遺骨を撒くのではなく、敬次郎が自らの足で登頂して納骨することにしたのだ。

昭和四十六年五月、訪華友好玉山登山隊の一員として、新高山に登頂した私は、快晴の四千メートルの空を泳ぐ鯉幟を眺めながら、頂上のケルンに父の遺骨を納めた。父は（略）台湾だけ行きそこなった。父の二女が台南に在住していた時、新高山登山計画をたてたが、日支事変が勃発し、二女は内地に引上げてしまったからである。父が登頂したとすれば、その時六十四歳であった。私が登山隊最高年齢の六十四歳で登ったということは、父の身代りであった。

昭和四十七年八月六日、私は快晴の槍ヶ岳に登った、父の遺骨を包んだ紙には父の遺骨を包んだ紙（著者注＝岡野の経歴が記されている）には（略）、次のように書き加えた。

「父が槍ヶ岳に登頂してから七十年目に二男敬次郎（六十五歳）が父の遺骨を頂上の祠にお

さむ」

昭和四十八年七月十五日、私は富士山吉田口頂上の鳥居に父の遺骨を納めた。これで私の念願は、父の死後十六年目に達せられたのである。

岡野家の墓は、横浜市保土ケ谷区の遍照寺にある。岡野家本家の墓から山の傾斜地を上ったところに岡野の先祖が眠る分家の墓があると第一章で触れたが、さらに金次郎の親の代からの墓は分家の墓とは別に、本家の墓の近くに建てられている。

岡野の遺骨は台湾・新高山、槍ヶ岳、富士山、そしてこの墓に納められている。戒名は「岳祖金翁居士」という。

第十章

湘南平に記念碑を建立

翁が日本の山岳界の先駆者のひとりであった事実を知り、かつおどろき、かつよろこんだようなわけである。このような立派な存在が、平塚市と深いつながりをもっていたことを、いままで知っていなかったことは、うかつ千万な話であった。

――平塚市長・戸川貞雄（岡野金次郎の記念碑に寄せて）

追悼記念事業の企画

岡野の槍ヶ岳登頂の実績は、日本の近代登山の幕開けとして、生前の早い時期から岡野の代名詞になっていた。しかしそこにはつねに「小島の同行者」という条件がつきまとい、小島の輝かしい実績の陰に埋もれて、岡野は知る人ぞ知る存在だった。山岳関係者の間でもほぼ無名だったといっていい。

ところが小島の死後、岡野や小島の次世代の登山家として活躍した〝山の後輩〟たちとのつながりが、長い年月をかけて様々な連鎖反応を引き起こし、埋もれたまま消え去ろうとしていた岡野の実績を少しずつ、しかしながら着実に表面化させていった。

岡野の死去三年後には、平塚の湘南平に岡野の肖像を施した高さ三メートルもの立派な記念碑が建立されている。誰もが生前には想像もできなかった出来事だ。

その実現に向けて最初に動き出したのは、岡野の業績を次の世代に何らかの形で伝え残すことが自分たちの当然の義務だと考えた平塚山岳協会だった。平塚山岳協会は、一九五三（昭和二十八）年に平塚を活動拠点とする五つの山岳会で結成された。当時まだ結成まもない団体で、初代会長には柿沢篤太郎平塚市長（当時）が就任している。

初期の平塚山岳協会の活動の一つに「夜も山会」という、昼間山に登るだけでなく夜に山行の計画や報告など山を語らう親睦会があった。一九五五（昭和三十）年七月には座談会を開催し、そこに岡野を招待している。平塚市教育委員会教育長の加藤一太郎（のちに平塚市長となる）から「平塚にアルプスの最初の登山者岡野翁が居られ色々の話題も持って居るから一度お話をうかがったら」と提案されたのがきっかけだった。

そこから平塚山岳協会と岡野の交流が生まれ、平塚山岳協会が山岳写真展や映画会などを開催するたびに岡野夫婦が出席して、会員たちを喜ばせた。岡野が死去するまでわずか一年半ほどの期間だったが、岡野は会員たちに様々な山の話をしたという。

岡野が亡くなった四ヵ月後の一九五八（昭和三十三）年六月、平塚山岳協会創立五周年の祝賀会が開かれた。そこから翌年二月に満六周年を迎えるまでの期間、平塚山岳協会では「時に応じ折りに触れて拝聴した岡野の高見を始め、指導に感謝し、集まりや催しの折りにご遺徳を偲んでいた」という。

そんななかで昭和三十四年度の事業として、岡野を記念する事業を行おうという声が高まった。平塚山岳協会から岡野トヨ宛に「故岡野金次郎翁追悼記念事業の企画について（お願い）」と題した書状が届いている。

役員一同、いろいろと協議考究の結果、本秋を期して故翁の終生愛し眺められた富士山を望む丹沢山塊表尾根縦走路の一角、三の塔山（一二〇五・二米）の雄大な山頂に展望方向指示盤を建設しようとの結論に達しました。

本来なれば故翁は日本岳界の先覚者として私達如きの企画すべき事業ではないのではないかとも考えられますが、日夜直接にご指導を賜りました当平塚山岳協会の発意として全国名山の石を礎石・基石として築き上げるべく、日本全国の岳人に広く呼びかけて協力を戴きましてこの事業を達成させたいと念願致しております。

右方向指示盤は単に記念碑を建てるのと異なり、年間数十万人を以て数えられる丹沢登山の多くの人々にも相応の利便を与え得るものであると確信致して居りますし、又、山頂には山小屋もあります事故、心なき人の手によって破損される事のない様、その維持にも心くばる事が出来得るものと考えております。

以上により当協会の意向を御了承の上、本事業について岡野翁御遺族各位の御快諾を賜り度、御願い申上げる次第であります。


平塚山岳協会の企画は単に記念碑を建てるのではなく、岡野が生前愛した富士山を望む丹沢・三ノ塔山頂に展望方向指示盤（以下山頂方位盤）を設置することで多くの登山者に利便を与えることができるという、岡野らしくて山への配慮も兼ねた提案だった。それを「日本全国の岳人に広く呼びかけて協力を戴きましてこの事業を達成させたい」というのである。

この計画は新聞記事にもなったようで、望月達夫は自分も何か力添えできればと、平塚に住む岡野の長女小永井ユキ宛にハガキを送っている。

この度故岡野金次郎翁の記念碑が丹沢三ノ塔付近に建設の計画あるとの新聞記事御送付被下《くださり》正に拝見しました。生前最も好まれた山の一つである丹沢だけによい企であると存じます。乍不及《およばずながら》何らか御力添え出来れば幸いに思います。小生は幸い健康に恵まれ、山以外のことには余り深い興味もなく今でも年に十回以上は小さな山旅をつづけていますが、この点故翁と大分似ているのではないかとひそかに思いおる次第です。先は御返事まで　一九五九　十一月十九日

山頂方位盤の設置計画のはずが、ここでは「故岡野金次郎翁の記念碑」の計画になっていることが気になるが、今となっては当時のことを知る人もおらず、平塚山岳協会からの書状と望月からのハガキが保管されているのみだ。

そもそもこの計画は実現したのだろうか。書状に書かれている三ノ塔に山頂方位盤が存在するのかどうか私が確認に行ったところ、新しい山頂方位盤が設置されてはいたものの、古い山頂方位盤は存在せず、撤去されたという事実もないようだった。

神奈川県自然環境保全センターに確認するも判明しなかったが、のちに入手した資料（後述）によって、平塚山岳協会は〝微力の小団体〟ゆえ、実現できなかったことが分かった。

追悼記念事業の計画を知った望月達夫が小永井ユキに宛てたハガキ

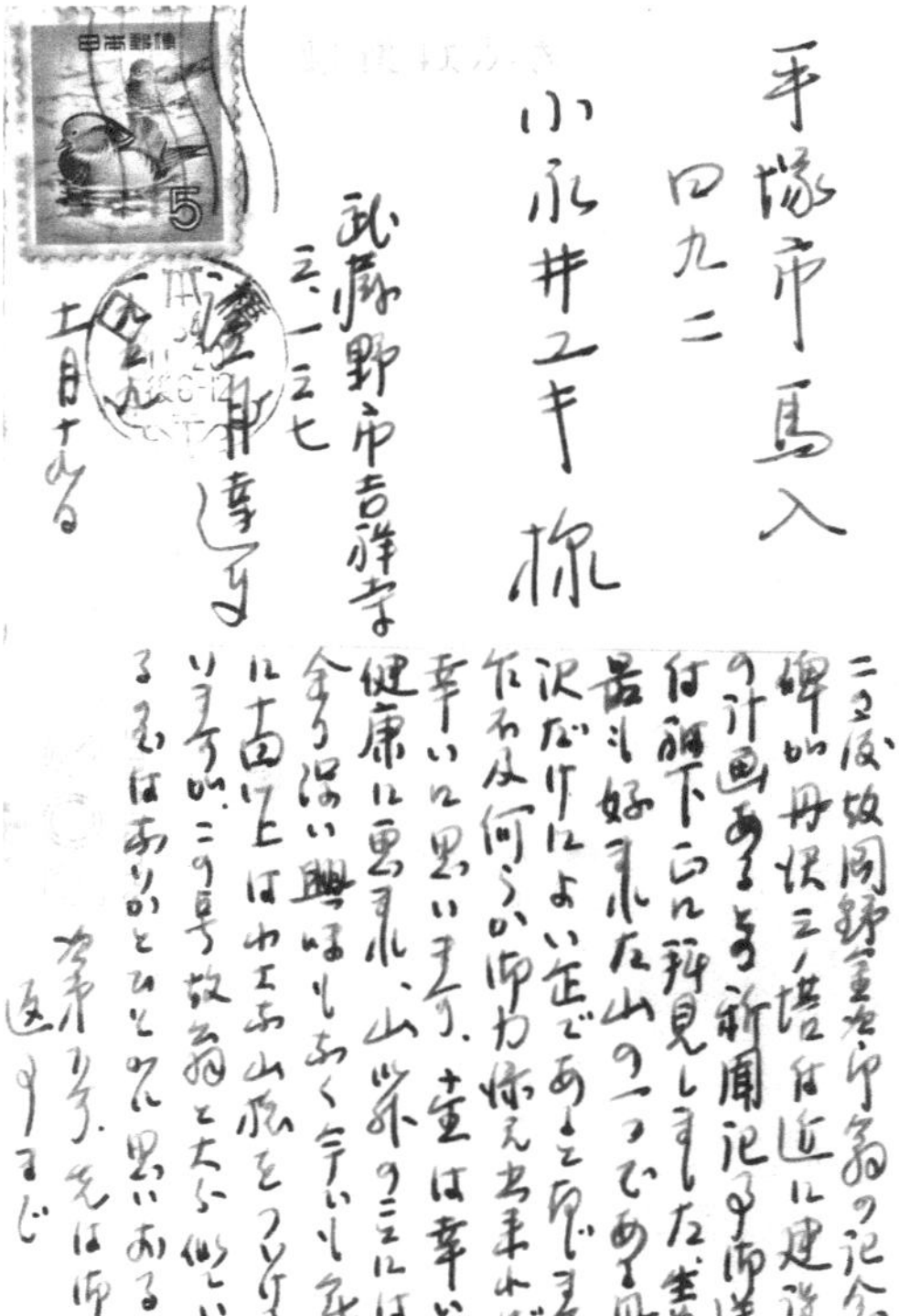

丹沢・三ノ塔の山頂方位盤（2018年12月撮影）

湘南平に記念碑を建立

平塚山岳協会による三ノ塔の山頂方位盤の設置計画は叶わなかったが、そこから計画はよりスケールアップして、思わぬ展開を見せることになった。平塚山岳協会の計画から一年数ヵ月後に、郷土史研究家の高瀬慎吾と戸川貞雄市長（当時）の尽力によって、平塚の景勝地である湘南平に岡野金次郎の記念碑が建立されることが決定したのだ。

小説家出身の戸川は当時としては珍しい〝文人市長〟で、郷土史にまつわる文化事業に力を入れていた。湘南平の名付け親であり、その地を一九五七（昭和三十二）年に公園として整備し、今の観光地としての土台を築いた。岡野が死去する前年の出来事だ。

もともと湘南平に碑を建てる議案が市の文化事業として平塚市議会に提出されており、当初は平塚市にゆかりのある曾我兄弟の碑を建てることが立案されていた。しかし相談を受けた斎藤昌三が「親の敵討というのは、現代の思想にはない。岡野金次郎という平塚に住んでいて、日本のスポーツ登山に貢献した人がいた。文化祭の記念事業としてなら、岡野氏の像を建てることがふさわしい」という意見を述べたことから岡野の碑が候補として浮上した。そしてほとんど無名の存在ながら、湘南平の記念碑として岡野金次郎の像が採用されることになった。

ここで岡野の名を挙げた斎藤昌三とはいったいどのような人物なのだろう。代表的な肩書は書物展望社社主であり、書籍編集や古書研究などの分野で名を馳せた人物だ。そんな斎藤は本の仕事を通じて昔から小島ら多くの文化人と交流し、岡野とも晩年に交流があった。

岡野と交流していた晩年の斎藤昌三（『アサヒグラフ』1952年12月3日号より）

文化人ではない岡野と斎藤が出会ったきっかけは、一九五四（昭和二十九）年五月十一日に朝日新聞に掲載された「アルピニストの開祖　名著残した小島烏水」という記事を岡野が知人から渡されて読んだことだった。岡野が読売新聞記者と交流を始めて記事を書いてもらってから二ヵ月後のことである。もしかしたら読売新聞に「有名な登山家故小島烏水氏と二人で日本で初めて日本アルプス槍ヶ岳を踏破した人」と紹介された岡野の記事を読んだ上での情報提供だったのかもしれない。

二十一日になって朝日新聞の記事の切り抜きをもらった岡野は、執筆者である斎藤昌三という人物と会って話がしたいと思い、朝日新聞社の平塚支局を訪れて斎藤の住所を尋ねた。担当の記者から夕方に返事がくると回答を得たので、翌日に再び新聞社を訪ねて斎藤の住所を知ることができた。

住所が判明してから四日後に岡野は茅ヶ崎にある斎藤の家を訪ねたが、不在だったので翌日に再び訪問している。

斎藤と対面を果たした日の日記（五月二十七日）には、「一時五十八分発で茅ヶ崎の斎藤の所に行った。斎藤にお目にかかった（好々やの人であった）。色々旅の談をして七時頃。ながいをした。同席した清水文夫と（夜食迄御馳走になった）斎藤が駅迄送ってくれた。七時三十分発で平塚に着」と書かれている。斎藤と数時間にわたって旅の話に花を咲かせて二人の交流は始まった。

翌月には斎藤から清水文夫（斎藤宅で同席した人物で、名前は文雄の可能性もある）経由で岡野に農業館での会合に出席をしてほしいと伝言があった。六月二十日に行われた会合で、岡野は斎藤・清水のほか五名に槍ヶ岳登山の話をしている。会場の農業館は、平塚駅南口駅前にあった「農業会館」のことだと思われる。

八月にも岡野は乗鞍岳に登った際に斎藤に登山報告を行っている。その後もたびたび、岡野の日記には斎藤の名前が登場するようになった。こうして岡野が住所を調べて斎藤宅を訪ねて行ったことをきっかけに、二人の交流は岡野が亡くなるまで続いていった。

これまで私は、斎藤が岡野について書いてきた手記を読んだ印象から、斎藤は岡野のことをあまり良く思っていないのではないかと感じていた。例えば「岡野は、そんなこと（著者注＝席が米国大使の隣りだったこと）を窮屈がる男でない。ちっと窮屈がるくらいなら、神妙なんだが」と小島が岡野のことを書いているとわざわざ明かしたり（第五章）、「たまたま僕の処へ来て初めて烏老の死を知ったという呑気爺さんであった」と書いたり（第六章）、斎藤の筆にかかると岡野のことは遠慮がなく変わり者な側面ばかりが強調される。ほかのどのエピソードを取っても岡野に対する斎藤の見方は終始この調子だ。

一方で岡野自身は斎藤のことを「好々爺」と評しているし、改めて岡野の日記と照らし合わせてみると、二人は毎回会うたびに話がはずんでいたことが分かる。そして斎藤は小島の出版物などで得た豊富な知識を通じて、岡野の山岳界での実績を正しく評価していたのだろう。市の文化事業で湘南平に碑を建てるのに岡野を推薦した理由も、「平塚に住んでいて、日本のスポーツ登山に貢献した人がいた」という、とても説得力のあるものだ。

何より岡野が碑の候補に浮上した経緯を振り返ってみると、岡野の行動が偶然を呼び寄せ、勝ち取ったものであることが分かる。斎藤が岡野と知り合ったのも、それ以前に岡野がウェストンと交流するようになり山岳会の設立につながったのも、晩年の山岳会との交流も、読売新聞記者との交流も、岡野の評価を決定づけるターニングポイントになっている出来事は、いずれも岡野が自らそれぞれの自宅を訪ねて、山の話をしたのがきっかけだった。

話を聞きたい人の元へ何度でも訪ねていく記者顔負けの岡野の行動は、たしかに斎藤が言うように控えめな性格とは程遠い。岡野の積極性とフットワークの軽さが斎藤との交流を生み、湘南平の記念碑へとつながっていった。その行動なしに山岳会のあのような始まり方も、晩年から死後にかけて徐々に功績が認められていく過程も、記念碑に岡野が選ばれることもなかっただろう。

平塚山岳協会との関わり

湘南平に岡野金次郎の記念碑を建てる案が採用されると、担当の市会議員は親族の同意を得るために平塚に住む長女ユキの家を訪問した。ところがユキは「父が無名の山の愛好者として生涯を送ったのは、父の意志であり、レリーフの建立というような晴れがましいことは、父の意志に反することである」と断った。

その後、ぜひとも承諾してほしいと再三再四議員の訪問を受けて、兄弟姉妹五人が平塚の長女の家に集まって話し合いをすることになった。そして最終的に「父の意志もさることながら、父はすでに亡き人であり、市議会の議決を尊重しよう」ということになり、碑の建立に合意することにした。

この決定を受けて、平塚山岳協会も動き出す。平塚市が湘南平に岡野の記念碑を建立する計画を知った平塚山岳協会は、まず会員に寄付を募ることにした。一九六一（昭和三十六）年十一月の建立に先駆け、岡野の親族のもとには三月二十五日付で書類が届いている。少し長いが引用したい。

故岡野金次郎翁顕彰事業募金について（協力依頼）

陽春の候　貴　益々ご清栄の段心よりお慶び申し上げます。

さて突然ながら、表記の件につきまして共に志を同じくする仲間として是非各位の御協力を賜りたくお願い申し上げます。

故翁については別添の如き略歴の方でありますが、特に、烏水、小島久太氏の親友として又無二のパートナーとして明治二十七年来幾多の山行を重ね、小島烏水氏の名文中にもしばしば最良の友としてその名が記されております。

又日本の岳人として始めて日本アルプスの名付親ウォルター・ウエストンと会見し（明治三五）ウエストンの日本を去るに及んで（明治三八・二）武田久吉、高野鷹蔵、小島烏水の諸氏と共に昼食に招かれ山岳会の設立をすすめられ、これが機縁となって現在の日本山岳会が生れ、登山の今日の隆盛を見る出発点が出来ていったことを併せて考える時、文筆を染めることが少なかった故に多くの人に知られることなく、その八十余年の生涯を只ひたすらに山を愛しつつ終えられたいわばかくれた岳人ではあっても、現在の登山界に生きる私達としては、やはり偉大な先覚者として又、今日の斯界の礎石の一つとして翁を考えずには居られないのです。

この翁の事績を次の世代に何等かの形で残し伝えることとは、直接この翁を会友として戴き、日頃何彼と御教導を得ました私達の当然の義務と心得てはおりますものの微力の小団体なるが故に企画の実現を見ることが出来ませんでした。

時たまたま別記関係各位の暖かな御配慮に接し、協同企画の形により、漸く顕彰事業実現への軌道に乗ることが出来ました。

つきましては頭書の如く同じく山を志す仲間としてこの事業に全国岳人の暖い御理解と御協力を賜りたく、別添の如く事業概要を相添えお願い申し上げる次第であります。

尚、建碑完了後、直ちに翁の事績に関する出版物も企画いたしており、本事業の募金に御協力を得ました各位に記念の意を以って御贈呈するべく考慮いたしておりますが、この際に翁に関する資料或は授受文書、手紙類等御所有の方は御貸与若しくは御恵贈賜りたくこの段も併せてお願い申し上げます。

「文筆を染めることが少なかった故に多くの人に知られることなく、その八十余年の生涯を只ひたすらに山を愛しつつ終えられたいわばかくれた岳人ではあっても、現在の登山界に生きる私達としては、やはり偉大な先覚者として又、今日の斯界の礎石の一つとして翁を考えずには居られないのです」――。その想いをかたちにするために、平塚山岳協会は山を志す仲間として一口千円で募金を呼びかけ、協力してくれた人には平塚山岳協会が企画する岡野の事績に関する出版物を贈呈するとし、同時に岡野に関する資料など情報提供を呼び掛けた。

平塚山岳協会は集まった寄付金を平塚市に寄贈し、企画の出版物は『故岡野金次郎氏をしのぶ』という冊子になって、記念碑の除幕式と同時に寄贈品として配布されることになった。また、提供された資料は記念碑の建立と同時に開催された「山岳展　岡野金次郎翁回顧」で活用されたようである。

今となっては平塚山岳協会は高齢化で縮小し、岡野とのつながりを知る人はいなくなってしまった。そのことは残念だが、出版物を通して広く関係者の証言を残すなど、当時の平塚山岳協会が果たした役割は非常に大きい。

「山岳展　岡野金次郎翁回顧」の開催

二〇〇八（平成二十）年に発行された平塚市図書館の情報紙『きぃぷ』の連載「図書館のあゆみ」には、「昭和36年（1961年）11月、平塚信用金庫3階にて図書館主催の『山岳展　岡野金次郎翁回顧』を開催しました。岡野金次郎は日本山岳界のパイオニアの一人で、晩年平塚に住み平塚で永眠されました。展示会開催と同時に湘南平に記念碑が建立されました」と記されている。記念碑の除幕式と同日の十一月十三日から一週間、平塚市図書館主催、平塚山岳協会後援による「山岳展　岡野金次郎翁回顧」が開催された。展示会で配布されたのだろう「岡野金次郎年譜」の表紙には、展示の資料提供者として十名と三団体が記されている。「柿沢篤太郎、清水文雄、小沼伝、高須研吾、加藤一太郎、内田又二、名倉信光」の七名に加えて、岡野の子ども三名（長女小永井ユキ、長男岡野昇、次男岡野敬次郎）、そしてサクラフイルム、日本山岳写真協会有志、平塚山岳協会有志である。

柿沢篤太郎は前平塚市長（昭和三十年まで在任）であり、在任中に平塚山岳協会の初代会長に就任している。ちなみに平塚市図書館には「柿沢篤太郎山岳図書コレクション」があり、柿沢の所有していた山岳書が多数収蔵されている。加藤一太郎は平塚市教育委員会教育長として記念碑事業に深く関わり、その後昭和三十八年に平塚市長に就任した。

続いて名の挙がっている清水文雄（同日発行の記念冊子には清水文夫と記載）は、岡野の日記で斎藤昌三と交流する際によく一緒に名前が挙がる「清水文夫」や記念碑の除幕式で神事を担当した「清水文夫」と同一人物だろうか。高須研吾は山岳関係者、内田又二は当時の平塚山岳協会会長、名倉信光は読売新聞平塚支局の記者である。資料提供というより、この企画（特に記念冊子）の協力者を連ねたような顔触れである。

一方で日本山岳会を代表して日高信六郎とともに除幕式と展示会に参列した山崎安治は、「（展示会では）翁が生前愛用していた杖や水筒、はばきゲートルなどの遺品や、書簡、日記などが陳列され注目をあつめた」と日本山岳会の『会報』２１９で報告している。

この展示会が何より興味深いのは、これとほぼ同時期に神奈川県立図書館（横浜市）では小島の展示会「近代登山のパイオニア　小島烏水展」が開催されていたことだ。「小島展」の会期は十一月二日から十一日であり、その終了から二日後に今度は入れ替わるようにこの「岡野展」が始まった。

展示会単体で見ると、岡野より知名度が格段に高い小島の企画が先にあって、そこに岡野が追随したような印象を受けてしまう。しかし岡野展のほうは、岡野の記念碑が建立されるのに合わせた市の企画である一方、小島展のほうは何か節目の年であるわけでもなく、死去十三年後のこのタイミングで小島の展示会を企画する理由が見当たらない。

当時の神奈川県立図書館長である宇井儀一は小島展開催にあたって、「近代登山のパイオニア、

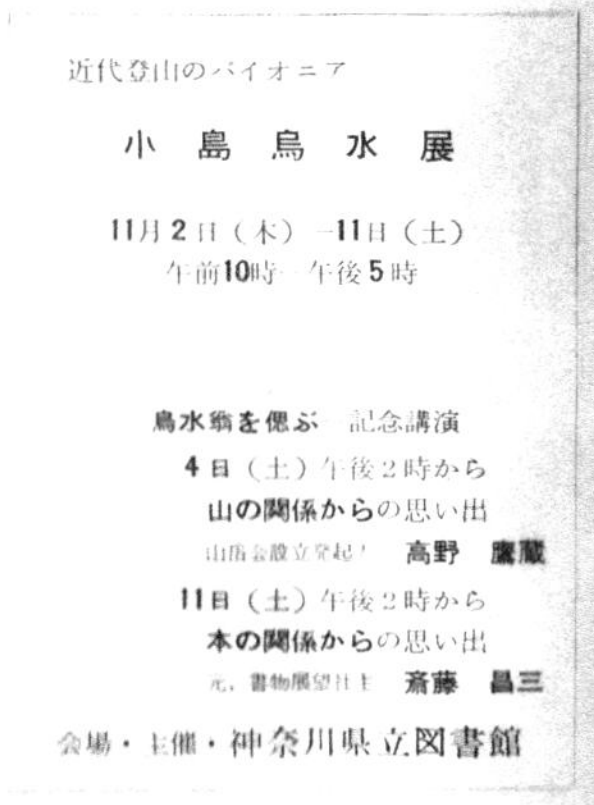
近代登山のパイオニア
小島烏水展
11月2日（木）−11日（土）
午前10時−午後5時
烏水翁を偲ぶ　記念講演
4日（土）午後2時から
山の関係からの思い出
山岳会設立発起人　高野　鷹蔵
11日（土）午後2時から
本の関係からの思い出
元、書物展望社主　斎藤　昌三
会場・主催・神奈川県立図書館

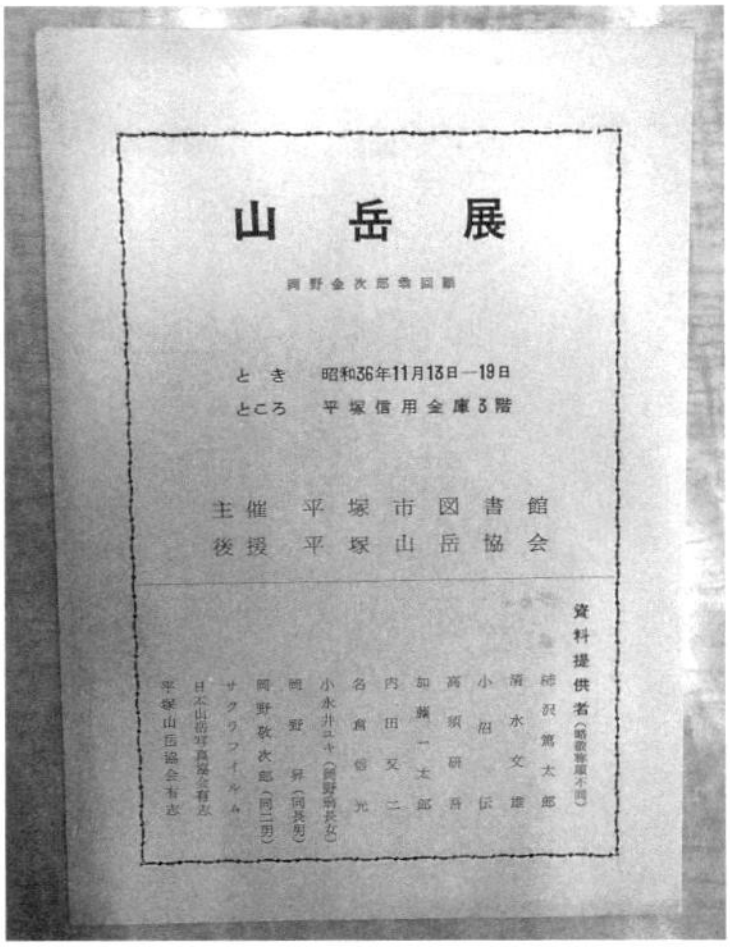
山岳展
岡野金次郎翁回顧
とき　昭和36年11月13日−19日
ところ　平塚信用金庫3階
主催　平塚市図書館
後援　平塚山岳協会
資料提供者（順序敬称不同）
柿沢篤太郎
清水文雄
小沼伝
高須研吾
加藤一太郎
内田又二
名倉信光
小永井ユキ（岡野翁長女）
岡野昇（同長男）
岡野敬次郎（同二男）
サクラフィルム
日本山岳写真協会有志
平塚山岳協会有志

「近代登山のパイオニア　小島烏水展」と「山岳展　岡野金次郎翁回顧」の概要。それぞれの印刷物に年譜が掲載されている

山岳文学家、日本山岳会初代会長としての、小島烏水の名は、大抵の方はご存じでしょう。（略）今回、わが郷土に成人し各方面に大きな足跡を残した小島烏水の、生涯を通じての関係資料を公開展示し、あわせて記念講演を催して、その業績を顕彰することにしました」と言葉を寄せているが、なぜこのタイミングなのかはまったく語られていない。

一応小島展の日程が岡野展よりわずかに早いのは、文化の日を挟んだ読書週間の図書館行事に合わせたからであることが分かっている。その上で小島の企画が浮上した理由として考えられるのは、やはり岡野の記念碑の存在だろう。平塚市立図書館主催の「岡野展」と同様に、神奈川県立図書館主催の「小島展」もまた岡野の記念碑の建立に合わせた企画である可能性が高く、岡野にゆかりの深い人物として小島にスポットを当てたというわけだ。

なぜなら神奈川県立図書館は、少なくとも一年前には湘南平に岡野の記念碑が建立されることを把握していた。おそらく情報の橋渡しをしていたのは、平塚市に記念碑事業の意見を求められるばかりか、神奈川県立図書館とも親しくしていた斎藤昌三である。

記念碑の建立より一年前に、神奈川県立図書館は斎藤に岡野についての原稿を依頼している。斎藤は「岳人岡野金次郎翁」のタイトルで小島との関係を中心とした詳細な岡野評を寄稿し、その文末で湘南平に岡野の記念碑が建てられる予定であることに触れている。


この無欲淡々たる翁の追慕碑は、近く湘南平に太平洋を眼下にして建てられるという。翁も平塚の土となったことを満足しよう。


神奈川県立図書館は記念碑の話ありきで、岡野とはいったいどのような人物なのか、小島との関係を絡めて斎藤に原稿を依頼したのだろう。そして神奈川県立図書館は、岡野の記念碑が建立される翌十一月に小島の展示会を企画した。

主催も後援も異なり表向きには接点のない「山岳展　岡野金次郎翁回顧」と「近代登山のパイオニア　小島烏水展」は、湘南平に岡野の記念碑が建立されると決まったことで、それぞれに企画が浮上し、動き出していった。そのおおもとを辿ると、そこには平塚市の文化事業で湘南平に碑を建てるのにふさわしい人物として岡野を推薦した斎藤の存在がある。

斎藤はこれまでも多くの文化人に光を当てて、その仕事ぶりが高く評価されてきた人物である。記念碑に合わせて平塚市教育委員会ほかが制作した冊子にも、神奈川県立図書館宛てとはまったく異なる内容の詳細な岡野評を寄せている。図書館と個人的なつながりがあるのもそのはずで、斎藤は平塚市の隣の市である茅ヶ崎市立図書館の初代館長も務めていた。岡野展を主催した平塚市図書館とも関係があっただろうし、神奈川県立図書館主催の小島展では、展示会の最終日の記念講演を斎藤が担当している。

そして斎藤は岡野と小島それぞれの企画に惜しみなく協力し、自分の貢献は決してひけらかさなかった。記念碑に合わせて岡野についての寄稿を頼まれたのなら、自分が岡野金次郎を推薦したのだと文中で一言くらい触れてもよいのに、斎藤はそれさえしない。そして岡野の人となりを決して美化することなくあけっぴろげに紹介し、登山家としての功績はしっかり評価して、岡野を市の文化事業の〝主役〟へと導いた。

付け加えるならば、そこには小島の存在も不可欠だった。岡野の山の相棒だった小島の山岳紀行文があったからこそ、斎藤は岡野の登山歴を正しく評価することができたのだろう。

記念碑の除幕式

「山岳展　岡野金次郎翁回顧」の開催初日である一九六一（昭和三十六）年十一月十三日に、景

岡野金次郎記念碑の除幕式の様子（平塚市教育委員会所蔵）

勝地の湘南平では岡野金次郎記念碑の除幕式が行われた。

除幕式には平塚市長（当時）の戸川貞雄をはじめ、平塚市議会議長、平塚観光協会理事長、平塚商工課長、平塚市教育研究所長らが出席し、それぞれお祝いの言葉を述べている。遺族からの挨拶は長男昇が行い、除幕は孫の岡野修とひ孫の小永井透が行った。

平塚市教育委員会、平塚観光協会、平塚山岳協会が制作した冊子『故岡野金次郎氏をしのぶ』も除幕式に合わせて披露された。冊子では平塚市長と平塚市教育委員会委員長の言葉を冒頭に、「岳人岡野翁を語る」として岡野にゆかりのある四名が——碑の候補として岡野を推薦した斎藤昌三は岡野の生涯を小島の著書な

除幕式に合わせて作成された冊子『故岡野金次郎氏をしのぶ』

どを引用しながら評論し、平塚山岳協会会長の内田又二は岡野から直接聞いた山の話を一つ一つ紹介していき、読売新聞記者の名倉信光は岡野がアロエを持って突然訪ねて来たことからはじまる交流を、次男の岡野敬次郎は子どもの頃に父と登った富士登山のことを中心に——それぞれに岡野翁を大いに語っている。

ここまで本書でたびたび引用してきた斎藤、内田、名倉、敬次郎による岡野のエピソードの大部分は、この冊子に寄稿された内容にもとづいている。

碑の製作には、新槐樹社の重鎮亀貝保が協力した。平塚市教育委員会委員長（当時）の加藤一太郎によれば、亀貝は「忙しい製作を投げすてて、翁の人柄を一面のレリーフに現わしてみたいと、湯河原、平塚の間を往来され、物心共に多大なる犠牲をはらわれた」という。完成した碑は岡野の実物大上半身のレリーフ入りで、高さ三メートルに及ぶ。

『食道楽』で有名な村井弦斎の娘であり登山家の村井米子は、『山愛の記』のなかで岡野に会ったときの印象を「平塚市の湘南平に、岡野金次郎翁のレリーフがあるが、その風貌そのままだった」と記している。それだけレリーフには岡野の晩年の風貌が投影されているのだろう。また、小永井暹氏は碑の基礎には富士山から運んできた石を使用していると語っており、碑の至るところに関わった人たちの想いが込められていた。

碑文は〝文人市長〟である平塚市長の戸川貞雄が筆を執った。戸川は『故岡野金次郎氏をしのぶ』で次のように解説している。

岡野金次郎翁が山をたのしんだ人であったということは、久しい以前から知っていたが、こんど、その略歴をみせていただいて、翁が日本の山岳界の先駆者のひとりであった事実を知り、かつおどろき、かつよろこんだようなわけである。このような立派な存在が、平塚市と深いつながりをもっていたことを、いままで知っていなかったことは、うかつ千万な話であった。そこで、さきごろ、碑文に筆を染める光栄に浴したぼくは、こころのうちに、翁の功績を思いうかべながら、精いっぱい毫を揮ったようなわけである。もとより書を習った経験もないのだから識者がみたら笑うかもしれないが、ぼくはぼくなりに、誠意をこめてかいたのである。

この碑は、湘南平のいちばんよい場所に建てられた。仰ぎみてくださる方々は、岡野翁の功績を思いつつ、稚拙なぼくの書のうちにあるものを、ぜひみのがさないでほしい。

こうして碑には次の言葉が刻まれた。

山を愛し　山を楽しみ
晩年平塚に住み　平塚で終った
日本山岳界に於ける先駆者
岡野金次郎翁を偲ぶ

市長に続いて『故岡野金次郎氏をしのぶ』では、平塚市教育委員会委員長の加藤一太郎（のちの平塚市長）が次のように述べている。加藤は平塚山岳協会に岡野という平塚在住の登山家がいることを伝え、岡野と平塚山岳協会とを結びつけた人物でもある。

翁が丹念に書き綴られた日誌を読ませていただいたことがある。雨の日も風の日も、あの空襲のさ中でも、翁は、馬入堤上への散歩を忘れておられない。春霞にかすむ伊豆の山々をながめ、稲田越しに大山丹沢をながめ、夕焼けに染った富士山をながめ入った翁は「壮絶なるかな、天下の美景」と毎日認めておられる。暮色の町に、あてどもなく歩をすすめられては、変りゆく平塚の町を語っておられる。こんなに平塚の自然を愛で、平塚の土地に心ひかれていた人は少いと思う。世におもねるでもなく、また、てらうでもなく、みずから、市井

除幕式の集合写真。市の関係者や日本山岳会関係者、親族らが来賓として参列した

記念碑の前で食事を楽しむ様子。右端が岡野トヨ

の凡夫に甘んじてひたすらにその生涯を、山とこの平塚を歩みつづけてきた岳人を、私はたまらなくなつかしく思う。

平塚の名勝地湘南平に、翁のこよなく愛された富士箱根連峯に対面して建てられたこの碑に、翁とこの平塚のきづなを永遠にとどめたいと思う。

湘南平に平塚ゆかりの人物の碑を建てようというところからはじまった平塚市の事業計画だったが、こういった話を聞けば聞くほど、岡野金次郎ほど湘南平の碑にふさわしい人物はいないのではないかと思えてくる。

湘南平の頂上は、岡野が生前愛してやまなかった富士山をはじめ丹沢、伊豆、箱根の山々が眺望できる場所である。除幕式では岡野の親族が集まり、碑の前でとても良い表情で集合写真を撮っている。家族を何より大切にしていた岡野の人生に共感し、先祖を敬う気持ちと喜びにあふれているようだ。

展示会の後日談

それから一週間後の十一月十九日に、「山岳展　岡野金次郎翁回顧」は開催を終えた。記念碑の建立にまつわる出来事を追ってきて気になったのが、記録のなかでどんどん斎藤昌三の陰が薄くなっていくことだ。

さらに記録を追うと、山崎安治の報告に「（除幕式では）記念碑建設の動機を作られた斎藤昌三氏のあいさつなどで式をとじた」の一文があり（日本山岳会の『会報』219）、来賓として挨拶をしていることが分かった。しかしこのとき、斎藤は死が近づきつつあった。公的な場に顔を出した最後として一般的に語られているのは、小島展最終日（除幕式の二日前）の講演会である。よって小島展でのことは展示会そのものより斎藤の最後の姿として、神奈川県立図書館の複数の職員によって詳細に語られている。

斎藤の評伝の一つ『書痴斎藤昌三と書物展望社』では、「（斎藤の）最晩年のことは、後述の神奈川県立図書館の沓掛伊佐吉氏の「臨終三日前」と峯村幸造氏「十一月廿六日前後」（共に「日本古書通信」昭和三十七年二月号所収）に切々と綴られている」と前置きした上で、その文が引用されている。

それによると小島展の最終日を飾るのが斎藤の講演会だったが、職員の間ではすでに斎藤の健康状態が心配されていた。講演に関わった人たちの話を読む限り、小島の話を聞く会というより、斎藤を囲む会のような色合いが強かったのかもしれない。

参加者約四〇名、先生の前に半円を描いて集まり、先生は烏水との出逢いから、磯萍水、山崎紫紅との交遊、烏水の原稿の浄書から、造本について、また明治から大正にかけての横浜と文化人についてなど、先生は思ったより、お元気で、参加者の旧知の顔をにこにこ眺めながら、楽しそうに一時間ばかり話され、質問にも、うん蓄を傾けて答えられた。（沓掛伊佐吉「臨終三日前」）

しかしその後も斎藤の体調は思わしくなく、神奈川県立図書館の職員たちはたびたび斎藤宅に電話をかけて様子をうかがったり、お見舞いに訪れたりしている。ちょうど岡野展が終わった頃からだ。

二十四日には斎藤と親交のあった神奈川県立図書館長や職員が再びお見舞いに訪れ、「（講演会の）十一日の時より格段の衰え方である」（沓掛伊佐吉）とその状況を詳細に記している。それから二日後の二十六日に、斎藤は亡くなった。小島と同じ七十四歳だった。

斎藤の生前最後の仕事はおそらく、小島と岡野それぞれの人物像や実績を世に伝えることだった。除幕式の当日配布された冊子『故岡野金次郎氏をしのぶ』に「一代を岳人として貫く」のタイトルで、斎藤は幅広い文献を駆使して岡野新田と岡野一族の話から始まる岡野の壮大な物語を寄稿している。

日本に於けるアルピニストの創期は、実に横浜の青年小島烏水と岡野金次郎の二人から発端したもので、烏水は一代を銀行員として、金次郎はスタンダード石油会社員として終った山岳家であるが、翁の晩年は平塚市民として、高齢に達しながら死の前日まで、脚に休養を

与えぬという岳人振りを発揮していた。（略）

翁の初登高は十八歳の時で、丹沢が最初であったが、烏水と知ってから日本アルプスの登破となり、いつか全国の山々へ足跡を及ぼすという狂態は、その広範囲に於いて烏水以上であった。

多くの文化人と交流し、本の世界で生きてきた斎藤が、文学とも記録を残すこととも無縁の岡野金次郎という登山家を市の文化事業の主役に後押ししたというのは、何とも不思議な縁である。

「岡野金次郎年譜」の発行と継承

今私の手元にあるのは『故岡野金次郎氏をしのぶ』や「岡野金次郎年譜」（平塚市図書館での保管タイトルは「山岳展－岡野金次郎翁回顧－」）といった碑の建立を発端に生まれた発行物である。「烏水・小島久太年譜抄」もそこに含まれるかもしれない。

本書の執筆にあたって、岡野金次郎について知るために最初に手にしたのは冊子『故岡野金次郎氏をしのぶ』だった。詳しくはエピローグで述べるが、この冊子の情報を手掛かりに平塚に住む親族の存在を突き止め、そこからほかの情報へと岡野の足取りを追いかけていった。

とりわけ岡野の経歴が出生から晩年まで総合的に紹介されているのは「岡野金次郎年譜」のみであり、岡野の人生を順に追っていくことができたのは、この年譜があったからだ。そしてこの

「岡野金次郎年譜」は様々な人の手に渡り、岡野を紹介する際の情報源として用いられてきた。日本山書の会が一九七〇（昭和四十五）年に制作・発行した『山と人・山岳』には、「岡野金次郎年譜」の簡略版が掲載されている。本に収録されている武田久吉の「山岳会の結成と『山岳』の誕生」や三田幸夫の「『山岳』総目録を手にして」のなかに岡野の名前が登場することから、その補足資料として「岡野金次郎年譜」も収録されることになったのだ。「註記・岡野金次郎年譜」として、編集発行人の小野敏之が次の説明を加えている。

岡野氏については、登山史に興味を持つ者なら、小島烏水、武田久吉らの文章によって、山岳会創立に重要な役割りを果した人物として記憶していることであろう。しかし大正の中頃？日本山岳会を退会し、その後、特に目立った山行——むしろ記録の発表と言った方がよいかも知れない——を行なわず、岳界に対する主張も発表しないまゝ、戦後まで、山の世界では忘れられた存在であった。しかし、烏水との結びつき、ウエストンと烏水の橋わたしなど、山岳会創立の頃の行動がドラマチックであっただけに、登山界としても埋没し切れない存在であった。

山崎安治が岡野の経歴を書くにあたって「岡野金次郎年譜」を参考にしていると第五章で触れたが、これは『山と人・山岳』に掲載された簡略版「岡野金次郎年譜」ではなく、展示会での

「岡野金次郎年譜」そのものが下敷きになっていることをここで補足しておきたい。

そして『山と人・山岳』で岡野について「日本山岳会を退会し、その後、特に目立った山行――むしろ記録の発表と言った方がよいかも知れない――を行なわず、岳界に対する主張も発表しないまゝ、戦後まで、山の世界では忘れられた存在であった」と解説しているように、岡野のことが書かれた出版物はほとんどが戦後――それも岡野の晩年から死後にかけて――に発表されたものである。その第一のきっかけが小島の死であり、次に岡野の死があり、三つ目の大きな動きが記念碑の建立だった。

岡野は有名だったから碑が建てられたわけではない。ほとんど無名の存在に光が当てられ、湘南平に碑があることで、その名が少しずつ世に知られていったのである。岡野金次郎は典型的な〝死後に評価された登山家〟なのだ。

記念碑の建立から二十八年後の一九八九（平成元）年、神奈川県立図書館発行「神奈川文化」に「近代登山の黎明と岡野金次郎」が掲載された。執筆したのは平塚山岳協会に所属し、平塚市職員として市役所の山岳部で活動していた丸島隆雄氏で、当時博物館市史編さん担当だった。

丸島氏によると、神奈川県立図書館から当時の平塚市図書館長に「岡野金次郎について書いてほしい」と依頼があり、最終的に丸島氏が原稿を書くことになったという。神奈川県立図書館が「神奈川文化」で県内の人物や歴史を紹介する一貫で、岡野金次郎にスポットを当てることになったようだ。

平塚市図書館による「岡野展」と神奈川県立図書館による「小島展」、二つの展示会から長い年月を経て、丸島氏による調査と神奈川県立図書館が所有する貴重な関連写真が合わさった、これまでの山岳関係者による考証とはまた異なる切り口の記事になっている。

日本山岳会による記念碑訪問

望月達夫のアルバムには、一九八三（昭和五十八）年三月に日本山岳会会員の川崎精雄と近藤恒夫が岡野の碑を訪問した際の写真が丁寧に貼られている。望月が二人を案内し、撮影したのかもしれない。高麗山寄りの一等三角点のある浅間山を経由したコースから湘南平まで、岡野の話をしながら山道を歩いたのだろうか。

日本山岳会公式の催しとしても、湘南平への碑の訪問はこれまで幾度かにわたって行われているようだ。二〇一三（平成二十五）年十二月七日の日本山岳会年次晩餐会翌日には、湘南平へハイキングに行く催しがあった。あくまで目的はハイキングであり、当初は岡野金次郎の碑を見学する予定は組み込まれていなかった。

しかし岡野の碑のことをよく知る日本山岳会会員がハイキングを主催する集会委員に事前に知らせたことから、委員は急遽、岡野金次郎の解説ができる会員に依頼して、碑の前で話をしてもらうことになった。

前日に品川プリンスホテルで開催したこの年の年次晩餐会は会員番号１０００１番の皇太子殿

下（現天皇）をお迎えしたこともあり、四百六十名を超える出席者がいた。その影響で、翌八日の湘南平へのハイキングも参加者が多かった。当日は貸し切りバス二台で品川駅から現地に向かい、高さ三メートルもの立派な記念碑の前で会員たちは日本山岳会の創設に欠かすことのできない岡野金次郎という登山家について話に耳を傾けた。

さらに三年後の二〇一六（平成二十八）年十一月には、日本山岳会のなかの同好会である緑爽会が湘南平に岡野の碑を訪ねる企画を立てて、秋のハイキングを楽しんでいる。緑爽会は岡野の親族との交流も続けている。

碑を訪れた川崎精雄と近藤恒夫（望月達夫のアルバムより）

湘南平は人気の観光スポットであり、登山に縁のない人も含めて毎年多くの人が訪れている。登山者以外にも知名度の高いここ湘南平に、山岳界でいくつもの偉業を成し遂げた岡野の記念碑があることは、山好きな一平塚市民である私としても大変喜ばしいことである。

実は岡野は東京の蒲田に住んでいるときから、伊豆や箱根の山々、富士山などに登った帰りはいつも平塚にある長女ユキの家に立ち寄り、宿泊していた。そして平塚に滞在しながら、高麗山から千畳敷（湘南平）を縦走し、大磯の海岸に出るコースを楽しんでいた。ときには子どもや孫たちとともに、二日連続で同じルートを辿ることもあった。

千畳敷（湘南平）からは、岡野の愛する伊豆や箱根の山々、富士山、塔ノ岳が一望できる。いつしか平塚に居住したいと思うようになったのだろう。母の死をきっかけに、一九四〇（昭和十五）年に六十六歳で平塚への転居を決断したのも、平塚大空襲で一度は住まいを失っても一九五三（昭和二十八）年に七十九歳で再び平塚に戻ってきたのも、平塚での生活やここからの眺めをこよなく愛していたからだろう。

岡野は山に情熱を注ぎ、平塚が終の棲家となった。世間一般の人が知る著名人とは言い難いが、ここに碑があることで、近代登山の先駆者である岡野金次郎の名は、葬り去られることなく、この先も残ってくのだ。

第十一章

再発見への道

私は敢《あえ》て若い岳人に物申す、日本山岳会の生みの親は、現存の武田久吉、高野鷹蔵両氏とウェストン、小島烏水の外に、岡野金次郎あるを忘れてはならないことを。

——小島栄（『山岳』第五十三年より）

記録を継承した立役者たち

歴史は残された記録をもとにつくられる。本当の先駆者であったり、過去に偉大なことを成し遂げていても、それを証明する記録がなければ歴史に残らず、忘れられてしまう。そしてのちに同じことを成し遂げた別の誰かが記録をもとに偉大な功績として評価され、未来に継承されていく。

幸いにも岡野の場合、山の相棒である小島が積極的に山岳紀行文を発表し続けてきたことで、その代表的な実績が広く認知され、二人が近代登山の本当の先駆けであると登山史で位置づけられることになった。

とはいえかつては小島の小説風な記録こそが、岡野の登山家としての検証を難しくしていた面は否めない。若い頃から有名だった小島とは対照的に、岡野の実績が掘り起こされて評価されるに至るには、様々な関係者の仲介や長い時間が必要だった。

一方でもし岡野の山の相棒が小島でなかったら、岡野の槍ヶ岳の実績がいかに先駆的だったか、これだけ広く正確に伝わったかは疑わしい。小島が岡野の山行に関わっていなければ、その後の評価はまた違ったものになっていただろう。

岡野の情報が詳細に記された出版物は、小島が執筆したものを除けば、小島を追悼した『山岳小島烏水記念号』への寄稿「小島と私」が初めてであり、岡野による唯一の公的で詳細な記録である。岡野はこれまで自らの登山報告をしてこなかった『山岳』の誌面で、自らの言葉で小島との出会いや山のエピソードなどを発表したのだ。岡野の死後になって、様々な山の関係者が岡野の実績をまとめた文章を発表しているが、そのほとんどが小島の著作物に加えて、小島の死を惜しんで書いたこの「小島と私」が一次情報になっている。

山の関係者の間でもほぼ知られていなかった岡野が『山岳』で小島を追悼する寄稿者の一人に選ばれたのは、日本山岳会のなかで岡野の数少ない理解者だった望月達夫がこの号の編集発行人だったという偶然の巡り合わせにすぎなかった。そして「小島と私」を代筆したのは岡野の三男満であり、父から時間をかけて話を聞きだし、その一部を「小島と私」に、そこから漏れた話は「父・岡野金次郎」のタイトルで個人的な手記として原稿用紙にまとめておいた。

満の長男眞氏は「満は山のことをあまり知らず、『父・岡野金次郎』に書かれている主張には事実誤認もあるかもしれない」と指摘する。それでも岡野の記録はほかに頼りにできるものが限られており、これは満が作成した「岡野金次郎年譜」とともに岡野の山の実績をできる限り記録した貴重な資料になっている。

岡野の晩年には、岡野が名誉会員の集まりに出席したことをきっかけに、何人かの昔からの山岳会会員が日本山岳会の『会報』のなかで岡野とのエピソードを紹介している。しかしそのほとんどは街で散歩中の岡野を見かけたといった目撃談に終始している。

山岳関係者以外では、やはり晩年に読売新聞平塚支局の記者がたびたび岡野の話を取り上げており、それらの記事が岡野の存在を世に知らせることになった。しかしそこで語られている過去の山の実績やエピソードに、岡野の情報を補足したり刷新するような目新しい情報は見当たらない。

『山岳』の名編集者だった望月は、岡野から山の話を聞きだそうとしていたが、うまくいかなかった。『山岳』の追悼文「岡野翁のこと」で次のように書いている。

翁に会ったとき私がいちばん聞きたかったことは、明治三十年代の古い時代に、どういう動機から乗鞍岳や槍ガ岳へ登ってみる気になったかという点でした。つまり、日本では純粋な意味の登山が全く知られていなかった時代に、翁や小島さんを駆って高山へ登らしめたものは一体なになのかということであったのです。しかしいかに頭がしっかりしていたとはいえ当時既に八十歳に垂《なんな》んとしていた翁には、私の質問の真意が的確に判り難かったとみえて、この点は私なりの想像をする以外になく、目をつぶって遥か昔を思い出しながら語られたことは、槍ガ岳登山の折のたのしかったこと、苦しかったこと、美しい景色に驚嘆したことなどが大部分でした。

望月によるこの追悼文を含めて、残りの岡野に関する出版物はほぼすべて、岡野の死後に発行されている。まず岡野が死去した翌年の『山岳』に、小島栄（小島烏水の弟）、岡野トヨ（妻）、望月達夫の三名の寄稿によるこの追悼文が掲載された。編集発行人は望月であり、おそらく望月が寄稿者を選んだのだろう。それぞれまったく異なる立場から岡野をよく知る人物であり、非常に内容の濃い貴重な証言集になっている。

小島栄はその冒頭で、「一生涯、歩いて歩き捲くり、八十四才の高齢でも歩き続けている最中に永久の眠りに就いた人は、恐らく古今東西を通じて絶無であろうと思われるが、茲にたった一人いる。乃ち岳人の先覚者岡野金次郎さんである」と岡野のことを評価した。そして、「私は敢て若い岳人に物申す、日本山岳会の生みの親は、現存の武田久吉、高野鷹蔵両氏とウェストン、小島烏水の外に、岡野金次郎あるを忘れてはならないことを」の一文で締めくくっている。

小島栄は小島烏水の弟という立場でありながら、小島だけでなく岡野のことも対等に評価していた。岡野の実績をきちんと残して正しく評価されるよう、頼まれれば岡野について寄稿し、岡野の親族に記録を残し公表するよう後押しした。

その後も、湘南平の記念碑にふさわしい人物として岡野を推薦した斎藤昌三や実際に岡野の碑を建立した平塚市、その事業を後押しした平塚山岳協会、ここまでのつながりで岡野を知りその実績を評価した様々な関係者が一丸となって、記念碑の建立と除幕式、「山岳展　岡野金次郎翁回顧」の開催と「岡野金次郎年譜」の発行、冊子『故岡野金次郎氏をしのぶ』の発行へとつながっていった。

『アルプ』に原稿掲載

岡野が登山家として際立っているのは、記録に残っている限り日本人として誰より早く純粋に山に登ることを目的に山に登った登山家であることに加えて、この年代で誰よりも長く、誰よりも多くの山に登り続けたことである。

ところが岡野の一般的な経歴は、小島と山行をともにした明治時代で止まっている。生前はそれ以降の情報は無いに等しく、例えば『世界山岳百科事典』の岡野の項目でも明治末までで山の経歴は途絶えている（第四章参照）。

一方で、関係者たちが岡野の死を惜しんで書いた追悼文の数々では、それぞれの立場から岡野の晩年までのエピソードが語られている。それらは出版物として小さな影響力ながら、明治末まで止まっていた岡野の登山家としての人生の針を大きく進めることになった。例えば小島栄が『山岳』の追悼文「岡野金次郎氏を憶う」で書いた次の文は、岡野の経歴の「その後」が大雑把ながらも端的にまとまっている。

小島烏水は、余りに華かに著書に講演に座談会に文芸界社交界に活躍したが、岡野氏は余りに狷介孤独、自ら門戸を鎖して交際せず、書かず言わず消極的だったので、岳人仲間でも同氏を知らぬ人が多かったわけだ。氏の登山歴を書くと、外は鮮満樺太、内は北海道東北四国九州山陰北陸壱岐対馬迄の山々を辿っているから、到底羅列は出来ないが、特に余人の企て及べなかった事は、富士登山実に百十二回を数え、箱根の山々伊豆の山々は、吾家の庭の如く数限りなく登り尽くしていることどもである。

そして最大の証言者はやはり家族だ。岡野には五人の子ども（息子三人、娘二人）がおり、長男昇、次男敬次郎、三男満と妻トヨがそれぞれ、あえて年表に記すことのないような山の数々や日常について思い出を書き残している。

「父・岡野金次郎」によれば、満は小島栄から「一般世間の人が知らず御家族だけ知っている一切の事柄」を書くように求められたため、『山岳』の「小島と私」には記さなかった出来事を原稿用紙に書き残しておくことにした。満が個人的にまとめたこの手書き原稿の「父・岡野金次郎」が、それから二十四年の歳月を経た一九七三（昭和四十八）年になって、山の文芸誌『アルプ』に「父・岡野金次郎　その山の生涯における転機」のタイトルで原文のまま掲載されることになった。

そのいきさつを当時中央公論社の編集者であり登山評論家として活躍した近藤信行（『小島烏水　山の風流使者伝』の著者でもある）が誌面で次のように解説している。

望月達夫さんの紹介で、昨年三月、三男の満氏を前橋に訪ねた。(略)「父・岡野金次郎」は、そのとき、資料として自由にお使いくださいと言って、私に下さったものである。ここに描かれている烏水との交渉の一面については、先年の「アルプ教室」で少しく紹介したが、登山史上の秘められた記録であり、山と人間の結びつき、一登山家の精神的軌跡を考える上での貴重な文章であるとおもえ、篋底《きょうてい》にひそめがたく、満氏の御許可をいただいて発表することにした。

こうして近藤が満の自宅を訪ねてから半年後、日本山岳会ではある企画が始動することになった。近藤信行や望月達夫、さらには少し前に『世界山岳百科事典』で岡野の項目を書いていた山崎安治らがたずさわるその企画が、岡野にとって日本山岳会で初といえる正式な評価へと結実することになった。

生誕百年記念展の開催

一九七三(昭和四十八)年十二月二十四日から二十九日にかけて、日本山岳会は東京日本橋・丸善三階催物場を会場に「小島烏水　木暮理太郎　岡野金次郎　生誕百年記念展」を開催した。藤島敏男を委員長に、日本山岳会会員の二十二名で編成された記念展委員会が企画し、委員には山崎安治や三田幸夫ら山岳界のそうそうたる面々が名を連ねている。

この記念展は小島・木暮・岡野という三人の偉大な登山家を偲ぶだけでなく、彼らの実績を通して「日本人と山とのふかいつながりを文化的展望のなかで考えよう」という壮大な試みだった。委員たちは半年かけて資料や遺品、関係者の証言などを収集し、展示会の開催と同時に『近代登山の先駆者たち』という約一三〇ページに及ぶ目録を発行した。

実は当初の企画は、小島烏水と木暮理太郎両氏の生誕百年記念行事だった。小島は一八七三(明治六)年十二月二十九日生まれ、木暮は数週間早い十二月七日生まれで、開催期間は二人の生誕百年とほぼ重なっている。それが話し合いを進めるなかで、二人より約四ヵ月後の四月十五日に生まれた岡野が加わることになったのだ。

記念展委員会の理事と目録の編集を担当した近藤信行は、目録『近代登山の先駆者たち』のなかで次のように企画の裏側を明かしている。

> 日本山岳会の生みの親であり、育ての親である小島烏水、木暮理太郎両先輩の生誕百年にあたって、なにか記念行事ができないものかと話しあったのは、昨年の秋のことであった。(略)岡野金次郎氏は、厳密にいえば生誕百年には四ヵ月の差があるが、小島烏水の同行者であったと同時にウェストンの発見という、いわば本会成立の起動点をなした方であったから、このお三人を中心にプランを立てたのである。

『近代登山の先駆者たち』では、当時の日本山岳会会長である今西錦司が「記念展開催にあたって」のタイトルで岡野のことを「小島氏のよき同行者であった岡野金次郎氏は、ウェストン師の発見をとおして、いわば本会成立の起動点を明確にされた功績のある方であります」と冒頭で紹介している。

山岳会創設者の小島はもちろん、『山岳』の影響を受けて山岳会創設九年目に入会し、『山岳』の編集を長年にわたって担当した木暮に関しては会員の認知度も高く、情報も豊富である。文筆や研究を通じて広く山のことを世に発信した小島と木暮の生誕百年記念企画に岡野を加えることになったのは、記念展委員会二十二名の中に、岡野のことを間接的にでも知り、記念展に名を連ねるべき登山家として評価している人物が少数ながらもいたからだろう。

書かれたものからうかがい知れることとして、小島と木暮の二人に岡野を加えた三人展になるきっかけをつくった委員はおそらく、二年前に『世界山岳百科事典』で岡野の項目を担当した山崎安治、岡野が名誉会員を囲む会に現れた際にスライド映写会の説明役を務めた三田幸夫、岡野の遠い親戚でもある望月達夫、望月の紹介で岡野満のもとを訪ねて『アルプ』に「父・岡野金次郎」の原稿を掲載した近藤信行の四名だろう。そして『近代登山の先駆者たち』では山崎、三田、望月のほかに、記念展委員長の藤島敏男を加えた四名がそれぞれ岡野のことに触れている。その編集を担当したのが近藤信行だ。

気になる中身であるが、『近代登山の先駆者たち』は記念展委員のうち今西を含めた十三名が小島・木暮・岡野三氏のことを山岳界の広い視野に立って評論し、さらに各遺族の寄稿、三氏に関する資料とその解説という構成になっている。岡野家からは次男で横浜山岳会会員の敬次郎が「父・岡野金次郎」のタイトルで寄稿し、岡野金次郎の資料は「日記抄」として一九二四（大正十三）年八月から一九五八（昭和三十三）年二月にかけての日記からの抜粋を掲載し、その日記を横浜山岳会会員の石川治郎が解説している。

石川の解説では、関東大震災で岡野が長年付けていた日記は焼失してしまい、残っているのは登山家としての全盛期を過ぎた五十代以降の二十冊であること。それでも登山回数は非常に多く、大正十四年の白馬岳や大正十五年の槍ヶ岳登山などにはじまり、五十代からにして多いところで富士二十三回、箱根五十七回、天城二十四回、北アルプス七回にも及ぶことなどが記されている。登山回数はあくまで石川のカウントによるものだ。

日記は量が膨大で字が非常に読みにくいこともあり、石川はそのすべてに目を通したわけではなさそうだ。解説では、岡野が小島の死を長らく知らなかったという斎藤昌三経由の情報（実際に日記を読めば、死の直後にすでに知っていたことが分かる）など誤りもある。

登山家岡野金次郎の位置づけ

『近代登山の先駆者たち』では、山崎安治と藤島敏男の二人の著名な登山家が、岡野金次郎を次のように評価した。

烏水と岡野の明治三十五年八月の槍ヶ岳登山は、日本の近代登山の幕あけとなったまことに記念すべきものであった。この登山をかいして、岡野、烏水とウォルター・ウェストン師とのつながりが生まれ、そして日本山岳会が作られるそもそもの発端となったことはよく知られている。（略）

もしこのとき、岡野がスタンダード石油に勤めておらず、ほかのところにいたなら、あるいはたとえスタンダード石油に勤めていたとしても、ハッパーという支配人がボーイに手渡していた一冊の洋書を岡野が手に取らなかったら、ウェストン師との交流はずっと後になっていたかも知れない。日本山岳会の創立もかなり遅れただろうし、遅れなかったにしても、日本博物学同志会の支部のような形で発足し、英国山岳会などとのつながりは全くないままになっていたかも知れないのである。（略）さらにウェストンのこの『日本アルプス』を手がかりに、ウェストン師とまっ先に直接会って話し合ったのは烏水ではなく、岡野であることを考えてみれば、彼の果たした役割はすこぶる重大なもので、たとえ七人の創立メンバーの中にはたまたま名をつらねていないとはいえ、彼の名を逸するわけにはいかない。（山崎安治「登山史における三岳人の位置」）

岡野さんという人がおられなかったら、山岳会創立の面々とウェストン師との出会う機会もなく、創立のすすめもA・C（著者注＝アルパイン・クラブ）からのはげましもなく、いつかは日本に山好きの集まる会が誕生したにしても、その時期があと何年かあとになったかも知れないとおもわれる。明治から大正にかけて「登山の気風を作興する」に大きな役割を果した日本山岳会の設立が、何年かおくれたとすれば、近代登山の普及進歩もそれだけ先へ延びたかも知れないのである。こんなことを考えると岡野金次郎氏の存在は、日本山岳会にとっても、日本の登山界にとっても銘記しておくべきであろう。（藤島敏男「三人の先達」）

岡野の評価は、主に二つに集約される。一つは、「小島と岡野二人による槍ヶ岳登山が日本の近代登山の幕開けとなったこと」。もう一つは「ウェストンを発見したこと」だ。

岡野がウォルター・ウェストンを発見し、自ら自宅を訪ねて交流を始めたことで、英国のアルパイン・クラブにならった日本山岳会が最良のかたちで、それも近代登山が日本人に知られていない早い時期に設立されて、日本における近代登山の普及進歩を早めることになった。日本の近代登山の幕を開けた槍ヶ岳登山は岡野と小島の二人によるもので、「ウェストンの発見」は岡野が一人で成した功績である。

一九一二（明治四十五）年三月に日本山岳会は帝国教育会館にウェストンを招いて、日本アルプスの講演会を開催した。これは「日本最初の山岳講演会」であり、日本で初めてウェストンを公に紹介する場になった。講演前半の日本アルプスについては小島が通訳をし、後半の欧州アルプスについては岡野が通訳を担当している（第四章参照）。

これは日本山岳会の主催でありながら、実質は岡野と小島の二人の力添えで実現した講演会だった。斎藤昌三は、日本山岳会の設立に加えて「日本最初の山岳講演会が、この三人で催されて、新しい日本の早期登山史の第一頁が起草されたのだから、信仰をはなれた日本山岳探険の先駆として、又スポーツとして特筆さるべき存在を築いたワケである」と岡野のことを評している（『故岡野金次郎氏をしのぶ』）。

日本最初の山岳講演会（実際にはウェストンはそれまでも仲間内で山岳写真の映写会は行っていたようである）を催した三人というのは、岡野、小島、ウェストンの三人を指しており、この話は岡野がウェストンを発見し交流を深めたことで、日本の近代登山の歴史が動き出したという岡野に対する評価を補強している。

「ウェストンの発見」というのは、偶然の巡り合わせだけで成し得たわけではない。この時代にウェストンを見出すことのできた日本人は、山に登ることに早くから価値を見出し、すでに槍ヶ岳に登頂し、英語が堪能であり、世界周遊の経験を通じて欧米での登山趣味の概念を知識として得ていた岡野以外に有り得なかっただろう。

家族の晩年と継承の動き

一九七九（昭和五十四）年の秋に次男の敬次郎が発起人となって、九十九歳を迎えた岡野トヨの白寿の会が開催された。会場はトヨの実家がある小田原の行きつけの中華料理屋で、そこに親戚が集まり賑やかに行われた。

長年連れ添った夫金次郎の死後、トヨは次女渋谷テル子の家で過ごすことが多かった。トヨは優しい人柄で、昼間は千羽鶴を折り、夜は孫の足を見ながら毛糸の靴下を編んだりしていた。孫小永井好子の友人であり、岡野家に家を貸していた菊地（旧姓磯部）節子もトヨに靴下を数枚編んでもらい、大切に使っていた。

晩年の岡野トヨ

千羽鶴は岡野の碑がある湘南平の売店に持って行っていたようで、この場所に特別な思いがあったのだろう。鶴を折りながら、夫金次郎との思い出に浸っていたのかもしれない。

トヨはもともと頭のいい人だったが、高齢になっても細かい手作業を行い、九十九歳でも頭がしっかりしていた。しかし平塚の長女ユキの家（小永井家）に来ているときに風邪をひいて入院し、一九八〇（昭和五十五）年一月十七日にその

1952年6月に吉浜で撮影した岡野一家。前列右から金次郎、三男満、次男敬次郎、長男昇、後列右から次女テル子、妻トヨ、長女ユキ、敬次郎の妻栄

まま九十九歳で亡くなった。

次女のテル子が四人の子どもを連れてお正月に病院にお見舞いに行ったときのことを孫の飯塚和子氏（テル子の長女）はよく覚えている。九十九歳で入院しているのに、トヨは四人の孫にそれぞれ名前を書いたお年玉を用意していた。トヨは夫の年金で晩年も経済的に恵まれ、気楽な生活を送れたことに感謝していた。そして平塚に滞在中に入院したため、偶然にも岡野と同じ倉田病院で亡くなった。

孫の大野紀代氏（テル子の三女）は「金次郎おじいさんがたくさんの山に行けたのは、トヨおばあさんが文句も愚痴も言わなかったし、家族の皆がおじいさんのことを大事にしていたからです。トヨおばあさんはおじいさんの立派な影の功労者だったと思います」と語っていた。孫でもそう感じるほど、トヨは金次郎の素晴らしい妻だったことが想像できる。

九十一歳まで生きた岡野の母を筆頭に、岡野家は長寿家系である。岡野の父はコレラに感染して若くして急死したが、特に女性は母も妻も娘二人も皆九十代まで生きており、五人の子どもたち皆が長生きした。

そのようなかで一番長く生きたのが、岡野の長男昇である。山岳会設立の気運が高まっている最中（山岳会設立の前年）の一九〇四（明治三十七）年に誕生し、東京商科大学（現一橋大学）卒業後、第一銀行に勤務し、二〇〇五（平成十七）年に百一歳で生涯を閉じた。その昇が九十五歳だった二〇〇〇（平成十二）年の正月、日本山岳会会員であった息子の修が叔父の満（昇の弟）に宛てた手紙が残っている。

満叔父様

明けましておめでとうございます。お元気でお過ごしのことと存じます。父昇は今年年男で96才となりますが、お蔭様にて元気にしております。

昨年正月、祖父金次郎について執筆依頼をお願いし、2月におはがきを拝受しながら、大変気にしつつ、お返事をついつい書きのばして大変失礼をしました。日ごとの雑事にかまけた私の怠慢をお許し下さい。同封しましたように、父昇は早々に原稿が出来上がり、先日日本山岳会（ＪＡＣ）の係の人に手渡しました。とりあえず「山」という毎月出ているＪＡＣの会報に記載して、１００年誌にどういう形で載せるかは、そのあときめるとのことでした。

私は98年11月26日　ＪＡＣのRoomにて資料委員会の会合の席上、祖父金次郎について想い出を30〜40分話をしましたが、その時の予稿をもとに文章にしようと思いつつ、まだ果たせないでおります。

ＪＡＣの一部の会の歴史に関心のある会員は歴史上の人物である金次郎のことを知りたがっています。ウェストンのことは文章が残っているし、研究者も何人もいて、色々英国より日本で研究されてますが、金次郎については手がかりがなく、謎の人物と皆が思っております。金次郎の実態が書けるのは、ユキ伯母、敬次郎叔父なきあと、父昇や満叔父位であろうかと思います。ＪＡＣ１００年記念は２００５年とのことでまだ先ですが、子供から見て、父・金次郎はどういう父であったか、またどういう考えで世の中と係っていたかなど、なるべく金次郎の大好きだった山行、旅行、散歩などと関連づけて書いて下さると金次郎はなぜ山に惹かれたのかなど、金次郎を知らない方々に参考になるのではと愚考する次第です。原稿出来次第お送り下されば、読ませていただいて、それを元に金次郎・祖父に対する質問がしたく、御都合がよければ日帰りで前橋にお伺いしたく思います。

ユキ伯母が元気な頃、ＪＡＣのウェストンの研究家と2人で平塚へお伺いし、ウェストンと金次郎のことをインタビューしたことがありました。原稿期日は上記の次第で特にありませんので、じっくり考えて書いて下さい。

追伸：望月達夫氏とは、ＪＡＣの会員になってから色々の席でお会いしてたのですが、この

2年程、年賀状も戴けないし、体でも悪いのではないかと心配です。3年位前、夫人を亡されたことは聞いております。

岡野修

手紙には、「父昇は早々に原稿が出来上がり、先日日本山岳会（JAC）の係の人に手渡しました。とりあえず『山』という毎月出ているJACの会報に記載して、100年誌にどういう形で載せるかは、そのあときめるとのことでした」とある。

岡野が死去したのをきっかけに、これまで親族を代表して順番に岡野の思い出を寄稿してきたのは妻のトヨ、横浜山岳会の会員である次男敬次郎、年譜などを作成した三男満の三人だった。そんな弟たちに対して、父を語ることに無縁だった長男昇の百一年の人生は、日本山岳会の百年とほぼ重なっている。九十五歳になった昇が初めて父の思い出を寄稿した原稿は、次のような内容だ。

子供の頃「昇こいよ」と言われて何度も連れて行かれたのが箱根山だ。松田から道了さんにお参りして明神岳を越えて仙石原に下るか、金時山を越えて下るかだ。

日のあるうちは良いのだが、いつも仙石原に下ると必ず真暗だ。当時仙石原は全部原っぱで何も無かった。父は小田原提灯をぶらさげて先に歩き、その後をついて行くのだが、原っぱの中でがさがさと音がする度に恐ろしくてしょうがなかった。

それから上湯場まで登り泊る。

翌日大涌谷から神山に登ったら、頂上に三人位外国人が居て父が英語でぺらぺら話して居るのを見て英語が良く出来るなと驚いた。

湯坂道を下り、湯本まで歩き帰る。


日本山岳会は百周年に向けて、昇が元気なうちにと早い時期に寄稿を依頼したようだが、『日本山岳会百年史』では岡野金次郎についてのコラムのなかに上記のエピソードを簡単に紹介するにとどめている。

日本山岳会百周年

岡野修氏から満に宛てた手紙のなかには、「私は98年11月26日　ＪＡＣのRoomにて資料委員会の会合の席上、祖父金次郎について想い出を30〜40分話をしましたが、その時の予稿をもとに文章にしようと思いつつ、まだ果たせないでおります」とある。さらに修は満へ「ＪＡＣ１００年記念は２００５年とのことでまだ先ですが、子供から見て、父・金次郎はどういう父であったか、またどういう考えで世の中と係っていたかなど、なるべく金次郎の大好きだった山行、旅行、散歩などと関連づけて書いて下さると金次郎はなぜ山に惹かれたのかなど、金次郎を知らない方々に参考になるのではと愚考する次第です」と岡野金次郎についての原稿を事細かに依頼している。しかしそのどちらも、どこかへ掲載された形跡は見当たらない。

叔父の満に原稿を依頼した修は、当時日本山岳会の会員だった。この手紙に書かれているとおり、親族の立場で岡野のことを出来る限りまとめておきたい強い意志はあったものの、実現されなかったものと思われる。

それから七年後の二〇〇七（平成十九）年、日本山岳会が〔本編〕と〔続編・資料編〕から成る『日本山岳会百年史』を刊行した。そこに山岳会ゆかりの人物を紹介する「人物コラム」のコーナーがあり、本編のなかで岡野金次郎が紹介されている。

岡野金次郎（一八七四～一九五八）

横浜生まれ。一八九四年徴兵検査で小島烏水と知り合い、登山、演劇、浮世絵の同好者として親交を結ぶ。二人で一九〇二年槍ヶ岳に登る。岡野は横浜海岸通りにあったスタンダード石油に勤務し、ウェストンの『日本アルプスの登山と探検』を発見、山手牧師館に住むウェストンを訪ね、烏水とともに再訪、山岳会創立の大きなきっかけを作った。

素朴で質実な岡野は、山岳会の表面に現れることを好まず、発起人にならなかったばかりか、十年ほどで退会してしまう。烏水が渡米した翌年の大正五年の会員名簿にはすでに岡野の名前はなく、したがって会員番号はない。（略）

世間からは変人と見られていたが、長男の昇氏は子供の頃の父親の思い出を語っている。

箱根の神山頂上では出会った三人の外国人と英語で会話をしていたこと、酒、たばこを止め、そのお金で中華街へ行って肉類を沢山食べさせてくれたので、子供たちは皆丈夫に育ったこと、また、勉強していると「勉強を止めて運動してこい」と怒ったなどの話は、新しい知識に裏打ちされた合理的な考え方の人だったことを物語る。

一九五三年十一月岡野が本会ルームを訪れ、古い会員と旧交をあたためた機会に、本会では岡野をいずれ名誉会員に推挙するという話があったが、実現しないままに交通事故により他界してしまったのは残念なことである。望月達夫は「余人は知らず、岡野金次郎こそ、まさに日本山岳会名誉会員に最も相応しい人であった」と書いている。

百年に及ぶ日本山岳会のこれまでの刊行物の情報を抽出し、山岳会と岡野の関係性が端的にまとまっている。それぞれの内容に思い当たる出典があるなか、「世間からは変人と見られていた」の部分は、ここでのオリジナル文だろうか。

岡野は登山家としての全盛期こそ山岳会の方針と相容れず、良好な関係が結べなかった。しかし岡野は登山報告会のような場には積極的に足を延ばし、晩年はわずかながら山岳会との交流を再開した。かつての山岳会の理念だった機関誌の発行という共通の志ではなく、後輩の登山家たちとの山への共通の想いが山岳会と岡野を最終的に結びつけたのだ。

そしてそこから死後数十年経っても折に触れて岡野の実績を紹介しここまで継承してくれたの

は、山岳会が縁で岡野とつながった人たちだった。藤島敏男は『近代登山の先駆者たち』で次のように書いている。

山登りは先人の肩にのって、先きへ上へ進むものだと誰かが書いていた。最先端をゆく登山者達も、時には過去を振り返える心を持ってほしい。

日本山岳会百二十周年と岡野金次郎碑前祭

二〇二四（令和六）年四月に岡野金次郎は生誕百五十年を迎えた。そして五月二十五日には日本山岳会神奈川支部の主催で「第一回岡野金次郎碑前祭」が開催された。湘南平の碑の前に全国から百名以上の参加者が集まり、来賓として平塚市長や日本山岳会会長、岡野金次郎・小島烏水の親族たちが招かれた。

日本山岳界の先人を顕彰する山岳イベント「山岳祭」（日本山岳会の四国支部が小島烏水祭、信濃支部がウェストン祭など）はすでに全国十二ヵ所で行われており、神奈川支部による「岡野金次郎碑前祭」は十三番目の山岳祭となる。

この話を聞いたときは生誕百五十周年の記念行事と考えていた。しかし碑の建立からすでに六十三年もの歳月が経っているので、碑前祭を開催するならば岡野の生誕百五十年を待たなくても、もっと前に開催してもよかったはずだ。

ではなぜ、日本山岳会は二〇二四（令和六）年になって岡野金次郎にスポットを当てることにしたのだろうか。その理由は、岡野が自らの行動で日本の近代登山の〝時計の針〟を前に進めたことと深く関係している。

来年二〇二五（令和七）年に日本山岳会は創立百二十周年を迎える。会の設立は岡野がウェストンを発見したことが発端となっていること自体は一部の山岳関係者の間で知られていたが、一九七三（昭和四十八）年開催の「小島烏水　木暮理太郎　岡野金次郎　生誕百年記念展」でようやく、岡野金次郎が「本会成立の起動点をなした」人物であると正式に位置づけられることになった。岡野が起動点とならなければ、日本山岳会の百二十周年はもっと先のことになっていたのである。

そして二〇二三（令和五）年、創立百二十周年に向けた記念事業の一つとして、各地で行われている山岳祭を絶やさず将来につなげるために「引き継がれる山岳祭」というプロジェクトが立ち上がった。その一貫で、創立百二十周年に先駆けて「第一回岡野金次郎碑前祭」が計画されたのだという。第一回と冠しているように、岡野金次郎碑前祭はこの先も続いていく予定と聞いている。

山岳界の起点を振り返った「生誕百年記念展」は、日本山岳会として初めて登山家岡野の実績を評価した画期的な出来事だった。それから半世紀を経て実現したこの「碑前祭」は、その登山家としての功績を世間に広く伝えていく〝新たな継承のスタート地点〟となるだろう。

現在の登山ブームのはじまりに岡野がいる。〝マウンテン・フィーバー（山恋い）〟を貫いた岡野の登山活動以降、日本でも多くの偉大な登山家が誕生し、数々の山への挑戦が行われてきた。冒険登山だけでなく、時間をかけて全国の山々を巡るような山への向き合い方も、身近にある小さな山々に登って自然と親しむのも、いずれも岡野が率先して行ってきた山の楽しみ方である。岡野が晩年を過ごした平塚で暮らす私もまた、山の魅力にひかれて若い頃から趣味登山を続けてきた一人である。最近は平塚の山岳会に入会し、近郊の山を歩いている。

山の大先輩であり登山家のパイオニアである岡野は、晩年に平塚山岳協会と交流を開始し、山登りを趣味とする若い会員たちに向けて次のようなアドバイスを送っていた。山を人生に例えた人生訓として、また時代を超えてすべての登山者に向けたメッセージとして、その言葉をここに記して、本編を締めくくりたい。

「山に行って道がわからなくなり、目的地に着くのに困難なことがわかったらすぐ引き返しなさい。そして、次の機会にまた登りなおしなさい。そこまで行ったら十分山は楽しんだはずでしょう」（岡野金次郎）

エピローグ　一冊の本になるまで

岡野金次郎との出会い

岡野金次郎の評伝を書くことになったきっかけは、私（鈴木利英子）が二〇一一（平成二十三）年に平塚市中央公民館主催のノンフィクション講座を受講したことにさかのぼる。この連続講座のタイトルは「ノンフィクション入門　―学んでから、書いてみよう地域人物史・女性史―」。講師は女性史研究家の江刺昭子氏で、講座では平塚ゆかりの人物を一人選んで千二百字の評伝を提出する課題が出された。

帰宅後、夫に課題について話をすると、思いがけず興味深い返答があった。晩年に平塚で暮らしていた岡野金次郎という登山家がいるという。

登山を趣味とする夫は、日本山岳会の創設者として有名な小島烏水の山の同行者として岡野金次郎がいたということは以前から知っていた。しかし、その碑が湘南平に設置されたことで、初めてこの登山家が平塚ゆかりの人物だと知ったという。日本の近代登山を先導した人物と平塚とが結びついたことで興味を持った夫は、さっそく岡野金次郎の資料を探しに平塚市中央図書館に出向いて、記念碑の除幕式に合わせて制作された冊子『故岡野金次郎氏をしのぶ』を閲覧した。するとこの冊子に書かれた経歴から、岡野金次郎の自宅は我が家と同じ小学校区（夫はこの地区で生まれ育っている）にあったことが分かった。さらにあとから分かったことを照らし合わせてみると、夫が子どもの頃、家の近所を岡野が散歩していたことになる。

岡野金次郎が平塚ばかりか、もっと身近な地域で暮らしていた登山家だと知った夫は、続いて岡野が晩年に「馬入《ばにゅう》の磯部家」に居候するかたちで平塚に移住したという冊子の情報をもとに、住宅地図で該当の家がないか探すなど手がかりを探してみた。しかし住んでいた場所はまだ特定できていないとのことだった。

近代登山の先駆者でありながら、全体像がはっきりしないこの登山家の概要を聞いた私は、自身も登山を趣味とすることもあり、この人物を課題の評伝対象者に即決した。とはいえ評伝を提出するまでの期間は三ヵ月ほどで、文字数も千二百字にすぎない。自宅に揃っていた山岳関係の歴史書とインターネットで簡単に調べた情報をもとに、形式的なものを提出するに留まった。

ここで終わるはずが岡野金次郎との関わりは、そこから思わぬ展開を遂げていく。

講座の修了後、受講者のなかから有志七名が集まって、平塚ゆかりの人物の評伝集を作ることを目標に「平塚人物史研究会」を立ち上げることになった。メンバーに加わった私は、今度は公的に発表することを念頭に、岡野金次郎についてさらに一歩踏み込んだ調査をすることになった。

評伝を書いて発表するのであれば、まずは親族に会いたい。調査に先駆けて、今もおそらく平塚にいるであろう「岡野家」を探すことから始めることにした。

夫が以前に図書館でコピーしてきて家に保管してあった冊子『故岡野金次郎氏をしのぶ』の情報が一つの有力な手がかりだった。岡野金次郎は晩年に「馬入の磯部家」に居候するかたちで平塚市内に移住し、その後長女ユキの嫁ぎ先である「新宿《しんしゅく》の小永井宅」（新宿は平塚市内の旧地名）に引っ越したと冊子には書かれている。

小永井という名字は珍しい。最初に訪ねた地元の公民館で、地元のことに詳しい人をその場で紹介していただき、有力な情報を得ることができた。同じ学区内に住む小永井姓の人物を知っているという。親族かは分からないけれど訪ねてみたらどうかとアドバイスをいただいた。

後日、その小永井家を思い切って訪ねてみると、そこはまさしく岡野金次郎の親族が暮らす家だった。かつて小永井家へと嫁いだ金次郎の娘ユキやその一人娘である孫の好子はすでに亡くなり、孫の夫である小永井 暹《あきら》氏とその息子夫婦がこの家に暮らしていた。

私がここを訪ねた理由を告げると、小永井氏は遺品や資料を広げて、思い出などを語ってくださった。親族と知り合ったことで、公開されているものでは知り得なかった多くの情報を得ることができた。

親族との出会いが、ここからさらなる展開を遂げていく。

平塚人物史研究会ではほかのメンバーもそれぞれに平塚ゆかりの人物を一人ずつ取り上げて、

二〇一三（平成二十五）年に冊子『平塚ゆかりの先人たち』を発行することができた。岡野金次郎の評伝も収録されたこの冊子は平塚市立図書館などで見ることができる。

『平塚ゆかりの先人たち』が完成すると、小永井氏はほかの親族たちに手紙を添えて冊子を郵送してくださり、それを読んだ親族たちが評伝を書いた人に会いたいと平塚に集まった。そこからほかの親族たちともつながり、一緒に食事をしたり、湘南平の碑やお墓を訪問したりと、孫の世代である親族たちとの交流を重ねるようになった。

『平塚ゆかりの先人たち』は平塚ゆかりの人物の評伝集であるため、私が担当した岡野金次郎の評伝も平塚に関する部分を中心にまとめている。しかし岡野が登山家として活躍したのは平塚に移住するより前の時期であり、平塚移住前のことを検証し明らかにすることこそ、より大きな価値があると考えた。

岡野金次郎の情報は乏しく、人生全般を通して紹介している文献は見当たらない。『平塚ゆかりの先人たち』の発行をきっかけに始まった親族との交流を通じて、冊子発行後に分かったこともたくさんあった。

岡野金次郎という人物をより多くの人たちに知ってもらいたい。親族たちは皆人柄も良く、より詳細に調べて書籍の形に加筆してまとめたいと考えるようになった。そこで娘（鈴木遥）に平塚以外の調査と書籍の執筆について相談し、共同で書籍制作を進めることになった。

親族たちによる調査

書籍制作は小永井暹氏（長女ユキの婿養子）の呼びかけで親族有志が集まり、著者に協力するため、それぞれ家にある資料を点検して整理するところから始まった。

その際に孫の岡野修氏（長男昇の長男）から提供されたのが、関東大震災後から死去当日までの出来事がつづられた岡野金次郎の日記である。かつて金次郎の死後に、子ども五人が長女小永井ユキの家に集まって遺品の分配を行った際、三男の満が日記帳の順番を整理し内容を確認した上で、長男昇が預かり保管し、このときにはその家族へと受け継がれていた。

書籍制作にあたり、整理された二十冊もの日記を写真撮影のために数日お借りしたが、金次郎の日々の行動や山行がつづられた一点ものの貴重な資料である。日記帳自体が古く傷みもあり、保存環境によっては劣化したり、世代交代するうちに紛失したりする恐れもある。

そこで親族と話し合って日記を電子化することになり、その作業を孫の岡野眞氏（三男満の長男）が担うことになった。二〇一六（平成二十八）年に完成し、二〇二〇（令和二）年に眞氏は「岡野金次郎日記（電子版）」を日本山岳会資料映像委員会に寄贈した。そのことは日本山岳会の『緑爽会会報』170、日本山岳会の会報『山』908に掲載されている。

これまで眞氏にとって祖父金次郎は遠い存在であり、幼少時に父満から聞かされていた英雄的なイメージの人物だったが、一連の作業や私が送った原稿を読んで金次郎に親近感を覚え、自発的に調査する必要性を強く感じたという。

そこで彼は、実家に残されていた金次郎に関する本や父満が集めた資料、手記、文献、写真などを整理することから調査を開始した。さらに親族しかできない調査として、まず金次郎が乗船した商船土佐丸について日本郵船株式会社にその記録を尋ねた。父満の作成した山岳展（昭和三十六年）の年譜によれば「要員として乗込み、世界を一周し」とあるが、調査の結果は本文に記したとおりであった。

次にこれまで曖昧だった岡野家の家系図調査にとりかかった。その際に遍照寺住職を訪ね、金次郎の父庄次郎は岡野本家九代勘四郎為春の弟忠兵衛定春を初代とする別家の三代目にあたることがわかった。

続いて祖母岡野トヨの実家である関家の調査を試みたが、手がかりは乏しかった。金次郎の死後にトヨが身を寄せていた渋谷家（次女テル子一家）の長男鋼太郎氏（鋼の字は岡野金次郎の岡と金を譲り受けたという）が手がかりになりそうな「渡邊貞信」の名前を見つけ、次女三奈子氏が何度か住所をたよりに訪問し、ようやく渡邊貞信氏と連絡を取ることができた。

渡邊氏の母はトヨの兄の養子として育ち、彼自身も早くに両親を亡くしてからは関家で生活していた。その後、渡邊氏は趣味登山を通じて偶然にも岡野修氏（当時日本山岳会会員）と出会い、修氏と彼の先輩の推薦で日本山岳会の会員になった。渡邊氏と岡野家はこの書籍づくりを契機に再びつながり、渡邊氏がトヨの家系についての調査にこころよく協力してくれることになった。主に渡邊氏がトヨの母方小川家について、眞氏は父方の関家を調べ、相互に情報交換を行った。その調査結果は、渡邊氏により日本山岳会『緑爽会会報』169掲載の「岡野金次郎ファミリーの探求」に詳しくまとめられている。

昔にくらべ連絡を取り合うことも少なくなった孫世代ではあるが、小永井暹氏の熱意のある呼びかけで、出版に協力するべく数回の会合をもち、有志（故小永井暹氏、小永井透氏、渋谷鋼太郎氏、岡野眞氏、稲葉信子氏）が協力金を出すことになった。

実際に調査を行った岡野眞氏と渡邊貞信氏のほかに、親族としては岡野修氏（長男昇の長男）、渋谷鋼太郎氏（次女テル子の長男）、飯塚和子氏（次女テル子の長女）、渋谷三奈子氏（次女テル子の次女）、大野紀代氏（次女テル子の三女）、ひ孫世代として小永井透氏（長女ユキの孫）、岡野宏氏（長男昇の孫）から貴重な証言を得ることで〝生きた金次郎〟の輪郭をより浮き彫りにさせることができた。取材を通して、皆が金次郎を誇りに思っていることがよく伝わってきた。しかし出版を待たずに小永井暹氏、岡野修氏が亡くなられたことは極めて残念である。

一冊の本になるまで

多数の資料や証言を集めて照合し、岡野金次郎の人生や功績を検証しながら、多くの人たちの協力のもと、書籍づくりは進行していった。

まず、本書の内容についてアドバイザー的な役割を果たしたのが、利英子の夫鈴木清高である。岡野金次郎の評伝という大枠のテーマ設定や、彼の山の実績や山岳会設立に関する考察、登山史

生誕百五十周年　岡野金次郎年譜

1874（明治7）	0歳	4月15日、神奈川県橘樹郡程ヶ谷（現横浜市保土ケ谷区）で父庄次郎、母サクの第一子（三男二女の長男）として誕生。
1880（明治13）	6歳	幼少時に神奈川県久良岐郡戸部町字山王山（現横浜市西区西戸部町）に転居し、老松小学校（現横浜市立本町小学校）に入学。のちに一学年上に小島烏水が転校してくる。
1886（明治19）	12歳	7月、三井物産横浜支店に勤務していた父庄次郎が当時横浜港を中心に流行したコレラに感染して急死。長男の金次郎が一家を支えることになり、小学校卒業後は警察の給仕をして働く。
1891（明治24）	17歳	この頃から横浜在住の米国人に英語の個別指導を受けるようになる。日中は働きながら早朝と夜に苦学し、英語を習得していく。 春、丹沢山塊の麓の神奈川県大住郡堀斎藤村（現秦野市堀西）にある母の実家に遊びに行き、祖母の仲介で地元の猟師を案内人に尊仏山（塔ノ岳）に登る。初の本格的な登山を経験し、山の楽しさを知る。
1894（明治27）	20歳	日清戦争が開戦。神奈川県久良岐郡日下村関（現横浜市港南区笹下）の役場で徴兵検査が行われ、小島烏水（本名は小島久太）と出会う。初対面の挨拶から意気投合し、この日からほぼ毎日一緒に過ごすようになる。
1895（明治28）	21歳	春、小島烏水を誘って再び尊仏山（塔ノ岳）に登る。記念すべき二人の登山家デビューであり、丹沢山塊で純粋な登山（山に登ること自体を目的とした登山）が行われた初の記録となっている。
1896（明治29）	22歳	1月、小島烏水とともに箱根の駒ヶ岳と神山に登る。

1897（明治30）	23歳	日本郵船の商船「土佐丸」に乗船し、世界周遊（日本から香港、ボンベイ、ポートサイドを経由してヨーロッパへ）の夢を叶える。この旅で登山趣味の概念を知る。
1898（明治31）	24歳	10月、スタンダード石油会社の日本支店に経理職として入社。
1900（明治33）	26歳	8月、神奈川県足柄下郡小田原町幸町（現小田原市）の関トヨと結婚。 10月、新婚旅行名義の休暇で小島烏水と乗鞍岳に登る。山頂で槍ヶ岳を目にして登頂を目指すようになる。 スタンダード石油会社に休暇制度が出来る。毎年夏に2週間の休暇を取得して、より本格的な登山活動をするようになる。
1902（明治35）	28歳	2月、長女ユキ（その後小永井姓）誕生。 夏、小島烏水と槍ヶ岳に登頂。これが日本近代登山の幕開けとなる。帰途富士山に登る。 帰宅後にウォルター・ウェストンの著者に出合い、横浜に住む宣教師であることを突き止め、自宅を訪問。山岳会の設立を勧められる。その後小島と3人での交流が始まる。
1904（明治37）	30歳	2月、長男昇誕生。 3月、ウェストンが岡野金次郎、小島烏水、高野鷹蔵、武田久吉の4人を招待し、山岳会設立に向けた食事会が横浜のオリエンタルパレスホテルで開催される。 スタンダード石油会社の新社屋が下田菊太郎の設計により横浜市山下町8番地に建設される。
1905（明治38）	31歳	1月、小島烏水と岡野の弟とともに箱根の明神ヶ岳、神山、駒ヶ岳に登る。 10月14日、日本博物学同志会の支会として、日本初の山岳会が設立。岡野は発起人にはならず一会員となる。
1906（明治39）	32歳	4月、山岳会の機関誌『山岳』創刊。以降登山史の出典は『山岳』の登山記録がメインになるが、岡野の登山記録はほとんど掲載されていない。この頃から大正期の岡野の山行は大部分が行き先不明となっている。

１９０８（明治41）	34歳	10月、次男敬次郎誕生。 8月2日から甲斐駒ヶ岳に登り、4日から茅野方面から八ヶ岳に登り、飯田経由で帰宅。21日には御殿場口から富士山に登る（同日に小島烏水は須山口から富士山に登っている）。
１９０９（明治42）	35歳	6月、山岳会から日本山岳会へと名称変更。 3月、次女テル子（その後渋谷姓）誕生。
１９１１（明治44）	37歳	8月18日に御嶽山に登り、続いて木曽駒ヶ岳に登る。
１９１２（明治45）	38歳	3月、ウォルター・ウェストンの日本アルプス講演会を日本山岳会が開催し、岡野と小島が通訳を務める。これが「日本最初の山岳講演会」と言われている。 7月、岡野と小島は案内人の水石春吉と強力を伴って南アルプスの鋸岳に挑み、登山家として初めて第一高点の登頂に成功。岡野と小島二人での最後の山行となる。
１９１３（大正2）	39歳	12月、単独で天城山に登る。このとき大雪で遭難しかけた経験から、以降単独行は避けるようになる。毎年正月には初日の出を見るために案内人を連れて天城の山に登った。
１９１４（大正3）	40歳	2月、三男満誕生。
１９１５（大正4）	41歳	7月、銀行員の小島がアメリカに赴任。小島の渡米後まもなくして岡野は日本山岳会を退会する。
１９２３（大正12）	49歳	9月1日の関東大震災の日、横浜中華街で友人の岩崎と昼食の約束をしていた岡野は九死に一生を得て、岩崎は亡くなる。横浜の自宅は焼失し、これまでの日記がすべて焼失。岡野による現存の登山記録はこの日以降のものになる。 震災でスタンダード石油会社横浜支店の社屋が倒壊し、神戸支店への一時的な移転が決まる。自宅を失った岡野は家族とともに神戸に転居。休日には家族で神戸近郊の山や旅行に出かける。
１９２４（大正13）	50歳	6月、関東の職場に戻るのに伴い、東京府荏原郡蒲田町大字御園（現東京都大田区西蒲田）の借家に転居。横浜の社屋が竣工するまで東京の赤坂事務所で働く。 この年から7年間の山行は、本書「震災後から退職までの山行」（１８２ページ）参照。

1928（昭和3）	54歳	1月15日、アメリカ赴任を終えて帰国した小島の新居を訪問し、久々に会う。
1931（昭和6）	57歳	6月、「横浜貿易新聞」の掲載企画「山の座談会」の一人に選ばれ参加する（掲載は7月）。
1932（昭和7）	58歳	12月31日、スタンダード石油会社を定年退職。以降小島と会う頻度が増える。 日本中の主な山をすべて踏破する夢を実現するため、退職後の1年間はほとんど家を留守にして、九州・四国・本州・北海道・樺太の山々に登る。
1933（昭和8）	59歳	この年から昭和15年までの8年間、富士山、伊豆・箱根の山々、那須連山などに登る。年齢とともに登山回数は減少し、妻トヨと温泉旅行も楽しむようになる。
1936（昭和11）	62歳	12月10日、日本山岳会主催のナンダ・コート登山の講演会で小島、高頭仁兵衛（高頭式）、木暮理太郎、槇有恒と会う。
1940（昭和15）	66歳	4月9日、母サクが91歳で死去。 7月2日、平塚在住の長女ユキからの紹介で、神奈川県平塚市馬入（現平塚市老松町）の磯部家借家に転居。 3ヵ月にわたって朝鮮金剛山と満洲各地の山々に登る。
1941（昭和16）	67歳	5月19日、小島の病状が悪化して自宅に見舞いに行くが、医師の忠告で面会できず。 台湾新高山（玉山）への登山準備を進めていたが、時局のために渡航を断念。
1943（昭和18）	69歳	5月11日、病気が快復した小島から会談したいと手紙が届く。20日、小島宅を訪れ、手紙のやりとりも再開する。 10月、小島と箱根登山の計画を立てるが、小島の体調により断念。29日に岡野一人で箱根の山に登る。
1945（昭和20）	71歳	7月16日夜、平塚大空襲で岡野夫妻が暮らす磯部家離れの建物が全焼。所持品を失うが日記は難を逃れる。 7月20日、妻トヨの親戚が所有する神奈川県足柄下郡吉浜町（現湯河原町）の建物（管理小屋）に

		転居。
1948（昭和23）	74歳	小島との手紙のやりとりが4月24日で途絶える。5月、小島が脳溢血で倒れる。9月、スタンダード石油会社からの年金が復活したため、長年悩まされてきたヘルニアの手術を行う。 12月13日、小島烏水が74歳で死去。
1949（昭和24）	75歳	2月、日本山岳会の機関誌『山岳』の編集者望月達夫からの依頼を受けて、岡野が山と小島の思い出を口述し、三男満が清書する。10月、『山岳　小島烏水記念号』に寄稿文「小島と私」が掲載される。
1953（昭和28）	79歳	3月、横浜市教育委員会発行『横浜文化名鑑』に「烏水君とウエストンさん」を寄稿する。 8月、長女ユキの嫁ぎ先小永井家の転居に伴い、平塚市新宿（現平塚市明石町）の小永井家の旧宅に転居。 11月29日、日本山岳会の名誉会員が集うマナスルのスライド映写会が開催される。この名誉会員の集いに望月達夫の勧めで出席し、三田幸夫、加賀正太郎、近藤茂吉、冠松次郎らと交流する。
1954（昭和29）	80歳	3月31日、読売新聞朝刊（神奈川版）に岡野がアロエを語る記事が掲載され、読売新聞平塚支局の記者との交流が始まる。 5月11日、朝日新聞朝刊（神奈川版）に掲載された斎藤昌三による小島烏水の紹介記事を読み、茅ヶ崎の斎藤宅を訪問。そこから二人の交流が始まる。 6月20日、斎藤昌三と清水文夫の招待で平塚の農業会館で開催される会合に出席。槍ヶ岳登山の話をする。 8月、新婚旅行の休暇名義で小島と登った思い出の乗鞍岳に妻トヨと二人で登る。
1955（昭和30）	81歳	7月、平塚山岳協会の親睦会「夜も山会」に招待され、平塚山岳協会と岡野夫妻との交流が始まる。

1956（昭和31）	82歳	7月2日、槇有恒を隊長とする日本山岳会隊のマナスル初登頂を知り、茅ヶ崎の槇有恒宅を訪問。7月、妻とともに富士山二合目まで登る。１１２回目の富士登山であり、これが最後の富士登山となる。10月、妻とともに赤城山に登る。これが最後の登山となる。
1958（昭和33）	83歳	2月14日、夜の散歩中に交通事故で死去。行年83歳。法号は「岳祖金翁居士」。遍照寺（横浜市保土ケ谷区）の墓に眠る。6月、平塚山岳協会創立5周年の祝賀会が開催され、故岡野金次郎翁追悼記念事業の企画が始動する（単独での企画は頓挫）。
1959（昭和34）	死後1年	『山岳』第五十三年に小島栄（小島烏水の弟）、岡野トヨ（妻）、望月達夫の3名の追悼文が掲載される。
1960（昭和35）	死後2年	平塚市の文化事業として湘南平に碑を建てることになり、碑の対象人物として岡野金次郎が採択される。
1961（昭和36）	死後3年	湘南平に岡野金次郎記念碑建立。11月13日、碑の前で除幕式が行われ、記念冊子『故岡野金次郎氏をしのぶ』が発行される。11月13日から1週間、平塚市図書館主催、平塚山岳協会後援による「山岳展　岡野金次郎翁回顧」が開催される。家族が作成した「岡野金次郎年譜」を公開。
1970（昭和45）	死後12年	日本山書の会発行『山と人・山岳』に「岡野金次郎年譜」の簡略版が掲載される。
1971（昭和46）	死後13年	山と溪谷社発行『世界山岳百科事典』に山崎安治の執筆で「岡野金次郎」の項目が掲載される。5月、山好きの次男敬次郎が訪華友好玉山登山隊の一員として台湾の新高山（玉山）に登頂

		し、頂上のケルンに金次郎の遺骨の一部を納める。
1972（昭和47）	死後14年	8月、次男敬次郎が槍ヶ岳に登り、金次郎の経歴を書いた紙に遺骨の一部を包んで祠に納める。
1973（昭和48）	死後15年	7月、次男敬次郎が富士山に登り、吉田口頂上の鳥居に金次郎の遺骨の一部を納める。これにて岡野の遺骨は遍照寺の墓のほかに、縁の深い台湾新高山、槍ヶ岳、富士山に埋骨された。山の文芸誌『アルプ』に三男満の未公開手記「父・岡野金次郎　その山の生涯における転機」が全文掲載される。 12月24日から29日まで、日本山岳会主催「小島烏水　木暮理太郎　岡野金次郎　生誕百年記念展」を日本橋・丸善にて開催。岡野の震災から死去までの日記20冊が展示される。目録『近代登山の先駆者たち』発行。
1974（昭和49）	死後16年	生誕百周年を迎える。
1979（昭和54）	死後21年	99歳を迎えた岡野トヨの白寿の会を家族で開催。
1980（昭和55）	死後22年	岡野トヨが風邪をひいて入院し、そのまま1月17日に99歳で死去。
2007（平成19）	死後49年	『日本山岳会百年史』が刊行され、人物コラムとして「岡野金次郎」の項目が掲載される。
2013（平成25）	死後55年	平塚人物史研究会による評伝集『平塚ゆかりの先人たち』に「日本山岳界の先駆者岡野金次郎」を収録。
2016（平成28）	死後58年	親族が岡野金次郎の日記を電子データ化する。
2020（令和2）	死後62年	親族が「岡野金次郎日記（電子版）」を日本山岳会に贈呈。
2024（令和6）	死後66年	生誕百五十周年を迎える。5月25日、日本山岳会神奈川支部主催で第1回岡野金次郎碑前祭が湘南平で開催される。 10月10日、山と溪谷社から『孤高に生きた登山家　岡野金次郎評伝』が刊行される。

参考・引用文献

〈岡野金次郎の主要な記録と証言〉

岡野金次郎『岡野金次郎日記』（電子版）大正十二年〜昭和三十三年　日本山岳会資料映像委員会所蔵

岡野金次郎「小島と私　初期の登山とウェストンとの交友のことなど」『山岳　小島烏水記念号』第四十四年第一号　一九四九年十月　日本山岳会

岡野金次郎「烏水君とウエストンさん」『横浜文化名鑑』　一九五三年　横浜市教育委員会

岡野満「父・岡野金次郎　その山の生涯における転機」『アルプ』一七九号　一九七三年一月　創文社

岡野満「岡野金次郎年譜」　平塚市図書館編『山岳展　岡野金次郎翁回顧』　一九六一年　平塚市図書館

『山岳』第五十三年　一九五九年七月　日本山岳会

　小島栄「岡野金次郎氏を憶う」／岡野とよ「想い出」／望月達夫「岡野翁のこと」

平塚市教育委員会・平塚観光協会・平塚山岳協会編『故岡野金次郎氏をしのぶ　日本の山岳界の先駆者（記念碑除幕に際し）』　一九六一年　平塚市教育委員会

日本山岳会編『近代登山の先駆者たち』　一九七三年　日本山岳会

渡邊貞信「岡野金次郎ファミリーの探求」『緑爽会会報』１６９　二〇二〇年八月　日本山岳会緑爽会

渡邊貞信・岡野眞・溝口洋三「日本山岳会誕生の立役者　岡野金次郎翁の日記が寄贈される」『山』９０８（二〇二一年一月号）　日本山岳会

〈その他関係者からの証言〉

武田久吉「山岳会の結成と『山岳』の誕生」ほか　『山と人・山岳』　一九七〇年　日本山書の会

日本山岳会『会報』１７２　一九五四年三月　日本山岳会

高野鷹蔵「老友・岡野さんのこと」／伊藤秀五郎「岡野翁の想い出」

『スタンヴァック日本』第四巻第三号　一九五七年三月　スタンダード・ヴァキューム・オイル・カムパニー

「山の紳士訪問（テープレコーダー日記）小島烏水の旧友岡野金次郎氏を訪ねて」『山と高原』一九五五年四月号　朋文堂

斎藤昌三「岳人岡野金次郎翁」『神奈川史談』一号　一九六〇年十月　神奈川県立図書館

小島烏水「去ってゆく人々」　日本山岳会『会報』３　一九三〇年十二月　日本山岳会

村井米子『山愛の記』　一九七六年　読売新聞社

ウォルター・ウェストン『極東の遊歩場』　一九七〇年　山と溪谷社

成瀬岩雄「名誉会員を囲んで」　日本山岳会『会報』１７１　一九五四年一月　日本山岳会

望月達夫『忘れえぬ山の人びと』　一九八六年　茗溪堂

「いずみ」「読売新聞（神奈川版）」一九五四年三月三十一日朝刊

「きょう告別式」「読売新聞（神奈川版）」　一九五八年二月十六日朝刊

「10月講演会報告　日本山岳会草創期の二人　小島烏水と岡野金次郎について二人のお孫さんを交えて」『緑爽会会報』１６５　二〇一九年十二月　日本山岳会緑爽会

平塚山岳協会編「平塚山岳協会50周年記念展示」　二〇〇三年　平塚山岳協会

「図書館のあゆみ」『きぃぷ』七四号　二〇〇八年六月　平塚市図書館

山崎安治「岡野金次郎翁記念碑」　日本山岳会『会報』２１９　一九六二年二月　日本山岳会

八木福次郎『書痴斎藤昌三と書物展望社』　二〇〇六年　平凡社

小原茂延「湘南平に岡野金次郎碑を訪ねる」『緑爽会会報』１４７　二〇一六年十二月　日本山岳会緑爽会

日本山岳会百年史編纂委員会編『日本山岳会百年史』　二〇〇七年　日本山岳会

〈日本山岳会について〉

武田久吉「『山岳』の定まる迄」日本山岳会『会報』30　一九三三年十一月　日本山岳会
近藤信行「日本山岳会の創立」『小島烏水　山の風流使者伝』一九七八年　創文社
「山岳会設立の主旨書」「会報」「山岳会規則」ほか『山岳』第一年第一号　一九〇六年四月　山岳会
小島栄「兄・小島久太の思い出」『新編日本山岳名著全集1』月報　一九七六年　三笠書房
池内紀『二列目の人生　隠れた異才たち』二〇〇三年　晶文社
丸島隆雄「近代登山の聡明と岡野金次郎」『神奈川文化』三三一号　一九八九年八月　神奈川県立図書館

〈岡野金次郎と小島烏水の山行〉

安川茂雄『近代日本登山史』一九七〇年　あかね書房
山崎安治『日本登山史』一九八六年　白水社
布川欣一『目で見る日本登山史』二〇〇五年　山と溪谷社
『世界山岳百科事典』一九七一年　山と溪谷社
岳人編集部編『岳人事典』一九九九年　東京新聞出版局
小島烏水「鎗ケ岳探険記」『小島烏水全集』第四巻　一九八〇年　大修館書店
『山小屋』九六号（一九四〇年一月号）朋文堂
小島烏水『アルピニストの手記（新編日本山岳名著全集Ⅰ）』一九七六年　三笠書房
近藤信行「霞沢岳の東面　小島烏水追跡紀行」『現代山岳紀行　続　槍、穂高連峰』一九八一年　山と溪谷社
『復刻　山岳（日本山岳会機関誌）』第1年〜第8年　アテネ書房　二〇〇一年
小島烏水『日本アルプス第三巻（覆刻日本の山岳名著）』一九七五年　大修館書店
小島烏水「山の因縁五十五年」『山と溪谷』一〇九号〜一一二号（一九四八年三月号〜六月号）山と溪谷社
小島烏水『山の風流使者』一九四九年　岡書院
「山と海の座談会」「横浜貿易新聞」一九三一年七月一日

砂田定夫『山あれば人あり　登山史に躍動した人びと』二〇二〇年　日本山岳文化学会
砂田定夫「先駆者たちの交友をめぐって　小島烏水と岡野金次郎の場合」『日本山岳文化学会論集』一二号　二〇一五年二月　日本山岳文化学会

〈小島烏水について〉

神奈川県立図書館編「烏水・小島久太年譜抄」一九六一年　神奈川県立図書館
沼田英子『小島烏水　西洋版画コレクション（横浜美術館叢書8）』二〇〇三年　有隣堂
武田久吉「小島烏水と『甲斐の白峯』」『岳人』一九九号（一九六四年十月号）中部日本新聞社
武田久吉「小島烏水発見記」ほか　小島烏水『山の風流使者（日本岳人全集　第2次山岳図書コレクション）』一九七〇年　日本文芸社
近藤信行「『甲斐の白峯』をめぐって」『小島烏水　山の風流使者伝』一九七八年　創文社
瓜生卓造「日本山岳文学史15」『岳人』三三九号（一九七五年九月号）東京新聞出版局
斎藤昌三「アルピニストの開祖　名著残した小島烏水」「朝日新聞（神奈川版）」一九五四年五月十一日朝刊

〈地域の歴史　ほか〉

『横浜市史』第一巻　一九五八年　横浜市
横浜市教育委員会編『横浜の歴史』一九八九年　横浜市教育委員会
瓜生卓造『横浜物語』一九七九年　東京書籍
田端真一『知られざるW・ウェストン』二〇〇一年　信濃毎日新聞社
平塚市博物館市史編さん担当編『平塚市史8　資料編　現代』二〇〇五年
今泉義廣・鈴木昇監修『平塚・大磯・二宮今昔写真帖　保存版』二〇〇三年　郷土出版社

そのほか、親族・関係者の書簡類、自筆原稿など

著者プロフィール

鈴木利英子（すずき・りえこ）

神奈川県平塚市在住。製薬会社に勤務しながら山に登り始める。山岳会に所属し、山スキーと沢登りを中心に登山活動を行っていた。出産後は薬剤師として働きながら、会に所属せず年数回の登山を続けていた。二〇一一年に平塚人物史研究会を有志で立ち上げ、冊子『平塚ゆかりの先人たち』を発行した。現在は地元の山岳会に所属し、国内外の山々を歩いている。

鈴木 遥（すずき・はるか）

神奈川県平塚市出身。出版社勤務を経てフリーランスに。著書『ミドリさんとカラクリ屋敷』（集英社文庫、第8回開高健ノンフィクション賞次点作）では平塚で出合った〝屋根から電信柱の突き出た不思議な家〟の謎を追って、北海道開拓移民三世の生き様やそのルーツを描いている。ノンフィクション制作の延長で街歩きの仕事もするようになり、毎年春と秋に関西で新作コースを案内する「遥さんと街歩き」シリーズは二〇二一年に十周年を迎えた。取材執筆から街歩きツアーの企画まで幅広く創作活動を行っている。

図版協力＝日本山岳会
編集　藤田晋也、佐々木惣（山と溪谷社）

孤高に生きた登山家　岡野金次郎評伝

二〇二四年十月十日　初版第一刷発行

著　者　鈴木利英子・鈴木遥

発行人　川崎深雪
発行所　株式会社山と溪谷社
郵便番号　一〇一－〇〇五一
東京都千代田区神田神保町一丁目一〇五番地
https://www.yamakei.co.jp/
■乱丁・落丁、及び内容に関するお問合せ先
山と溪谷社自動応答サービス　電話〇三－六七四四－一九〇〇
受付時間／十一時～十六時（土日、祝日を除く）
メールもご利用ください。
【乱丁・落丁】service@yamakei.co.jp
【内容】info@yamakei.co.jp
■書店・取次様からのご注文先
山と溪谷社受注センター　電話〇四八－四五八－三四五五
ファックス〇四八－四二一－〇五一三
■書店・取次様からのご注文以外のお問合せ先
eigyo@yamakei.co.jp

印刷・製本　株式会社シナノ

定価はカバーに表示してあります

Printed in Japan ISBN978-4-635-34051-9